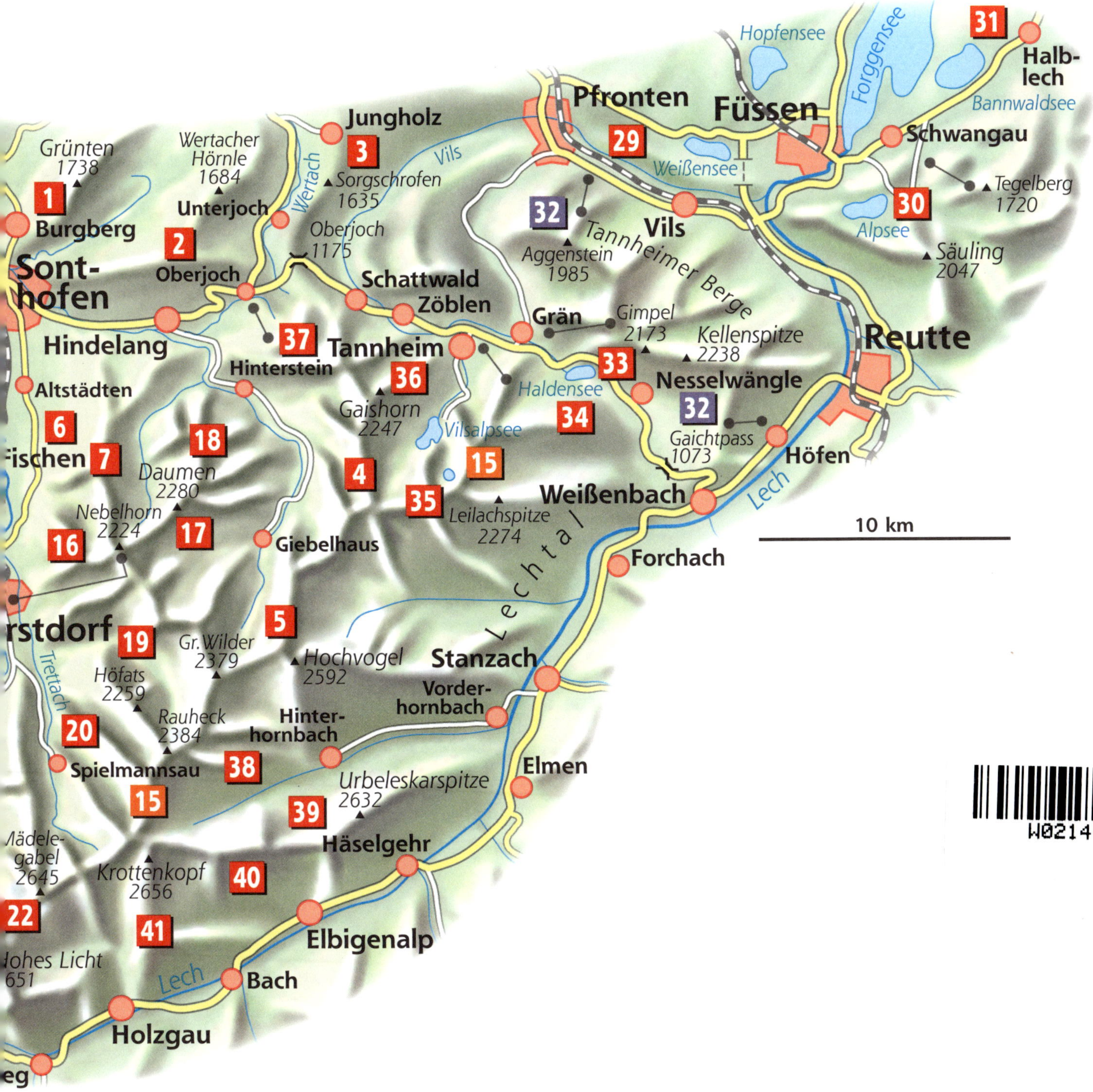
Hopfensee
Forggensee
31
Halb-
lech
Bannwaldsee
Pfronten
Füssen
Schwangau
29
Weißensee
Jungholz
3
Vils
Grünten
1738
Wertacher
Hörnle
1684
Sorgschrofen
1635
Wertach
1
Unterjoch
32
Vils
30
Tegelberg
1720
Alpsee
Burgberg
2
Oberjoch
1175
Tannheimer Berge
Aggenstein
1985
Säuling
2047
Sont-
hofen
Oberjoch
Schattwald
Zöblen
Gimpel
2173
Gran
Kellenspitze
2238
Reutte
Hindelang
37
Tannheim
33
Hinterstein
36
Nesselwängle
Altstädten
Haldensee
32
Gaishorn
2247
34
6
Vilsalpsee
Gaichtpass
1073
18
Höfen
Fischen
7
15
Daumen
2280
4
Weißenbach
35
Lech
Nebelhorn
2224
17
Leilachspitze
2274
10 km
16
Giebelhaus
Forchach
Lechtal
5
rstdorf
19
Gr. Wilder
2379
Hochvogel
2592
Stanzach
Trettach
Höfats
2259
Vorder-
hornbach
Rauheck
2384
Hinter-
hornbach
20
38
Elmen
Spielmannsau
Urbeleskarspitze
2632
15
39
Häselgehr
Mädele-
gabel
2645
Krottenkopf
2656
40
22
41
Elbigenalp
Hohes Licht
651
Lech
Bach
Holzgau
eg

Dieter Seibert

DIE SCHÖNSTEN BERGWANDERUNGEN IN DEN ALLGÄUER ALPEN

44 Touren mit 155 Zielen

Dieter Seibert

DIE SCHÖNSTEN BERGWANDERUNGEN IN DEN ALLGÄUER ALPEN

44 Touren mit 155 Zielen

BRUCKMANN

Inhalt

Blick von Norden auf den Hochvogel

Blick aus dem Gebiet von Tiefenbach bei Oberstdorf auf Höfats (links), Rauheck und Kegelkopf

Unterwegs in den Allgäuer Bergen

Das Allgäu ist das Schlaraffenland für Wanderer und Bergwanderer schlechthin! Die Region kann mit einer enormen Fülle von Möglichkeiten aufwarten. Da kommt jeder auf seine Kosten und das ganz umfassend, denn das bezieht sich sozusagen auf die Seele, die Augen, die Füße und nicht zuletzt auf den Magen des Menschen. So ist die Landschaft hier auffallend sonnig-fröhlich, die Bergwelt voller Reiz im Großen wie im Detail. Zudem ist die Erschließung mit Wegen, Hütten, bewirtschafteten Almen usw. perfekt.

Das Heitere und im wörtlichen Sinne Sonnige des Allgäus verdankt der heutige Gast dem Vieh. Vor der Zeit des Fremdenverkehrs waren Milchwirtschaft und Käseproduktion die wichtigsten Einnahmequellen. Die Höhenlage – es gibt Dörfer, die mehr als 1000 m hoch liegen – und das Klima lassen keinen ertragreichen Ackerbau zu, so verlegten sich die Bauern ganz auf die Viehwirtschaft. Für Mähwiesen und Alpweiden rodete man, wo nur irgend möglich, den Wald, ebnete das Land ein und schuf so in Jahrhunderten die grünen Flächen und Hänge, die die Landschaft des Allgäu bestimmen. An mancher Stelle hängen die freien Flächen im Tal unmittelbar mit dem Bereich der Almen, hier Alpen genannt, zusammen – ohne einen Waldgürtel dazwischen.

Wiesen und Bergmatten wirken nun einmal ungleich fröhlicher als Wälder, zumal wenn dort, wie zumeist in den Bergen, die Fichte vorherrscht. Allzu eifriges Aufforsten der freien Hänge oberhalb der Talorte, wie man das verstärkt beobachten muss, ist in diesem Fall ein Irrweg, nimmt es doch dem Allgäu seinen ganz eigenen Zauber und damit die große Anziehungskraft.

Einer der schönsten winterlichen Ausflüge führt aus dem Gebiet von Oberstdorf zu den historischen Höfen von Gerstruben, über denen die Höfats aufragt.

Der übliche Allgäu-Gast gehört nicht zu den Extremen, sondern eher zum »Mittelstand«, ist aktiv und unternehmungslustig, wandert und radelt, schwimmt und fliegt (mit dem Gleitschirm). Er hat auch viel Freude an den kleinen und großen Sehenswürdigkeiten, den Klammen und Tobeln, den Wildbächen, Wasserfällen und Bergseen. Der Interessierte sollte sich ein wenig genauer umschauen (und auch unsere Sonderseiten studieren) – er wird manches Kleinod finden.

Niemand wird diese Bergregion als grandios und spektakulär einstufen. Zutreffend ist eher das Wort reizvoll, und zum Ostallgäu passt zudem die Bezeichnung Bilderbuch-Landschaft. Dafür sorgt vor allem der Kontrast zwischen den zahllosen Wasserflächen, Wiesen und Mooren und der allgegenwärtigen, ungewöhnlich markanten und ganz nahen Bergkulisse mit dem Säuling und den Tannheimer Gipfeln als Blickfang.

Nach den Lechtalern dürften die Allgäuer Alpen des »bunteste« Gebirge sein – und zwar in geologischer Hinsicht. Unterschiedlicher können unsere heimischen Berge nicht aussehen wie der Siplingerkopf mit seinen bizarren Nadeln, die Höfats als Steilgrasberg, der gewaltige Felsdom des Hochvogels und die kilometerweiten Karstflächen des Gottesackers. Die vier entsprechenden Architekten heißen Nagelfluh, Aptychenkalke, Hauptdolomit und Schrattenkalk. Da das alles auf relativ engem Raum nebeneinander besteht, prägen Vielfalt und Abwechslung die Bergwelt, schaffen die so unterschiedlichen Eindrücke. Lediglich die ganz großen Gipfel unseres Gebirges vom Hochvogel über Mädelegabel und Krottenkopf bis zum Widderstein zeigen ein ähnliches Gewand, baut sie doch alle der Hauptdolomit auf, meist ein stark verwittertes Gestein, das gewaltige, zerborstene Felswände, große Geröllfelder und viele Latschen bedingt.

Auch Fülle und Reichtum sind Kennzeichen der Allgäuer Bergwelt. Dazu nur ein Beispiel, nämlich das Thema »Wasserspiele«, das auf den folgenden Seiten genauer behandelt wird. Der Aufmerksame findet etwa fünfzig Tobel und Klammen, Schluchten und Wasserfälle in der Region, die mit Steigen erschlossen sind und bestimmt einen Besuch lohnen. Dabei fällt auf, dass manches echte Kleinod wenig bekannt ist, oft schon drei Dörfer weiter kaum noch einer etwas davon weiß.

44 Kapitel und 155 Ziele – passt das zusammen? Es ist das Besondere unseres Buches, dass bei allen Tourenvorschlägen, wo sich dies anbietet, kleinere, mittlere und große Lösungen geboten werden. So findet jeder das für ihn Maßgeschneiderte, man kann zudem, etwa bei fraglichem Wetter, eine kleinere Variante auswählen, man entdeckt Möglichkeiten für den Nachwuchs … Nur bei einem vollkommenen Vertrautsein mit dieser Bergwelt bis in den letzten Winkel kann man als Autor all diese Details wissen und sie in den Texten weiter geben.

Die 44 Kapitel des Buches zeigen einen breiten Querschnitt darüber, was man in dieser Region als Wanderer und Bergwanderer so unternehmen kann. Das beginnt mit zwei Ausflügen im Talbereich und endet mit der Besteigung der großen Felsgipfel, soweit diese mit alpinen Wegen erschlossen sind. Für die Spezialisten gibt es dann noch den berühmten Heilbronner Weg und zwei Klettersteige der Extraklasse. Und mancher wird eine Durchquerung der Allgäuer Alpen von Hütte zu Hütte in fünf oder sechs Tagen als Höhepunkt empfinden. Die Nordhälfte des Gebirges ist zudem mit Wegen außergewöhnlich gut erschlossen. Da lassen sich nahezu alle Gipfel- und Hüttentouren zu Rundwanderungen ausbauen, und eine besondere Allgäu-Spezialität sind die Überschreitungen, bei denen man zwei, drei oder auch fünf Berge besteigen kann.

Zum Schluss noch ein bisschen Aufklärung: Das Allgäu ist kein Gebirge, sondern eine Landschaft, die nur zu einem kleinen Teil in den Bergen liegt. Das Unterallgäu reicht im Norden etwa bis Memmingen und Mindelheim, das Westallgäu liegt teilweise auf Württemberger Boden, selbst die ehemaligen Reichsstädte mit ihren historischen Ortskernen wie Wangen und Bad Waldsee zählen dazu. Das Gebirge, das diese Landschaft gegen Süden abschließt, sind die Allgäuer Alpen. Dabei gibt es etwas Kurioses: Nur gut die Hälfte dieser Berggruppe liegt im Allgäu, der Rest gehört zu Österreich, zu Tirol und Vorarlberg. Deshalb erscheint in diesem Buch auch ein Kapitel »Lechtal und Bregenzerwald«, mit gutem Recht, finden wir doch gerade dort die höchsten und imposantesten Gipfel unserer Berggruppe. Es besteht dabei ein auffallender Unterschied: So bekannt, beliebt und besucht die Ziele auf bayerischem Boden sind, drüben im Nachbarland gibt es stille, sogar völlig einsame Regionen wie die Rosszahngruppe, die nahezu keiner kennt.

Ein typischer Akzent im Allgäu: das Mit- und Nebeneinander von Natur und Kultur. Im Vordergrund St. Koloman, eine Barockkirche von Josef Schmuzer, im Hintergrund das berühmte Neuschwanstein.

Allgäuer Spezialitäten

Hier eine Art Speisekarte, um den Appetit anzuregen. Sie bietet kleinere Allgäuer Spezialitäten und Köstlichkeiten; es gibt so manches wirklich Lohnende außer den größeren Touren, mit denen sich unsere 44 Kapitel in erster Linie befassen werden. Zieht man eine gute Landkarte zu Rate, so wird auch der Gebietsfremde die einzelnen Ziele finden, ohne dass sie an dieser Stelle ausführlich beschrieben werden; dazu fehlt leider der Platz.

Wasserspiele

Wasser ist der schönste Schmuck in der Bergwelt. Und die Allgäuer Alpen bieten eine Fülle von Se henswertem – Tobel und Schluchten, Wildbäche, Klammen und Wasserfälle. Doch nur die Breitachklamm, hin und wieder auch die Starzlachklamm, beschreiben die üblichen Reiseführer. Dabei sind auch die kleineren »Wasserspiele« stets einen Ausflug wert, zumal man sie alle auf angelegten Wegen und Pfaden erreichen kann. Nichts lieben zudem die Kinder mehr als Wasser in den Bergen, zum Schauen, mehr noch zum Spielen und Plantschen. Je kürzer der Anmarsch ausfällt, wie etwa beim Ostertaltobel, desto zufriedener werden die Kindergesichter sein. Eine kleine Auswahl:

ZIEL	STARTPLATZ	ZUGANG	ERWÄHNT BEI
Starzlachklamm	Sonthofen-Winkl	15 Min.	Tour 1
Hirschbachtobel	Hindelang	45 Min.	Tour 2
Zipfelsbachfälle	Hinterstein	15 Min.	–
Hinanger Wasserfall	Sonthofen-Hinang	20 Min.	Tour 6
Ostertaltobel	Gunzesried-Säge	10 Min.	Tour 11
Faltenbachtobel	Oberstdorf	20 Min.	–
Stuibenfall	Oberstdorf	2:15 Std.	Tour 19
Freibergsee	Oberstdorf-Renksteg	30 Min.	–
Breitachklamm	Oberstdorf-Weidach	10 Min.	Tour 23
Buchenegger Wasserfälle	Steibis	20 Min.	–
Pöllatschlucht	Schwangau	10 Min.	Tour 30

Almen und Berggasthäuser

Nahezu alle Bergsteiger-Stützpunkte – das sind vor allem die Hütten des Alpenvereins – werden in den 44 Kapiteln vorgestellt oder wenigstens erwähnt. Bei vielen Bergwanderern gehören sie zu den beliebtesten Zielen. Was bei uns jedoch weitgehend fehlt, das sind Ausflüge speziell zu den Almen, zu den Alphütten, in denen sich der Senn oder Hirte (oder andere) mit dem Verkauf von Getränken und einer Brotzeit oder mehr einen Zusatzverdienst erschlossen haben. Im Land von Vieh, Milch und Käse ist dies natürlich ein arger Fauxpas, der an dieser Stelle wenigstens mit ein paar Beispielen (von vielen) gelindert werden soll. Außerdem – die Großzahl der Allgäuer Alpflächen werden in unseren Tagen nur mit Jungvieh bestoßen (Galtalpen).

Das Gestein Nagelfluh sorgt für die bizarren Formen der Siplingernadeln im Bereich von Gunzesried.

ZIEL	STARTPLATZ	ZUGANG	ERWÄHNT BEI
Grüntenalpe, 1471 m	Rettenberg-Kranzegg	1 Std.	–
Zipfelsalpe, 1534 m	Hinterstein	2 Std.	–
Willersalpe, 1459 m	Hinterstein	1:45 Std.	Tour 4
Engeratsgundhof, 1154 m	Hinterstein-Giebelhaus	20 Min.	–
Straußbergalpe, 1226 m	Sonthofen-Straußberg	30 Min	–
Gundalpe, 1480 m	Immenstadt	2 Std.	Tour 9
Käseralpe, 1401 m	Oberstdorf	2:45 Std.	Tour 19
Sölleralpe, 1522 m	Oberstdorf-Söllereck	40 Min.	–
Fluchtalpe, 1390 m	Mittelberg-Höfle	40 Min.	Tour 25
Gräner Ödenalpe, 1714 m	Nesselwängle	50 Min.	Tour 34

Zum Sonnenaufgang

Ein Sonnenaufgang oder -untergang gehört zu den beeindruckendsten Erlebnissen in den Bergen. Auch hier findet man gerade in den Allgäuer Alpen ideale Möglichkeiten. Die entsprechenden Aussichtsplätze müssen zwei Bedingungen erfüllen. Man braucht am Morgen einen freien Blick nach Osten, am Abend nach Westen, und die Stelle, wo die Sonne auf- oder untergeht, sollte auf keinen Fall höher als der eigene Standort, lieber tiefer liegen. Und natürlich muss dieser Platz rasch zu erreichen sein, denn niemand will lange durch die Dunkelheit stolpern. Noch ein Tipp: Von der Stimmung her sind nicht die Tage mit makellos klarem Himmel die geeignetsten; viel eindrucksvollere Farbenspiele in allen Gelb-, Orange- und Rot-Tönen gibt es bei Dunstschichten oder Schleierwolken.

ZIEL	STARTPLATZ	ZUGANG	ERWÄHNT BEI
SU: Falkenstein, 1115 m	Rettenbach-Vorderberg	20 Min.	–
SA: Bleicherhorn, 1669 m	Gunzesried-Höllritze	50 Min.	–
SU: Riedbergerhorn, 1786 m	Grasgehren	1 Std.	Tour 8
SA+SU: Hochgrat, 1834 m	Staufner Haus	30 Min.	Tour 10
SU: Rappenseehütte, 2091 m	Oberstdorf-Stillachtal	4 Std.	Tour 21
SA+SU: Breitenberg, 1838 m	Pfronten-Steinach	–	Tour 32
SU: Aggenstein, 1985 m	Bad-Kissinger-Hütte	35 Min.	Tour 32
SA+SU: Rote Spitze, 2130 m	Landsberger Hütte	45 Min.	Tour 35

Winterliche Ausflüge

Noch vor 15 Jahren gehörten die Berge im Winterhalbjahr ausschließen den Skifahrern. Doch inzwischen haben viele herausgefunden, dass das Wandern zu Fuß in den tief verschneiten Alpen noch viel eindrucksvoller sein kann als im Sommer. Gipfel im dicken Wintermantel sehen besonders imposant aus! Diese neue Tendenz haben auch die Wirte erkannt, und so sind gerade im Allgäu viele der Berggasthäuser auch in der kalten Jahreszeit geöffnet, und die Straßen und Wege dorthin werden für den Wanderer geräumt.

ZIEL	STARTPLATZ	ZUGANG	ERWÄHNT BEI
Hirschalpe, 1493 m	Hindelang-Jochstraße	1:30 Std.	Tour 2
Jägerhaus, 940 m	Hinterstein	40 Min.	–
Gaisalpe, 1149 m	Reichenbach	50 Min.	Tour 16
Gasthaus Oytal, 1006 m	Oberstdorf	1:15 Std.	Tour 19
Gerstruben, 1146 m	Oberstdorf-Renksteg	1:30 Std.	Tour 20
Einödsbach, 1115 m,	Oberstdorf-Stillachtal	1:15 Std.	Tour 21
Bärgunthütte, 1320 m	Mittelberg-Baad	50 Min.	Tour 26
Vilseralpe, 1235 m	Vils (Lechtal)	1:15 Std.	–
Drehhütte, 1210 m	Schwangau	1 Std.	–

Folgende Doppelseite: Bei Muderbolz in der Gemeinde Ofterschwang mit Blick auf Kratzer (links) Trettachspitze, Mädelegabel, Hochfrottspitze und Hohes Licht

Zwischen Sonthofen und Oberstaufen

Jeder nennenswerte Gipfel vom Hochgrat bis zum Grünten, vom Besler bis zu den Sonnenköpfen und dem Geißhorn wird von Wegen und Steigen erschlossen, ja manchmal gibt es zwei, drei oder gar vier verschiedene Möglichkeiten. So wird nur ein Unwissender hier seine Tour nicht zu einer Rundwanderung ausweiten. Zudem locken natürlich die Gipfel-Kombinationen, da lassen sich drei, vier, fünf Berge in einem »Anlauf« erobern. Lifte und Bergstraßen erleichtern viele Zugänge, Berggasthäuser, Hütten und bewirtschaftete Almen sorgen zudem für das leibliche Wohl unterwegs.

1 Starzlachklamm und Grünten

Kleiner Ausflug oder richtige Bergtour?

Jeder mag nach seinem Geschmack auswählen! Manche wandern wohl nur durch die Starzlachklamm, steigen noch zum Gasthaus Alpenblick hinauf und kehren auf einem anderen Weg ins Tal zurück. Mit Kindern etwa ist das bestimmt ein besonders gelungener Ausflug. Andere wollen vielleicht den Grünten auf der schnellsten Route erreichen und fahren deshalb von Burgberg noch ein Stück mit dem Auto bergauf. Die Fleißigen und Erlebnishungrigen schließlich werden beides miteinander verbinden und so eine Fülle von Eindrücken sammeln.

Kein Allgäuer Berg fällt so ins Auge wie der Grünten, obwohl er nur 1738 m hoch ist. Doch dank seiner vollkommen isolierten Lage am Alpenrand fällt er von allen Seiten ins Auge, zudem thront er wie ein Wächter über dem Eingang ins Illertal. In der Eiszeit

Tourensteckbrief

TALORT, ZUFAHRT: *Sonthofen (743 m), Zentrum des Oberallgäus im weiten Becken des Illertals. Barocke Pfarrkirche mit schönen Schnitzfiguren von Anton Sturm. Von der Allgäu-Autobahn auf der B 19 rasch zu erreichen. Bahnhof.*

AUSGANGSPUNKT: *Die nördliche Sonthofner Ausfahrt der Schnellstraße benutzen und dann auf der B 308 (Richtung Hindelang) zur dritten Ampel in Sonthofen. Hier links ab auf die Berghofer Straße. Immer geradeaus über die Felder zum Dörfchen Winkel und zum Parkplatz (760 m) an der Starzlach.*

EINKEHR: *Gasthaus Alpenblick (980 m); beim Abstieg Grüntenhaus (1535 m).*

GEHZEITEN: *Starzlachklamm – Alpenblick knapp 1 Std., von dort auf den Grünten 2 1/4 Std.*

STEIGUNGEN: *Zum Alpenblick 220 Hm, von dort auf den Grünten 760 Hm.*

ANFORDERUNGEN, CHARAKTER: *Fußwege durch die Klamm und zum Alpenblick, meist Bergwege am Grünten, zwischen Zweifelgehrenalpe und Gipfel etwas steiler und anspruchsvoller.*

FÜR KINDER: *Rundtour mit Klamm und Alpenblick für Kinder interessant; Grünten allenfalls für große, lauffreudige Kinder.*

DAS BESONDERE: *Sehenswerte Klamm mit allen entsprechenden Attributen; Aufstieg zum Grünten in fest stets freiem Gelände mit herrlichen Ausblicken, berühmtes Gipfelpanorama und Tiefblicke auf die Seen etc.*

ragte der Grünten als Insel aus dem ewig weiten Gletschermeer, floss doch ein Arm des Illergletschers östlich um unseren Berg durch die heutigen Starzlachtäler. Wie bei allen so auffallenden Bergen bekam der Grünten viel Beachtung – erfreuliche und weniger erfreuliche. Zum Schmunzeln ist eine der frühesten bekannten Ersteigungen, denn ein Augsburger Fürstbischof ließ sich 1774 weitgehend im Tragsessel hinaufschleppen. Heute ist der Grünten bekrönt, und zwar mit einem 92 m hohen Sendemast und einem etwas monströsen Gebirgsjäger-Denkmal auf dem höchsten Punkt. Der Name kommt, wie so oft bei ähnlichen Bezeichnungen, nicht von grün, sondern von Rinnen im Steilgelände, dem g'Rinne.

Ein Wegenetz überzieht diesen Berg regelrecht. Am schnellsten kommt man ihm von Kranzegg aus bei, kann man hier doch auf einem Mautsträßchen bis zum »Jörg« fahren. Reizvoller noch sind die Rou-

Die Starzlachklamm im Gebiet von Sonthofen begrüßt den Gast mit diesem kleinen Wasserfall, links die Eingangshütte.

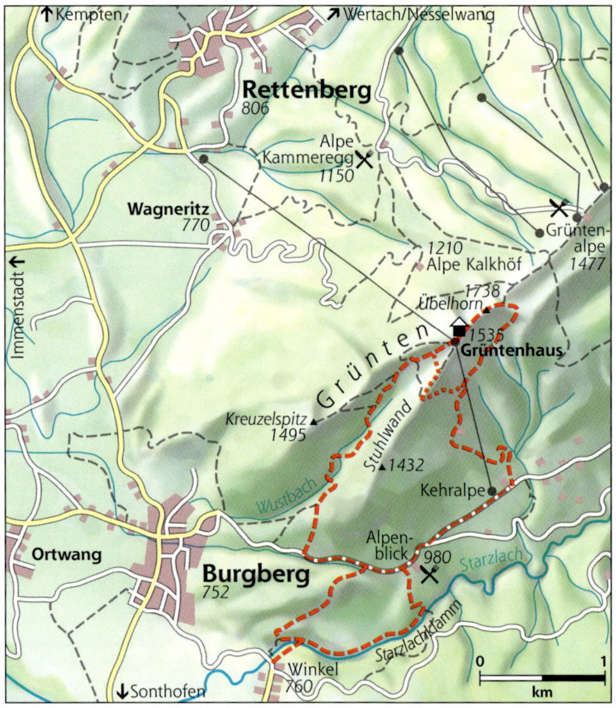

ten auf der Südseite dank des fast ständig freien Blicks zu den großen Allgäuer Gipfeln. Natürlich zählt der Grünten wegen seiner freien Lage zu den ganz besonderen Panoramabergen; die Tiefblicke wie aus der Vogelschau ins Alpenvorland mit seinen Seen und Dörfern und auch mit der Stadt Kempten schaffen noch einen zusätzlichen Akzent.

Eine Attraktion völlig anderer Art bildet die Starzlachklamm. Sie beginnt ganz unvermittelt mit einem kleinen, breit gefächerten Wasserfall. Der abrupte Übergang von weichen zu recht widerstandsfähigen Gesteinsschichten schuf dieses auffallende Tor. Auf ihrem Weg musste sich die Starzlach in Jahrtausende währender Schmirgelarbeit in den Fels fräsen, der hier so hart ist, dass senkrechte Wände ausgewaschen wurden. Im ersten Abschnitt des Tobels imponieren die Felsblöcke, eine kleine Chaos-Welt, durch die sich der Steig schlängelt. Dann folgt die eigentliche Klamm mit ihren glatten, oft muschelförmig ausgewaschenen Felsmauern. Oft musste der Weg im senkrechten Fels als eine Art Steg verankert werden, und wenige Meter unterhalb tost der Bach.

Vom Ende der engen Schlucht wird wohl jeder noch das Stück hinaufsteigen zu den schönen freien Wiesenflächen und dem Gasthof Alpenblick in 980 m Höhe. Hier, mitten in den Alpen, mag dieser Name etwas widersinnig wirken, doch der Namensteil »blick« passt bestens: Man sitzt gemütlich auf der Terrasse und kann in aller Muße die Fernsicht quer über das Illertal bei Sonthofen auf den weiten Bergkranz genießen.

Apropos Sonthofen und Illertal. Bei der Fahrt aus dieser Stadt zu dem Dörfchen am Beginn der Wanderung kommen wir an Berghofen vorbei. Ganz im Norden dieses Ortes thront auf einem kleinen Kopf etwas oberhalb der weiten Wiesenfläche das Leonhardi-Kirchlein, das durchaus einen Mini-Abstecher lohnt. Es beherbergt nämlich einen sehenswerten Schreinaltar von 1438 mit Gemälden von Johann Strigel dem Älteren aus Memmingen.

Der Grünten ist ein ganz auffallender Wächter über dem äußeren Illertal. Das Foto zeigt im Vordergrund Ofterschwang, im Talboden Teile von Sonthofen.

Noch ein kleines Kuriosum. Sonthofen ist schon in die wissenschaftliche Welt eingegangen; es gibt in der Paläontologie einen »Cancer sonthofensis«. Diese prähistorische Krabbe ist mit den bekannten Taschenkrebsen unserer Zeit verwandt. Man hat die entsprechende Versteinerung in der Starzlachklamm in den dortigen Nummulitenkalken gefunden. Was Nummuliten sind? Ganz einfach – hier handelt es sich um Wurzelfüßler von bis zu 6 cm Durchmessern, die auch schon ein wenig vor unserer Zeit, nämlich im Eozän des Tertiär, gelebt haben.

Starzlachklamm und Alpenblick

Am hinteren Ende des Parkplatzes über die Brücke und noch 150 m auf dem breiten Weg. Dort rechts und auf dem Fußweg durch Stangenholz gut 10 Min. talein zum Beginn der Klamm mit kleinem Wasserfall, Kiosk und »Mautstelle«. Durch den ersten Teil der Schlucht mit ihren Felsblöcken, dann in dem ganz engen Einschnitt zu einer Brücke an dessen Ende. Anschließend Aufstieg aus den Tiefen des Tobels zu den sonnigen Wiesen auf dem Ried und zum Gasthaus Alpenblick (980 m, knapp 1 Std. ab Parkplatz).
Rückweg: Vom Gasthaus auf der Straße 200 m nach Westen zum Waldrand, hier links ab, kurz durch Jungwald aufwärts in einen kleinen Sattel. Drüben über die Weideflächen mit sehr schönen Ausblicken hinab, schließlich noch auf einem alten Ziehweg ziemlich steil durch den Wald tiefer. Ganz am Schluss nach links und zurück zur Brücke am Parkplatz.

Überschreitung des Grüntens

Zum Gasthaus Alpenblick entweder wie beschrieben durch die Starzlachklamm oder mit dem Auto von Burgberg dorthin. Am Gasthaus vorbei und auf der Straße erst kräftig aufwärts, dann flach (bei der Verzweigung oben) zur stattlichen Kehralpe. Von ihr auf breitem Fußweg über die oft freien Alpflächen in einigen Serpentinen zur sehr schön gelegenen Schwandalpe (1319 m). Über Matten und durch einen Waldstreifen weiter empor zu einer Wegverzweigung. Hier schräg rechts zur Zweifelgehrenalpe und diagonal über die Steilgrashänge mit reicher Flora – extremes Lawinengelände – mit einigen Felsen als Schmuck zum Ostgrat des Hauptgipfels. Über ihn steil aufwärts, schließlich über den Nordgrat mit ein paar Felsen zum Denkmal auf dem Gipfel (1738 m, 2:15 Std.; bei Nässe rutschig, dann steigt man von der erwähnten Verzweigung besser zum Sattel an der Stuhlwand hinauf und erreicht den Gipfel auf dem Weg, der am Sendemast vorbeiführt).
Abstieg: Vom Gipfel über den Grat nach Südwesten, rechts an den Sendeanlagen vorbei, weiter am Grat entlang, dann nach links zum Grüntenhaus (1535 m). Anfangs noch über Matten, dann im Wald des Wustbachtals hinab auf eine Forststraße. Auf ihr nach links zum Teersträßchen und wenige Minuten wieder aufwärts in das Gebiet des Gasthaus Alpenblick.

2 Spieser und Hirschbachtobel

Tourensteckbrief

TALORT, ZUFAHRT: *Hindelang (820 m), bekanntes Ferienziel und zusammen mit Bad Oberdorf (sehenswerte gotischer Schnitzaltar in der Kirche) auch Kurort im Becken des Ostrachtals. Von Sonthofen auf guter Straße rasch zu erreichen (6 km, auch Busverkehr).*

AUSGANGSPUNKT: *Oberjoch (1136 m), die höchstgelegene Siedlung Deutschlands, die zur Gemeinde Hindelang gehört. Zufahrt auf der kurvenreichen Jochstraße, evtl. per Bus.*

HÜTTEN, EINKEHR: *Keine Übernachtungsmöglichkeit, Einkehr in der Hirschalpe, einem kleinen Berggasthaus.*

GEHZEITEN: *Oberjoch – Hirschalpe knapp 1:30 Std., Weiterweg auf den Spieser 40 Min., Abstieg durch den Hirschbachtobel gut 2 Std.*

STEIGUNG: *Oberjoch – Hirschalpe 360 Hm, weiter auf den Spieser 160 Hm.*

ANFORDERUNGEN, CHARAKTER: *Bis zur Hirschalpe Fahr- und Fußwege fast ohne Probleme, Aufstieg zum Spieser auf kleinem, aber einfachem Steig, Abstieg und Gang durch den Hirschbachtobel etwas anspruchsvoller.*

FÜR KINDER: *Mit Abstand am interessantesten von unten in einen der beiden Tobel.*

DAS BESONDERE: *Sehr kurzweilige Unternehmen mit Berggasthaus, Gipfel und eindrucksvollem Tobel.*

Thema mit vielen Variationen

Man könnte einige Seiten füllen mit all den Möglichkeiten, die der Bergkamm nördlich von Hindelang bietet. Schon der Blick aus dem Tal macht neugierig. Dort oben sieht man keine einförmigen, in Wald ertrinkende Berghänge, sondern das Gelände ist auffallend stark gegliedert, mit Wänden und Felsfluchten durchsetzt und von tiefen Einschnitten zerteilt. Alles ist zudem kleinräumig, und so ziehen sich die Touren dort nicht allzu sehr in die Länge, stecken dafür aber voller Abwechslung und Überraschungen.

Alles wird einem hier geboten vom raschen Abstecher zu einer Aussichtskanzel oder in die sehenswerten Tobel, über den Besuch einer typischen Ausflugshütte auf etwa einem Dreiviertel der Höhe mit wunderbarem Ausblick bis hin zu Besteigungen von Gipfeln, die hier allerdings nur maximal 1651 m hoch sind. Und das ganz Besondere: Unser Haupttourenvorschlag bietet all das Erwähnte bei einem einzigen Ausflug, bei dem man sich zudem keineswegs übermäßig anstrengen muss. Dazu trägt auch die Buslinie zwischen Hindelang und Oberjoch bei. So kann man sich bequem bis in 1136 m Höhe tragen lassen, ist damit nur noch gut 500 m tiefer als die Gipfel und hat doch die Möglichkeit, die Tour mit einem Besuch des Hirschbachtobels abzuschließen.

Man kommt dann von oben in diese eindrucksvolle Schlucht mit ihren Felswänden und dem hohen Wasserfall. Bei der Wanderung talaus in dieser Urwelt werden dann die Felsen allmählich seltener, das Gelände sanfter, die Tobelhänge treten weiter auseinander, bis man endlich wieder in die Zivilisation eintaucht.

Kräftige erweitern diese Rundtour vielleicht um ein weiteres Erlebnis. Außer dem Hirschbachtobel gibt es in der gleichen Region nämlich noch den Wildbachtobel – bitte nicht miteinander verwechseln! Der Neugierige würde dann gleich über dem Gasthaus *Zum letzten Heller* starten, ein Stück auf breiten Wegen über die Wiesen hinaufsteigen, um so das Bachtal auf gemütliche Weise zu erreichen. Im schmalen Tobel selbst muss er dann allerdings seine ganze Aufmerksamkeit dem schmalen, felsigen, oft nassen Steig widmen. Auch so erreicht er – nach einer Stunde – Oberjoch, führt anschließend die Tour über Hirschalpe, Spieser und Hirschbachtobel durch, um schließlich wieder genau am Startplatz herauszukommen.

Spieser heißt der zentrale Gipfel in dieser kleinen Berggruppe. Dieser Berg mit seiner Höhe von 1651 m bietet ein erstaunlich weites Panorama, zu dem zum Beispiel auch der Hochvogel (2592 m), der Biberkopf oder der Hohe Ifen gehören. Also ein Ziel, das sich niemand entgehen lassen sollte – auch wenn im vorangegangenen Text vor allem von den Tobeln die Rede war.

Von Oberjoch zur Hirschalpe

Bei der Kapelle über die Bundesstraße und nach oben zwischen den Häusern hindurch bis zu einem quer laufenden Weg beim Waldrand. Hier nach links und immer am Oberrand der Wiesen entlang, dann

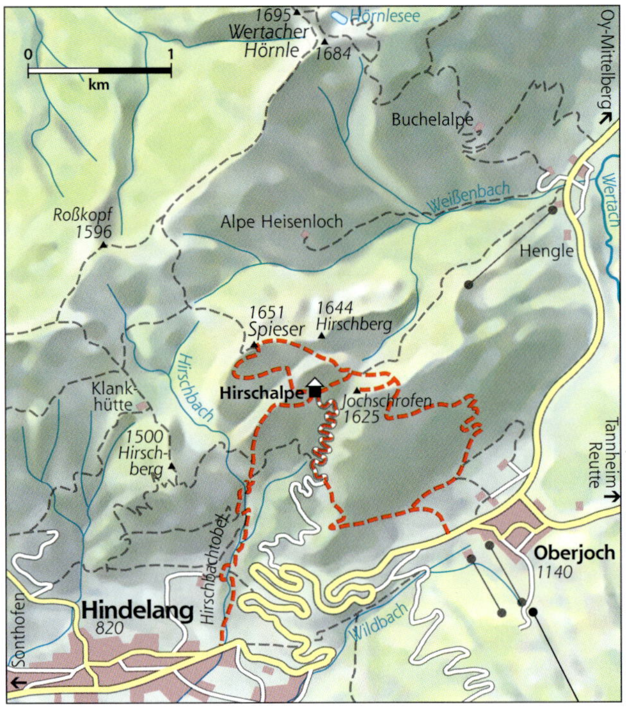

in einer Art Urwald zu einem Aussichtspunkt mit Bänken und einem sehr schönen Blick ins Ostrachtal. Kurz am Kamm entlang, dann auf gutem Steig quer durch sehr steile, manchmal felsdurchsetzte Hänge zu einem Alpsträßchen. Anfangs die Kehren auf einem Fußweg abschneiden, dann immer auf dem Sträßchen, schließlich links um eine Geländekante und zur bewirtschafteten Hirschalpe (1493 m; knapp 1:30 Std.) mit schönem Blick.

Spieser und Hirschbachtobel

Von der Hirschalpe schräg rechts durch ein freies Tälchen hinauf zum Kamm und in dem Alpgelände in einen Sattel neben einem auffallenden Spitzchen. Von dort immer schräg durch die Hänge des Hirschbergs (oder auch – pfadlos – über diesen runden, 1644 m hohen Grasberg) in eine letzte Scharte und zwischen kleinen Bäumen auf den Spieser (1651 m; 40 Min. ab Hirschalpe).

Auf kleinem Steig teilweise steil nach Südwesten hinab, dann etwas eben quer durch die Hänge zu einem Kreuz und von dort in 2 Min. wieder zur Hirschalpe. Hier im spitzen Winkel nach rechts, unter dem Kreuz vorbei, dann auf einem Grasrücken hinab und bei der Verzweigung links auf eine Forststraße. Kurz nach rechts, dann wieder auf einem Steig über eine steile Halde hinab in den sehr eindrucksvollen Hirschbachtobel mit hohem Wasserfall. Auf nun besserem Weg immer in dem schmalen Einschnitt talaus zur B 308 oberhalb von Hindelang nahe einer Bushaltestelle. Rückfahrt nach Oberjoch.

Bequemere Alternative mit zwei Gipfeln

Wie anfangs beschrieben in Oberjoch zum quer laufenden Weg. Hier rechts und in einigen Kehren auf einem Forststräßchen durch Hochwald zum Beginn der Alpweiden. Erst schräg links, dann schräg rechts in dem aussichtsreichen Gelände zum Gratrücken bei Ornach. Über den stark gegliederten Kamm Abstecher auf den nahen Gipfel des Jochschrofens (1625 m; 1:15 Std.). Dann von Ornach kurz nach Westen hinab und wieder empor zum Kamm, wo man auf den von der Hirschalpe kommenden Steig trifft. Auf ihm zum Spieser (1651 m, 40 Min. ab Jochschrofen), dann Abstieg zur Hirschalpe und zurück nach Oberjoch.

Felsen auf der Südseite des Spiesers, in der Tiefe Ostrach- und Illertal, im Hintergrund die Berge um das Gunzesried.

3 Zweimal Sorgschrofen

Von Norden und Süden auf die Zackenkrone

Der Südgipfel des Sorgschrofens, auch Zinken genannt, der mit bizarren Türmchen geschmückt ist.

Klein aber oho! Nach dem Besler dürfte der Sorgschrofen (1635 m) von den Kleinen der Größte sein, so keck und unverwechselbar ragt er zwischen den tiefen Tälern der Vils und der Wertach auf, ein vollkommen isolierter Bergstock. Hier scheint der Hauptdolomit ungewöhnlich widerstandsfähig zu sein, dass er ein gar so auffallendes Massiv aufbauen konnte. Wie eine Festung wirkt er aus dem Tal mit steilen Mauern und kleinen Felszinnen oben auf dem höchsten Grat.

Der Sorgschrofen ist das Wahrzeichen von Jungholz (1058 m), das – man staune – zu Österreich gehört, obwohl es rundum von deutschem Gebiet eingeschlossen ist. Angeblich gibt es oben am Gipfel eine Stelle von einem Meter Breite, über die diese Enklave mit dem Mutterland zusammenhängt. Die Reste eines ehemaligen Telefonmastes kennzeichnen diese Stelle; man wollte offensichtlich mit den eigenen Leuten sprechen können, ohne dass der

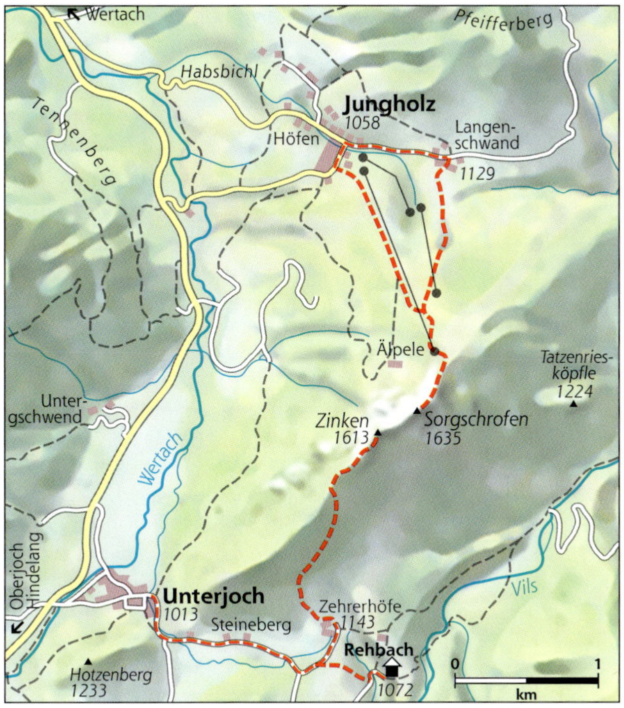

Feind mithört. Die Zugehörigkeit von Jungholz zu Tirol hat einen sehr menschlichen Grund: Ein Wertacher brauchte Geld, so wurde 1342 das Dorf ganz einfach verkauft. Es blieb dann trotz immer wieder auftretender Streitereien bei Tirol – außer in der Zeit von 1938 bis 1945. Einst lebten die Einwohner vom Vieh- und Holzhandel, von Nagelschmieden und Lodenherstellung, während heute der Fremdenverkehr – im Winter stärker als im Sommer – an erster Stelle steht.

Auch bei unserem zweiten Ausgangsort, Unterjoch (1013 m), das sich in einer Talnische am Fuß des Zinken verbirgt, gibt es politisch etwas Unerwartetes. Obwohl sich das Dörfchen von Wertach rasch und mühelos erreichen lässt, gehört es doch zur Gemeinde Hindelang, die ja jenseits des Oberjochs im Ostrachtal liegt. Wer gemütliche und dennoch reizvolle Wanderungen und Spaziergänge liebt, sollte einmal das Gebiet zwischen Unterjoch, Oberjoch und Rehbach erforschen, eine weiträumige, gewellte Region mit wenig Wald und viel Wiesengelände, mit reichem Blumenschmuck, einem Moor, Wiesenbächen, zwei kleinen Bergen, einem schönen Panorama …

1635 m misst der Hauptgipfel unseres kleinen Bergmassivs. Zum Kreuz dort oben führt von Jungholz aus ein Steig, der so seine Eigenheiten hat. Der Zugang über die Blumenwiesen kann zu entsprechenden Zeiten etwas nass sein, während der Gipfelaufbau mit dem geröllreichen Pfad und ein paar Schrofen wiederum einige Mühe bereitet. Am anderen Ende der 300 m langen Gipfelschneide steht abermals ein Kreuz; Zinken nennen die Einheimischen diesen 1613 m hohen Südwestgipfel. Auch er lässt sich dank eines Bergwegs gut erreichen. Der Gipfelaufbau ist malerisch mit Zacken und Wandabbrüchen dekoriert, es gibt auch zwei Felsenfenster, eines davon ist auffallend groß; unser Steig benutzt es als Durchschlupf. Was jedoch fehlt, ist ein Verbindungsweg zwischen den beiden Gipfeln. Der mit Felstürmchen besetzte Grat würde echte Kletterei erfordern, und Steigspuren, die meist durch die westseitige Flanke führen, verlangen in dem Steilgelände perfekte Trittsicherheit, und sie sind ganz bestimmt nicht für jedermann geeignet. So bleibt schön »ordentlich« jeder Gast auf seinem Gipfel.

Ein Tipp: Nach der ja eher kurzen Tour zum Zinken könnte man noch über die Grenze hinüberwandern zum nahen Gasthaus Rehbach in sehr schöner Lage. Frisch gestärkt kann man den Gegenanstieg beim Rückweg sicher ohne Probleme bewältigen.

Von Jungholz auf den Sorgschrofen

Vom Parkplatz zur Liftstation, wo der Aufstiegsweg beginnt. Auf kleinem Steig über die vor allem im Frühsommer herrlich blühenden Wiesen ziemlich gerade aufwärts – immer parallel zu den Skiliften – auf einen Absatz im Gelände. Weiter zur obersten Liftstation und nach links zum Nordgrat mit schönem Blick nach Osten. Über den Rücken zu den Felsen, dann rechts quer durch die ziemlich steilen Hänge bis unter eine Rinne. In dem schrofigen und geröllreichen Gelände bis knapp unter den Grat und rechts über eine Steilstelle auf einen Vorkopf. Unter einem Felstürmchen hindurch und hinauf zum Gipfelkreuz auf dem Sorgschrofen (1635 m, 1:45 Std.).

Evtl. beim Abstieg vom oben erwähnten Absatz nach rechts und neben einem weiteren Lift hinab, dann nochmals rechts zu den Häusern von Langenschwand (1129 m) und hinunter zum Ausgangspunkt.

Von Unterjoch auf den Zinken

Vor der Kirche auf die rechte Seite des Baches und auf einem guten Fußweg durch einen Minitobel mit Wasserfall hinauf zu den weiten, sonnigen Flächen von Steineberg mit seinen Häusern. Auf dem fast ebenen Teersträßchen weit nach Osten zu den ersten Bäumen, nun in einem Bogen hinauf zu den Zehrerhöfen (1143 m). Nach dem letzten Haus in einem kleinen Bachtälchen aufwärts, dann in steilem Wald auf einem »Wurzelweg« kräftig steigend empor zu einer großen Lichtung mit Weidehängen. Über sie zum Grat und meistens etwas rechts der Kante zwischen Fichten, später in malerischer Felslandschaft unter den steilen Gipfel. Oberhalb zwei Felsenfenster; durch das linke führt der Anstieg. Über steile Felsen, dann mit Hilfe von Drahtseilen auf den schmalen Gipfel des Zinkens (1613 m, 1:45 Std.).

Nach Rehbach

Wo das Teersträßchen unterhalb der Zehrerhöfe allmählich wieder nach rechts abbiegt, Abzweigung nach links. Erst auf einem Bauern-, dann auf einem Fußweg über eine Wiesenkuppe und kurz hinab zu einem Fahrweg. Auf ihm nach links in wenigen Minuten zum Gasthaus Rehbach (1072 m, 15 Min. von der Abzweigung) mit Gastgarten.

Tourensteckbrief

TALORT, ZUFAHRT: *Jungholz (1058 m), Ferienort auf den Hängen oberhalb der Wertach, oder Unterjoch (1013 m) etwas weiter talein auf einem Wiesenboden. Gute Straßen durchs Tal der Wertach (B 310).*

AUSGANGSPUNKT: *In Jungholz großer Parkplatz bei den Liftstationen, in Unterjoch am besten kurz vor den Häusern parken.*

EINKEHR: *Gasthäuser nur in den Talorten; evtl. Abstecher zum einsam gelegenen Gasthaus Rehbach.*

GEHZEITEN: *Von Jungholz auf den Sorgschrofen und von Unterjoch auf den Zinken jeweils 1:45 Std.*

STEIGUNGEN: *Zum Sorgschrofen 580 Hm, zum Zinken 600 Hm.*

ANFORDERUNGEN, CHARAKTER: *In beiden Fällen Bergwege und steile Gipfelregionen mit etwas Fels, Zinken etwas anspruchsvoller.*

FÜR KINDER: *Relativ kurzweilige Touren, deshalb für größere, lauffreudige Kinder interessant.*

DAS BESONDERE: *Rasche Anstiege in sehr abwechslungsreichem Gelände zu einem Gipfel mit malerisch-bizarren Felsformationen.*

4 Schrecksee und Rauhhorn

Tourensteckbrief

TALORT, ZUFAHRT: *Hinterstein (866 m), in einem lang gestreckten Kessel des Ostrachtals gelegen, eindrucksvolle Gipfelkulisse. Hinter der Kirche die sehenswerten Zipfelsbach-Wasserfälle. Zufahrt von Sonthofen auf guter Straße. Auch Buslinie.*
AUSGANGSPUNKT: *Großparkplatz (870 m) im Süden des Ortes. Dort auch Start des Busses zum Giebelhaus, mit dem man evtl. bis zum E-Werk fährt.*
HÜTTEN, EINKEHR: *Keine Möglichkeiten, Einkehr nur unten im Ostrachtal im Jägerhaus; beim evtl. Abstieg vom Rauhhorn die bewirtschaftete Willersalpe (1459 m).*
GEHZEITEN: *Vom E-Werk zum Schrecksee 2:45 Std. Überschreitung des Rauhhorns insgesamt knapp 7 Std.*
STEIGUNGEN: *Vom E-Werk zum Schrecksee 880 Hm, von dort aufs Rauhhorn 440 Hm.*
ANFORDERUNGEN, CHARAKTER: *Zum Schrecksee recht rauer Bergweg, deshalb gute Stiefel empfehlenswert. Überschreitung des Rauhhorns anspruchsvolle Tour, Trittsicherheit und nebelfreies Wetter wichtig.*
ZUSÄTZLICHE GIPFEL: *Vom See in gut 1 Std. evtl. auf den Kastenkopf. Abstecher auf das Geißhorn (2247 m) 45 Min.*
FÜR KINDER: *Für den Nachwuchs viel zu weit.*
DAS BESONDERE: *Einer der schönsten Bergseen! Über das Rauhhorn sehr interessante, spannende Tour für Könner.*

Idyllischer Bergsee und spannende Gipfeltour

Warum dieser Name? Der Schrecksee könnte viel passender Schönsee oder Idealsee heißen. So stellt man sich eine Wasserfläche in der Hochregion vor! Obwohl der See in einer Höhe von 1813 m liegt, also nur 300 m unter den Gipfeln rundum, wirkt er ausgesprochen freundlich. Die auffallend gewellten, saftig grünen Matten rundum und das leuchtende Blau des Wassers schaffen diesen Eindruck. Selbst eine Insel fehlt nicht in dem 500 m langen und 300 m breiten, also für die Höhenlage erstaunlich großen Schrecksee. Kastenkopf (2129 m) und Kirchdach mit ihren Felsabstürzen sorgen zudem für einen fotogenen Hintergrund.

Allenfalls der Schrecksee-Besucher, der unpassende Schuhe trägt, könnte bei diesem Ausflug etwas »Schreck«haftes erleben, ist der Zugangsweg aus dem Ostrachtal doch teilweise rau und ziemlich steinig. Die Mühe dieses Aufstiegs wird jedoch durch eine stets reizvolle Landschaft ausgeglichen. Nie taucht der Steig in langweiligem Hochwald unter, immer bleibt der Blick wenigstens in einer Richtung ziemlich frei. Und bereits auf der Taufersalpe (1338 m) hat man die Waldgrenze erreicht, zu steil und deshalb extrem von den Lawinen bestrichen sind die Hänge oberhalb. Das Tal selbst wird dann in 1600 m Höhe durch eine steile Felsfluh völlig abgeriegelt. Der Steig überlistet diese Stufe ganz auf der linken Seite in einem Durchschlupf, der von unten nicht zu erkennen ist. Oberhalb wird dann die Geduld noch ein wenig auf die Probe gestellt: Bei jeder der drei Geländerippen glaubt man sich am Ziel, und doch geht es weiter und weiter, bis man dann – nun urplötzlich – am Seeufer steht.

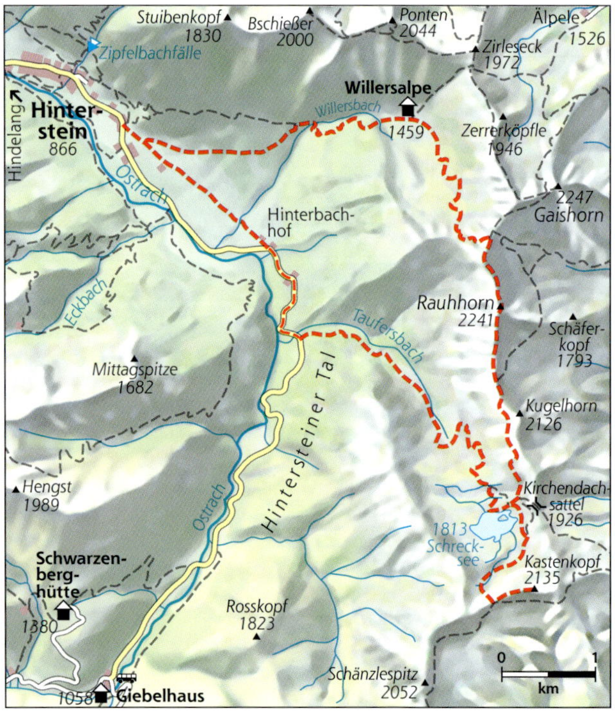

Zufrieden mit diesem reizvollen Ziel? Oder soll es noch mehr sein? Recht bequem kann man weiter bergauf wandern, und zwar zur Lahnerscharte (1982 m), um auch noch einen Blick nach Süden zu erhaschen. Dort oben lockt vielleicht zusätzlich der Kastenkopf, der wegen seiner Nordwand vom Schrecksee aus so unnahbar erschien. Doch über den meist begrünten Westrücken kommt jeder Geschickte selbst auf diesen stolzen Gipfel mit seinem Hochvogel-Blick und einer besonderen Überraschung: Durch den Einschnitt des Tauferstals, durch das man heraufgestiegen war, schaut man – wie durch ein Tor – genau auf den Ausgangsort Hinterstein.

Konditionsstarke werden die Tour vom Schrecksee aus mit einer ganz besonders eindrucksvollen Gipfel-Überschreitung abrunden. Rauhhorn (2240 m) heißt der auffallendste und formschönste Gipfel der Region. Schon das Eigenschaftswort »rauh« deutet auf das Wilde des Berges hin. Trotzdem kann ein Bergwanderer mit größerer Erfahrung diese mit Felszacken garnierte Schneide überqueren, seit es dort ein Steiglein gibt. Eine kurze, aber etwas ausgesetzte Felsstufe – mit Blick in die steile Ostwand – war einst der Schrecken manches Gipfelstürmers, doch inzwischen hilft ein Drahtseil an dieser »Schlüsselstelle«. Der Abstieg zieht sich dann in die Länge, man kann aber wenigstens in der bewirtschafteten Willersalpe neue Kräfte für den Schlussspurt schöpfen. Schließlich kommt man nach dieser Rundtour genau am Parkplatz wieder ins Tal.

Zum Schrecksee

Entweder vom Hintersteiner-Großparkplatz zu Fuß auf breitem Weg über schöne freie Höhen nach Süden, dann auf dem Teersträßchen am Gasthaus Jägerhaus vorbei, nun deutlich steigend, im Hochwald zum E-Werk (940 m, knapp 3 km, 80 Hm, 50 Min.). Oder dorthin per Bus. Hinter den Häusern nach links oben abbiegen und kräftig aufwärts durch lichten Wald – schöne Rückblicke auf die Gruppe des Daumens. Dann malerischer, kleiner Wiesenboden auf der ehemaligen Taufersalpe. Im Talgrund bis unter die abschließende Felsfluh, dort nach links und zwischen Buschwerk und Latschen über die hohe Stufe auf eine auffallende Geländekante. Mit etwas Auf und Ab über die welligen Böden zum Schrecksee (1813 m).

Lahnerscharte und Kastenkopf

Vom Schrecksee-Ostufer über die unregelmäßigen Flächen im Bogen nach Süden und Südwesten, schließlich durch eine Mulde problemlos in die breite Lahnerscharte (1982 m, 40 Min.) mit überraschendem Blick nach Südosten. Von dort den Steigspuren folgend über Gras und feinstes Geröll auf einem Rücken auf den mächtigen Kastenkopf (2129 m, 25 Min. ab Scharte). – Rückweg auf den gleichen Routen.

Über das Rauhhorn (2240 m)

Vom Nordostzipfel des Schrecksees ein paar Minuten über die Grashänge gerade empor, bis man

auf einen quer laufenden Steig, den Jubiläumsweg, trifft. Auf ihm nach links und durch die ziemlich steilen Hänge des Kugelhorns ein gutes Stück nach Norden in den tief eingeschnittenen Sattel der Hinteren Schafwanne (1965 m). Der hier beginnende Südgrat des Rauhhorn fällt nach rechts in Wänden ab, während die andere Gratseite aus steilen Gras-, Schutt- und Schrofenhängen besteht. Das bescheidene Steiglein hält sich meist an diese Seite, hin und wieder braucht man auch die Hände, um kleine Felsstellen zu überwinden (Trittsicherheit notwendig, 1:30 Std. ab Schrecksee).

Abstieg vom Rauhhorn über den Nordgrat mit einer etwas ausgesetzten, felsigen Stufe (Drahtseil) gleich am Anfang. Dann links der Kante auf dem Steig hinab in den Sattel der Vorderen Gamswanne (2057 m). Von hier könnte man in 45 Min. noch das Geißhorn besteigen oder sogar überschreiten. Sonst vom Sattel nach Nordosten über die recht steilen, teilweise überwucherten Hänge hinab in den Kessel der bewirtschafteten Willersalpe (1459 m). Über den kleinen Boden, dann links des Baches über eine hohe Stufe hinab, schließlich zwischen Bäumen, dann mehr und mehr im freiem Gelände zurück zum Parkplatz.

Der Schrecksee, ein reizvolles Ziel hoch über dem Ostrachtal, im Hintergrund der Älpelekopf mit dem Grat zum Lahnerkopf.

5 Prinz-Luitpold-Haus und Hochvogel

Tourensteckbrief

TALORT, ZUFAHRT: *Hinterstein (866 m) in einem langgestreckten Kessel des Ostrachtals gelegen, eindrucksvolle Gipfelkulisse. Hinter der Kirche die sehenswerten Zipfelsbach-Wasserfälle. Zufahrt von Sonthofen auf guter Straße. Buslinie.*

AUSGANGSPUNKT: *Vom großen Parkplatz im Süden Hintersteins mit dem Bus zum Giebelhaus (1068 m, Gasthaus, keine Übernachtung).*

HÜTTE: *Prinz-Luitpold-Haus (1846 m), DAV, 172 Schlafplätze.*

GEHZEITEN: *Giebelhaus – Hütte und Aufstieg zum Hochvogel jeweils 2:30 Std.*

STEIGUNGEN: *Zur Hütte 800 Hm, von dort auf den Hochvogel 730 Hm.*

ANFORDERUNGEN, CHARAKTER: *Bis zur Hütte Bergwege ohne Probleme, auf den Hochvogel trotz des Steigs anspruchsvolle Tour mit Geröll und Schrofen (Sicherungen), im Kalten Winkel ein manchmal gefährliches Firnfeld.*

ZUSÄTZLICHER GIPFEL: *Von der Hütte evtl. auf den Wiedemer (2163 m, 1 Std., Steig mit Sicherungen), der mit seinen »verbogenen« Gesteinsschichten unverkennbar ist.*

FÜR KINDER: *Interessante Möglichkeiten vor allem am Bärgündelesbach; zur Hütte recht weit.*

DAS BESONDERE: *Interessante »Wasserspiele«, weite Ausblicke beim Hüttenzugang, Besteigung eines ganz großen Allgäu-Bergs mit spannender Aufstiegsroute.*

Reizvolle Landschaft und formschöner Gipfel

Ostrachtal heißt der in Sonthofen in das Tal der Iller mündende Seitenast. Es ist die von Osten kommende Ache, eben die Ostrach, die dieses Tal durchströmt. Fährt man an ihr entlang aufwärts, erreicht man durch den breiten Einschnitt den Ferien- und Kurort Hindelang. Dann wird das Gelände immer alpiner, es gibt am Fuß des Breitenbergs eine markante Talenge, bis sich das Gelände dann nochmals zu einem schmalen, aber lang gestreckten Boden öffnet, in dem Hinterstein (866 m) liegt. Keinen anderen Ort des Oberallgäus umrahmt eine so eindrucksvolle Bergkulisse, mancher recht felsige Gipfel gehört zum Panorama.

Von dort zieht dann das Ostrachtal noch einmal etwa sieben Kilometer in die Berge hinein bis zum Gasthaus Giebelhaus (1068 m), das auch Endstation der Buslinie ist und den Ausgangspunkt für manche begeisternde Wanderung und Bergtour bildet. Voll landschaftlicher Schönheit im Großen und Kleinen steckt vor allem die Route ins Bärgündele und hinauf zum stattlichen Prinz-Luitpold-Haus. Wer seine Augen weit öffnet, wird mit sehenswerten »Wasserspielen« geradezu verwöhnt. Wandert man auf der Forststraße bergauf, dann kann man als erstes die Kaskaden des Täschlefalls bewundern, die über eine gelbrote Wand herabschäumen. Der Hauptbach im Tal und jener, der von den Bärgündelesalpen herabkommt, sind besonders malerisch in den harten Grund »gefräst«, zeigen ausgewaschene Felsbetten, Strudellöcher, Gumpen, kleine Wasserfälle … Der Fußweg zur Hütte zieht zwischen der Talstraße und den Flächen des Oberen Bärgündeles in diesem Bereich bergauf. Manches bekommt man direkt vom Steig aus zu sehen, aber man sollte zusätzlich ein wenig auf Entdeckungsreise gehen – es lohnt sich!

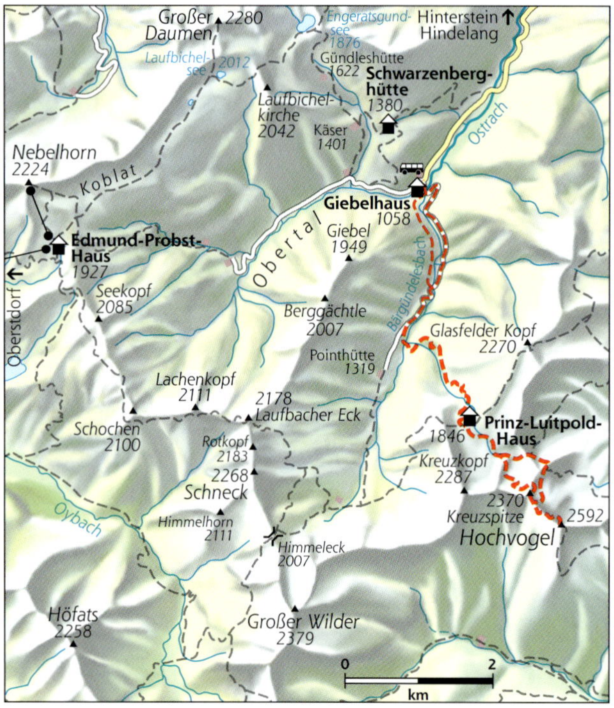

Das scheinbar exotische Wort Bärgündele lässt sich ganz einfach auslegen: Der Bär ist sowieso klar und das Gündele ist die Verkleinerungsform des alemannischen Wortes Gund (nicht Grund), das eine von Wald oder Ödland umgebene Weidefläche bezeichnet; das Bärgündele lässt sich also etwa als kleine Bärenwiese übersetzen. Auch beim Prinz-Luitpold-Haus liegt die Erklärung des Namen nahe: Dieser Prinz und Prinzregent von Bayern (1821–1912) liebte nicht nur das Ostrachtal als Jagdrevier, ihm gehörten auch weite Landstriche. So wurde die erste Alpenvereinshütte 1881 auf seinem Grund errichtet und nach ihm benannt.

Das Haus thront auf einer hohen Geländeschwelle mit völlig freiem Blick nach Nordwesten und einer ganz intimen Welt auf der anderen Seite. Ein kleines Kar mit einem bescheidenen Seeli wird von markanten Felsbergen wie der Fuchskarspitze (2314 m) eingerahmt. Hinter der Kreuzspitze versteckt sich das ganz große Ziel der Region, der Hochvogel (2592 m), eine Pyramide, die ihre Umgebung gewaltig überragt. Sie ist nach Südosten gegen das Hornbachtal vorgeschoben und deshalb von der Allgäuer Seite kaum je zu sehen. Ein Steig mit einigen gesicherten Felspassagen, auf dem es aber auch viel Geröll gibt, führt bis zum Kreuz hinauf. Die elegante Gestalt und der weithin bekannte Name sind starke Magneten, jeder will einmal auf dem Hochvogel gestanden haben.

Kalter Winkel heißt passend ein nordseitiges Kar, in dem sich trotz der eher bescheidenen Höhe ein Gletscherchen – oder besser: ein Ewigschneefeld – hält. Ist dieser Schnee steinhart gefroren oder das Feld mit seiner kräftigen Neigung zu Eis ausgeapert, dann kann es hier für die »Steigeisen-Losen« durchaus ein Unmöglich geben. Man sollte sich beim Hüttenwirt erkundigen, denn zu dieser klassischen Route gibt es inzwischen eine reizvolle Alternative: Die Überschreitung der vorgelagerten Kreuzspitze; an ihren Felsgraten sind die steilsten Stellen mit Sicherungen entschärft.

Giebelhaus – Prinz-Luitpold-Haus

Gleich hinter dem Giebelhaus über die beiden Bäche, kurz gerade empor, dann immer auf der Forststraße (links oben der Täschlefall) etwa 45 Min. aufwärts zur Abzweigung des Fußwegs. Ganz kurz hinab zum Bach und im Bereich des oberen Bärgündelesbachs an der Unteren Bärgündelehütte vorbei ins freie Gelände, wo man bereits hoch oben die Hütte liegen sieht. Über Alpweiden in Serpentinen empor, dann mehr nach rechts und auch von rechts schließlich zum Prinz-Luitpold-Haus hinauf (1846 m, 2:30 Std.).

Zwei Routen zum Hochvogel

Von der Hütte gleich quer durch die Hänge über dem Seeli vorbei, in Kehren empor ins Kar und zur Wegverzweigung. Links ab und steiler in die Balkenscharte (2172 m), die nach einem glatten Felsturm benannt ist. Jenseits quer durch die Geröllhänge ins

Sättele, eine Lücke in einer Felsrippe, von der aus sich urplötzlich der Blick auf den Hochvogel öffnet, der einem noch »unendlich« hoch erscheint. In den Talhintergrund, den Kalten Winkel, und über ein kräftig geneigtes Firnfeld in die Kaltwinkelscharte (2281 m), die am Bergfuß des Hochvogels eingeschnitten ist; überraschender Blick nach Südwesten. Ein Stück empor, dann in der rechten Flanke auf einem Band (Schnur genannt), das von einer zerborstenen, senkrechten, rostroten Wand überragt wird, an der Hochvogel-Schulter vorbei in die Rinne dahinter. Auf Geröll und über ein paar Schrofen in der Westflanke noch ein gutes Stück empor zum Gipfelgrat und zum Kreuz auf dem Hochvogel (2592 m, 2:30 Std.).

Wieder hinab in den Kaltwinkelscharte, dann längs des Ostgrates auf die Kreuzspitze (2367 m, 15 Min., Sicherungen), kurz auf dem felsigen Nordgrat, dann links hinab ins Kar und zurück zur Hütte.

Die Kreuzspitze oberhalb des Prinz-Luitpold-Hauses; beim Zugang zum Hochvogel kann man diesen Gipfel auf einem gesicherten Steig überschreiten.

6 Östliche Illerterrasse

Wiesen, Aussichtskanzeln, Wasserfälle, Tobel

Der Fremde, der von Sonthofen nach Süden über Fischen nach Oberstdorf fährt, hält das Tal der Iller für eines der typischen Bergtäler von maximal einem Kilometer Breite. Hier ahnt er nämlich nichts von den weiten, stark gewellten Hochflächen, die das Tal auf beiden Seiten begleiten und den eigentlichen Zauber des inneren Oberallgäus ausmachen. Diese Flächen werden auch Illerterrassen genannt und sie sorgen dafür, dass das Tal in Wirklichkeit etwa fünf Kilometer breit ist.

Eine Reihe stattlicher Dörfer liegt dort bis zu einer Höhe von 920 m, wobei jene auf der westlichen Terrasse stark vom Fremdenverkehr geprägt sind, während die ostseitigen sich viel ursprünglicher präsentieren. In ihrem Bereich verläuft unsere heutige Wanderung mit einigem Auf und Ab, über weite Wiesenflächen, durch Tobel, zu einem sehr reizvollen Wasserfall, über aussichtsreiche Höhen, zu einer Burg, die sich als Kapelle entpuppt …

In den Allgäuer Bergen findet man erstaunlich viele kleine, aber durchaus sehenswerte Tobel mit Wasserfällen; hier der Leybachtobel bei Altstädten.

Wer das erste Mal in die Region von Sonthofen kommt, dem sei dieser relativ bequeme, aber nicht gerade kurze Ausflug (man kann ihn natürlich jederzeit abbrechen) empfohlen, um sozusagen die Seele dieser ungewöhnliche Berglandschaft kennen zu lernen. Gerade dieser Route haftet noch etwas Ursprüngliches an, sind doch die Dörfer eher ländlich und nicht allzu kräftig vom Fremdenverkehr geprägt. Das Vieh bestimmt die Landschaft; so gibt es viel, viel Wiesenflächen zum Mähen und als Weide. Das Land ist hier zudem offen, weiträumig und damit besonders sonnig, die Berge bilden mehr eine Kulisse im Hintergrund, nur das Rubihorn (1957 m) mit seiner zerborstenen Nordflanke setzt sich ab Schöllang recht eindrucksvoll in Szene. Eines sollte man bei dieser Wanderung nicht unterschätzen: Es gibt viele, allerdings nie allzu anstrengende Auf- und Abstiege.

Sonthofen (743 m) ist das Zentrum des Landkreises Oberallgäu und schmückt sich mit dem Prädikat »südlichste Stadt Deutschlands«. Der Ort mit immerhin 22 000 Einwohnern füllt das hier sehr weite Illertal fast in seiner gesamten Breite. Im Jahr 2002 wurde im Süden das »Wonnemar« eingeweiht, eine Freizeit-Bade-Anlage mit allen Finessen, die man sich vorstellen kann. Bewusst haben wir deren Parkplatz für den Start ausgewählt, denn viele genießen ein entspannendes Bad nach einer längeren Wanderung besonders.

Sonthofen – Hinanger Wasserfall

Vom Parkplatz am Wonnemar auf der Stadionstraße über die Bahn und an den Bergfuß. Hier rechts zu

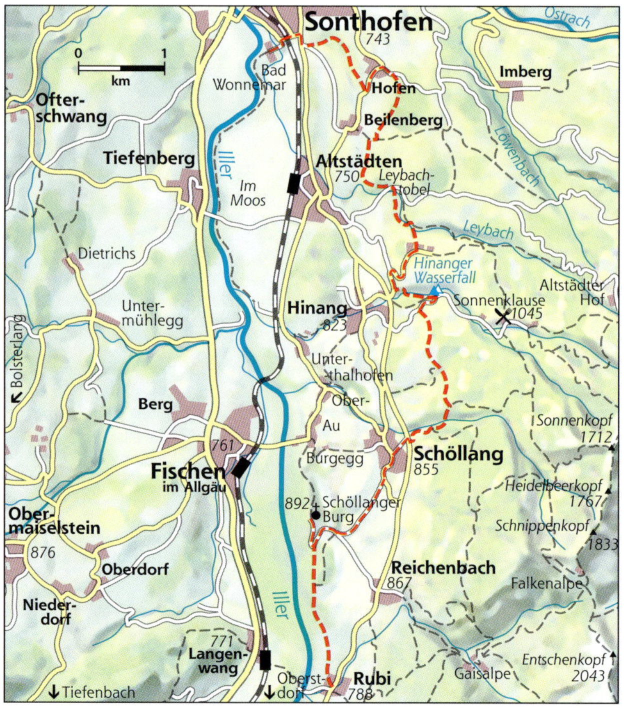

Dieser besonders malerische ehemalige Hof steht in Reichenbach.

einem nahen Brückchen und gleich danach links ab. Auf dem Weg am Bach entlang zum Ende der Wiesen und einer Kneipp-Anlage. Nun in dem recht urwüchsigen Tobel, Bachtel genannt, ein gutes Stück hinauf zu den Wiesen auf der östlichen Terrasse. Links auf dem Fahrweg in ein paar Minuten nach Hofen (810 m). Im Dorf bei der Kapelle wieder rechts, auf dem Fahrweg an den letzten Häusern vorbei und in einem Bogen sanft aufwärts zum Waldrand. Hier rechts durch ein Drehkreuz und auf einem Fußweg mit etwas Auf und Ab immer am Rand der Wiesen bis oberhalb von Beilenberg.

Bei einer Baumgruppe trifft man auf einen größeren Weg. 50 m links aufwärts, dann gleich wieder hinab, bis zu einem Schuppen, wo sich der Fußweg fortsetzt. Durch eine Wiesenmulde sanft abwärts, bis man zwischen Bäumen zum Leybach kommt. Hier gleich links durch den Tobel zu einem kleinen malerischen Wasserfall zwischen kantigen Blöcken, ein Stück empor und dann auf eine Teerstraße. Hier rechts über die Brücke und gleich wieder links auf Waldwegen und an Wiesen mit sehr schönem Blick entlang, schließlich nach Süden zu den Häusern von Hochweiler (919 m).

Auf der Hauptstraße mit zwei Kehren abwärts bis vor die Brücke der Umgehungsstraße. Hier wieder links ab und auf einem schönen Fußweg im waldigen Tobel aufwärts zum Hinanger Wasserfall in einer wahrlich romantischen Umgebung mit von Moos überzogenen Riesenblöcken und wilden, ausgebauchten Felsen aus Konglomeraten.

Weiter zu Schöllanger Burg und nach Rubi

Vom Wasserfall unter überhängenden Felsfluhen nach rechts aus der Schlucht zu weiten Weideflächen. Bei den letzten mächtigen Fichten nicht aufwärts, sondern schräg hinüber zu einem Sträßchen und gleich vis-à-vis durch ein Drehkreuz weiter. Auf die Spuren im Gras achtend über die Weideflächen schräg rechts empor und nach Süden an die Geländekante mit herrlichem Blick. Zum Waldrand hinüber und wieder etwas aufwärts an diesem entlang zu einem schönen Vorsprung (1000 m) über Schöllang. Hinunter auf eine Forststraße und auf ihr zur Umgehungsstraße. Unter dieser hindurch und zwischen den Häusern von Schöllang (855 m) stets in etwa gleicher Richtung durch den Ort und bequem auf dem Teersträßchen über schöne, leicht geschwungene Wiesen zum Hof des Widum mit seinen Weihern. Weiter auf dem Sträßchen in langgezogener Kehre auf den Burgberg (892 m) mit herrlichem Blick nach Osten und Südosten, wo statt der angekündigten Burg eine Kapelle steht, deren Geschichte bis ins Jahr 1351 zurückreicht.

Das oberste Stück auf dem Sträßchen wieder hinab zu einer Verzweigung auf dem Bergkamm. Nun immer auf breitem Weg, anfangs mehr durch Wald, dann an mancher, sehr schönen, abgelegenen Lichtung vorbei, schließlich sehr aussichtsreich über Wiesen hinab nach Rubi (788 m). Mit dem Bus zurück nach Sonthofen und evtl. anschließend zur Entspannung in das große Bad.

Tourensteckbrief

TALORT, ZUFAHRT: *Sonthofen (743 m), Zentrum des Oberallgäus im weiten Becken des Illertals. Barocke Pfarrkirche mit schönen Schnitzfiguren von Anton Sturm. Von der Allgäu-Autobahn auf der B 19 rasch zu erreichen. Bahnhof der Strecke Kempten – Oberstdorf.*
AUSGANGSPUNKT: *Die zweite, südliche Sonthofner Ausfahrt der Schnellstraße benutzen und dann den Schildern folgend zum nahen Erlebnisbad Wonnemar (735 m).*
EINKEHR: *Gasthäuser in Schöllang und Rubi.*
GEHZEITEN: *Bis zum Hinanger Wasserfall reichlich 2 Std., von dort zur Schöllanger Burg knapp 1:30 Std., Weiterweg nach Rubi 30 Min.*
STEIGUNG: *Alle Anstiege zusammen 470 Hm.*
ANFORDERUNGEN, CHARAKTER: *Fuß- und Fahrwege in stets ungefährlichem Gelände, allenfalls nach Regenfällen aufgeweichter Boden; man sollte aufmerksam sein, um stets auf der richtigen Route zu bleiben.*
FÜR KINDER: *Gesamte Wanderung für Kinder zu lang und gleichförmig, doch Teile davon sehr reizvoll; so bietet der Hinanger Wasserfall zum Beispiel ein richtiges Kinder-Dorado.*
DAS BESONDERE: *Ein ganz besonders malerischer Tobel mit Wasserfall, zudem sehr schöne Wiesen-Landschaft mit weiten Ausblicken.*

7 Die Sonnenköpfe über Sonthofen

Tourensteckbrief

TALORT, ZUFAHRT: *Sonthofen (743 m), Zentrum und Hauptstadt des Oberallgäus in einem sehr weiten Talkessel der Iller mit allen entsprechenden Geschäften usw. Zufahrt von der Allgäu-Autobahn über die B 19. Bahnhof.*
AUSGANGSPUNKT: *Von Sonthofen nach Altstädten und bis zu einer Brücke über die Umgehungsstraße von Hinang. Über diese Brücke und hinauf zum kleinen Parkplatz vor dem Gasthaus Sonnenklause (1030 m).*
EINKEHR: *Nur ein Berggasthaus am Ausgangspunkt.*
GEHZEITEN: *Auf den Sonnenkopf knapp 2 Std., weiter zum Schnippenkopf 45 Min., Abstieg etwa 1:30 Std.*
STEIGUNGEN: *Zum Sonnenkopf 680 Hm, zum Schnippenkopf insgesamt 900 Hm.*
ANFORDERUNGEN, CHARAKTER: *Bergwanderung auf Wegen und Steigen mit steilen Stellen, teilweise etwas steinig, teilweise evtl. nass.*
FÜR KINDER: *Problemlos möglich, aber weit und langweilig.*
DAS BESONDERE: *Während des Aufstiegs zum Sonnenkopf oft herrlich freie Tiefblicke, dann schöne Fernsicht vom Grat, auf dem man drei Gipfel überschreitet.*

Grattour mit weiten Ausblicken

Was ist nun richtig? Sonnenkopf oder Sonnenköpfe? Warum die Besucher nicht ein wenig verwirren – man benutzt nämlich beide Bezeichnungen und sie überschneiden sich zudem in etwas eigenwilliger Art. Als Sonnenköpfe bezeichnet man den gesamten Kamm zwischen der östlichen Illerterrasse und dem Retterschwang, in dem drei Berge mit dem Schnippenkopf als Hauptgipfel aufragen. Der nördlichste dieser Gipfel trägt dann sozusagen den Einzelnamen Sonnenkopf. Er ist 1712 m hoch, bildet aus dem Tal gesehen eine unauffällige Graterhebung, da er auf dieser Seite inzwischen fast ganz von Fichtenwald

Blick von der östlichen Illerterrasse zwischen Hofen und Beilenberg auf den Kamm der Sonnenköpfe mit dem beherrschenden Schnippenkopf.

überzogen ist. Nach Osten hingegen fallen freie, steile und glatte Grashänge ab; dort gibt es im Winter große Lawinen. Dank der Steige und der vielen freien Ausblicke schon beim Aufstieg zählt er mit Recht zu den beliebten Wanderzielen.

Der nächste Gipfel im Süden trägt – ebenfalls zu Recht – den Namen Heidelbeerkopf (1767 m), denn das entsprechende Strauchwerk wuchert in den Schattenhängen dieses Berges. Recht steil stürzen diese meist mit Büschen überwucherten Hänge in die Tiefe. Im Verhältnis zu den beiden Nachbarn wird diese Erhebung weniger beachtet, kann man sie bei unserer Grattour doch in der Westflanke umgehen. Den dritten und mit Abstand bedeutendsten Gipfel,

7 Die Sonnenköpfe über Sonthofen

Wie an vielen Stellen in den Allgäuer Alpen blüht es auch am Sonnenkopf auffallend üppig; diese Trollblumen wachsen in 1700 m Höhe!

den Schnippenkopf (1833 m), hat natürlich jeder auf dem Programm. Der Steig führt durch dessen steile Nordflanke auf die erstaunlich weiträumige Gipfelfläche. Dort oben öffnet sich dann auch der Blick nach Süden zu den großen Bergen der Allgäuer Alpen.

Je nach Lust und Laune, Kraft und Wetter mag sich jeder eine der drei folgenden Möglichkeiten auswählen. Die Wege und Steige sind zwar manchmal holperig und steinig, bereiten aber keine Schwierigkeiten. Lediglich der kurze Nordanstieg auf den Heidelbeerkopf erinnert mehr an eine steile Geröllrinne, als an einen angelegten Pfad – aber man kann ihn ja vermeiden.

Von der Sonnenklause auf den Sonnenkopf

Auf der Forststraße nach Osten aufwärts, rechts über die Brücke und in zwei Kehren zum Beginn der

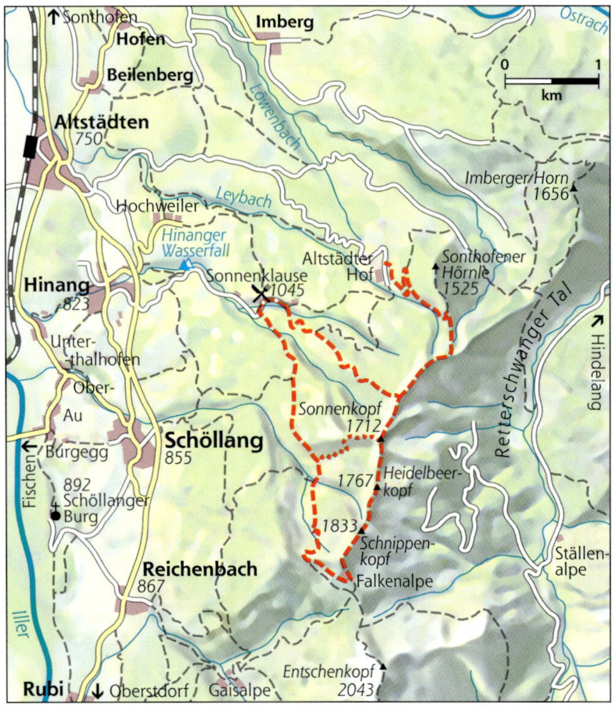

Regenwolken am Sonnenkopf, hinten das Oberjoch

freien Weideflächen. Hier gleich links auf dem Fußweg über eine Wiese und kurz durch Wald, dann immer ziemlich gerade über den hohen Mattenhang zu dessen Oberende. Wieder kurz durch Hochwald, dann in einer Lichtung auf manchmal schmierigem Steig an einem Hüttchen vorbei zur Nordschulter des Sonnenkopfes und auf dem Rücken, der links steil abfällt (dort sehr schöne Flora), zum Gipfelkreuz auf dem Sonnenkopf (1712 m; knapp zwei Stunden).

Möglichkeit einer kleinen Rundtour: Von hier kann man nach Westen auf einem Steig meist durch Jung- und Hochwald zur Entschenalpe absteigen und von dort, wie im folgenden Kapitel beschrieben, zum Ausgangspunkt zurückkehren.

Übergang zum Schnippenkopf und Abstieg

Vom Sonnenkopf auf dem Grasrücken in einen nahen Sattel hinab und nun entweder in den Hängen der rechten Seite mit etwas Auf und Ab um den Heidelbeerkopf in einen zweiten Sattel. Oder – viel interessanter, aber sehr steiler, steiniger Pfad beim Aufstieg – weiter über den Grat und zwischen Bäumen und Buschwerk rasch auf den Heidelbeerkopf (1767 m) und drüben über die Schneide wieder hinab in den erwähnten Sattel (1715 m). Von dort steil in der Flanke auf die breite Gipfelfläche des Schnippenkopfs (1833 m; 45 Min. ab Sonnenkopf) mit hindernislosem Rundblick.

Am Gipfelgrat entlang nach Südwesten und hinab zur nahen Falkenalpe. Hier nun rechts und etwas eben durch den Hang (manchmal ziemlich schmutzig) in eine ausgeprägte Scharte. Drüben auf holprigem Pfad über typische Lawinenhänge in das begrünte Kar hinab zu den ersten Böden und talaus zur Entschenalpe. Nun 1 km auf einem Alpsträßchen, das durch den Teer etwas unangenehm zu begehen ist, kräftig abwärts bis zur ersten Kehre. Hier geradeaus weiter auf kleinem Steig durch den Hochwald immer etwa in der gleichen Richtung und vorbei an einer stillen Lichtung zurück zur Sonnenklause.

Die bequemere Alternative

Wer die Tour zum Sonnenkopf etwas gemütlicher gestalten will, fährt von Altstädten auf der Mautstraße zum bewirtschafteten Altstädter Hof (1290 m, 5,4 km) mit eindrucksvollem Talblick hinauf. Von dort über die Wiese zum Waldrand empor, halb rechts auf der Forststraße taleinwärts und nach 200 m zur ersten Kehre. Hier geradeaus auf altem Ziehweg steil zur nächsten Forststraße. Auf ihr, bis sie oberhalb einer kleinen Lichtung nach rechts führt. Hier geradeaus zwischen ein paar Bäumen zu einem reizvollen, kleinen, feuchten Becken mit schöner Flora im Frühsommer, dem Hühnermoos. Von dort immer am Kamm entlang kräftig aufwärts zum flachen Teil des Nordrückens. Zwischen Bäumen mit etwas Auf und Ab in die freie Region der Nordschulter, wo man auf die von der Sonnenklause kommende Route trifft. Auf ihr zum Sonnenkopf (knapp 1:30 Std. ab dem Altstädter Hof). Rückweg auf der gleichen Route.

8 Über dem Riedbergpass

Tourensteckbrief

TALORT, ZUFAHRT: *Obermaiselstein (859 m), Ferienort auf der westlichen Illerterrasse. Zufahrt von der B 19 bei Fischen auf guter Straße, 2,5 km.*
AUSGANGSPUNKT: *Riedbergpass (1420 m) und Grasgehren (1447 m, 7 km ab Obermaiselstein), Bergstrecke, aber bis auf einen kurzen Abschnitt gut ausgebaut.*
EINKEHR: *Gasthaus in der Grasgehren.*
GEHZEITEN: *Besler und Riedbergerhorn je 1 Std., Rundtour Riedbergerhorn und Wannenkopf insgesamt 2:45 Std.*
STEIGUNG: *Zum Besler 350 Hm, auf das Riedbergerhorn 340 Hm.*
ANFORDERUNGEN, CHARAKTER: *Am Besler alpine Pfade, die etwas Trittsicherheit erfordern, evtl. ganz kurzer Klettersteig; zum Riedbergerhorn breite, angelegte Wanderwege, doch teilweise relativ steil.*
FÜR KINDER: *Riedbergerhorn problemlos aber auch ohne Spannung für Kinder; Besler viel interessanter, doch einige Erfahrung nötig.*
DAS BESONDERE: *Sehr gegensätzliche Spritztouren, in einem Fall auf eines der markantesten Felskastelle, im anderen auf einen Allerweltsberg. Besonders interessantes Moor in 1670 m Höhe am Wannenkopf.*

Auf dem Weg zum Riedbergerhorn, Blick nach Nordosten auf Rangiswangerhorn und den beherrschenden Grünten.

Besler, Riedbergerhorn, Wannenkopf

Es gibt wohl keine zweite Region, die eine ähnliche Fülle von »Spritztouren« auf so zahlreiche durchaus selbstständige und interessante Berge erlaubt, wie das Oberallgäu. Mautstraßen, Bergbahnen und Lifte führen oft so hoch hinauf, dass selbst der Mittagsspaziergang zu einer Gipfeltour werden kann. Grasgehren (1447 m) und Riedbergpass bieten drei typische Beispiele dafür. Apropos Riedbergpass: Man hat inzwischen die so genannte Riedbergstraße zwischen Obermaiselstein und Balderschwang mit viel Aufwand ausgebaut, und so wurde aus der sehr steilen, kurvenreichen Zufahrt nun eine viel bequemere Strecke. Hier handelt es sich außerdem um die höchste echte Passstraße in ganz Deutschland.

Doch zurück zum Thema! Eine Stunde nach dem Verlassen des Autos kann man schon auf dem höchsten Gipfel der Region stehen, dem Riedbergerhorn (786 m). Da bleibt natürlich Zeit für weitere Unternehmen, und deshalb haben wir hier zwei getrennte Touren in einem Kapitel zusammengefasst.

Den Gesteinsarten entsprechend hinterlassen diese beiden Ausflüge völlig unterschiedliche Eindrücke. Schon bei der Zufahrt zum Riedbergpass hat jeder einen Berg bewundert, der wie ein Felsriff ganz auffallend aus den Steilhängen herauswächst. Das ist der Besler (1679 m), der seine wilde Gestalt dem sehr widerstandsfähigen Schrattenkalk verdankt. Fels ist überhaupt das Bestimmende bei dieser Kurztour. Man steigt in den ziemlich steilen, üppig bewachsenen Hängen schräg empor und hat dabei unmittelbar über sich die verschiedensten, zwar kleinen, aber doch sehr markanten Felsköpfe und -zacken des Beslergrates. Nächste Station ist dann ein Minikar mit malerischen Felsblöcken, und gleich dahinter gibt es als dritte Attraktion die scheinbar senkrechte Gipfel-Nordwand, 300 m breit und geschätzte 40 m hoch, eine ganz auffallend gleichmäßige Mauer.

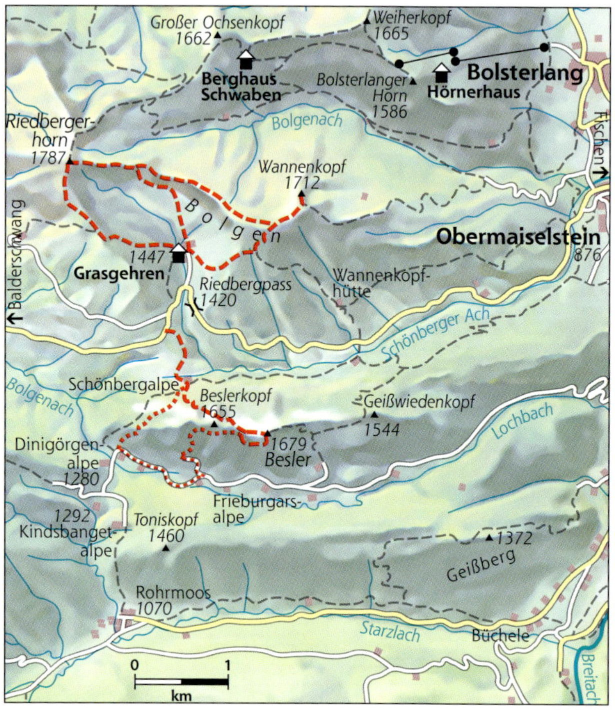

Die große Überraschung: Durch diese Wand zieht ein tiefer, schräger Riss, gebändigt mit einem Drahtseil – ein Aufstieg für alle Geschickten und wirklich Schwindelfreien. Alle anderen müssen nicht verzichten, für sie gibt es einen Schleichweg »hinten herum«. Und noch eine letzte Überraschung: die Gipfelmauer geht an ihrer Oberkante nicht, wie jeder erwarten würde, in einen schmaler Grat über, sondern dort oben breitet sich eine kleine Hochfläche aus mit Gras und zerschründeten Felsplatten für eine bequeme Rast, selbst einige Fichten fehlen nicht. Der schon erwähnte Schrattenkalk zeigt hier sein wahres Gesicht; denn Schratten ist das Allgäuer Wort für Karren, wir sitzen hier oben also auf einer Karstfläche in Kleinstausgabe.

Als Gegenstück zum so auffallend felsigen Besler ragt im Norden die Gruppe des Riedbergerhorns (1786 m) mit runden, behäbigen Formen auf. Bäume, Buschwerk und Krummholz mit Alpenrosen, Wacholder, Heidelbeeren etc., vor allem aber die Alpweiden bestimmen das Bild. Tritt wirklich einmal das Gestein an die Oberfläche, ist es wegen seiner dunkelbraunen Farbe und den vielen Flechten kaum von all dem Grün zu unterscheiden. Wie drüben der Schrattenkalk für die schroffen Formen sorgt, ist hier der leicht verwitternde Flysch für die sanften zuständig.

Grasgehren (1447 m) heißt der Mittelpunkt unseres Bergmassivs, Großparkplatz, Liftstationen, ein Gasthaus und viele Menschen kennzeichnen dieses Ausflugsziel. Das Riedbergerhorn, das sich in einer Stunde erreichen lässt, dürfte der am häufigsten zu Fuß bestiegene Berg der Allgäuer Alpen sein. Mit viel Aufwand wurden mit einem Minibagger zwei Wege angelegt, damit sich die Gipfelaspiranten nicht mehr ihre Stiefel beschmutzen müssen, wie das sonst in den Allgäuer Bergen nach Regenzeiten leider meist üblich ist.

Fast gegensätzlich sind die Eindrücke am zweiten selbstständigen Gipfel der kleinen Berggruppe, am Wannenkopf (1712 m) – dort Trubel, hier relative Stille, dort angelegter »Kiesweg«, hier mooriges Steiglein. Eine Rundtour über beide Gipfel hinterlässt deshalb die unterschiedlichsten Eindrücke. Der Wannenkopf überrascht in einer Höhe von etwa 1670 m, und zwar oben auf dem Grat, oder besser ausgedrückt, auf einer Hochfläche, mit leicht welligen Mooren und kleinen schwarzen Tümpeln. Das Steiglein schlängelt sich mitten durch diese reizvolle, weltabgeschiedene, etwa 500 m lange Sumpfregion; nach ergiebigen Regenfällen bräuchte man dort oben eigentlich Gummistiefel.

Über die Schönbergalpe zum Besler

Von der Straßenverzweigung am Riedbergpass Richtung Balderschwang 500 m hinab; beschränkte Parkmöglichkeiten am östlichen Straßenrand (1395 m). Nun zu Fuß: durch ein Gatter und auf dem Fahrweg

im Bogen hinab zur Schönbergalpe (1335 m) und jenseits, nun auf Steigen, wieder kurz aufwärts zur Wegverzweigung. Erst ziemlich gerade gegen die Felsen empor, dann immer schräg links durch die oft steilen Hänge und durch eine felsige Rinne in ein kleines Kar mit großen Blöcken, hinter dem sich der Weg wieder verzweigt. Schneller und interessanter: unter der senkrechten Gipfelwand nach links und dann auf kurzem, aber ausgesetztem Klettersteig zur Gipfelfläche. Einfacher: geradeaus in die Gratlücke empor, drüben zwischen Fichten wieder ein Stückchen hinab, dann quer durch die steilen Hänge – oberhalb eindrucksvolle Felszacken – und hinauf zum Gipfel, 1:15 Std.).

Man kann vom Gipfel auch nach Südwesten und Süden zu einer weiten Almlandschaft absteigen, um dann über die Dinigörgenalpe und mit einer Querung der unteren Schafkopf-Westhänge wieder die Schönbergalpe zu erreichen. Dafür braucht man etwa die doppelte Abstiegszeit, außerdem kann man bei der Querung auf unangenehm rutschige Zustände treffen.

Rundtour Riedbergerhorn

Wegbeginn beim Grasgehren-Gasthaus. Auf einem anfangs geteerten, dann geschotterten breiten Weg über Alpweiden und eine Stufe mit einzelnen Fichten zu einem Sattel im Ostgrat. Bequem über den breiten Rücken empor, nur am Schluss steiler auf die weiträumige Gipfelfläche mit Kreuz, 1 Std. Aufstieg.

Beim Aufstieg von der Schönbergalpe zum Besler; morgendliche Nebelfetzen um den Beslergrat mit seinen Felstürmen.

Rückweg: Vom Gipfel über den erst breiten Rücken nach Süden, dann auf schmalerem Grat nach Südosten hinab und hinaus bis in den Bereich des Skilifts. Jetzt links auf gutem Weg durch die nassen Wiesen, über Weidehänge und am Waldrand entlang steil hinab und zurück nach Grasgehren.

Riedbergerhorn und Wannenkopf

Vom Parkplatz ein paar Meter nach Westen zur Liftstation hinab und links zum Waldrand. Hier kräftig steigend hinauf und dann auf den Matten über Hänge und Böden zum Grat. Auf ihm erst relativ flach, dann wieder mehr steigend noch ein gutes Stück bis auf den Gipfel des Riedbergerhorns (1786 m, 1 Std.).

Auf dem breiten Weg über den Ostrücken hinab zu einer Wegkreuzung in einem Sattel. Auf nun kleinem Steig am schönsten immer auf dem Gratrücken bleibend (ein zweiter Weg führt nördlich davon über die Weidehänge) mit einem Zwischenabstieg zum Bolgengrat mit der Station eines Skilifts und zur Weggabelung bald danach. Noch kurz am Grat entlang, dann über die ungewöhnliche Hochfläche mit ihren Tümpeln ganz nach Nordosten, schließlich noch kurzzeitig steil auf den Wannenkopf (1712 m, gut 1 Std. von Gipfel zu Gipfel).

Zurück zur Gabelung am Bolgengrat. Nun über den freien, kaum ausgeprägten Südgrat ziemlich weit hinab (nicht zu früh abbiegen), dann nach rechts schräg durch den Hang zurück zum Parkplatz.

9 Steineberg und Bärenkopf

Tourensteckbrief

TALORT, ZUFAHRT: *Immenstadt (728 m), lebhafte Kleinstadt am nördlichen Alpenrand. Zufahrt von der Allgäu-Autobahn auf der B 19. Bahnhof der Strecken von Kempten und Lindau.*

AUSGANGSPUNKT: *Talstation der Mittags-Bahnen genau im Süden der Stadt.*

EINKEHR: *Nur ein Restaurant an der Bergstation.*

GEHZEITEN: *Von der Bergstation auf den Steineberg knapp 1:30 Std., dorthin von Gunzesried 2:30 Std.*

STEIGUNG: *Von der Bergstation 280 Hm, von Gunzesried 800 Hm.*

ANFORDERUNG, CHARAKTER: *Bergwege, im Gipfelbereich steinig in teilweise steilem Gelände, etwas Trittsicherheit angebracht.*

ZUSÄTZLICHER GIPFEL: *Evtl. Übergang zum benachbarten Stuiben (1749 m, 1:15 Std.).*

FÜR KINDER: *Steineberg relativ rasch zu erreichen, für Kinder interessant, aber etwas Erfahrung nötig.*

DAS BESONDERE: *Teilweise sehr malerische Felsformationen, vielfältige, bunte Flora, weites Panorama und schöne Tiefblicke.*

Wächter über Immenstadt und Gunzesried

Nagelfluhkette wird der nördlichste große Kamm der Allgäuer Bergwelt genannt. Er bietet eine Landschaft, die in den Alpen ziemlich einmalig ist. Das Gestein mit der ungewöhnlichen Bezeichnung »Nagelfluh« sorgt dafür. Es handelt sich um ein Konglomerat, erinnert an unregelmäßigen Waschbeton und ist auch auf ähnliche Weise entstanden: Abgerundete Flusskiesel wurden von feinstem Gesteinsschlamm zu neuem, hartem Material zusammengebacken. Der Name entstand in einer Zeit, in der die Nägel noch runde Köpfe hatten; sie ragten damals in ähnlicher Weise aus dem Holz wie die Kiesel aus diesem Gestein. Die Nagelfluh ist zudem stark gebankt, besteht aus härteren und weicheren Schichten, was bei der Verwitterung oft zu besonders auffallenden Formen führt.

So verhilft diese ungewöhnliche Felsart auch dem Steineberg, der ja nur 1683 m hoch ist, zu seinen malerischen, manchmal fast grotesken Formen. Wie so oft in diesem Bereich dacht das Massiv nach Süden in sehr steilen Graspleisen ab, die allerdings auch stark von Fels durchsetzt sind, ja, dort gibt es sogar einen eigenwillig-bizarren Turm, der den Namen »Kirche« erhielt. Die Nordseite des Gipfelgrates hingegen besteht aus mehreren Felsfluhen übereinander, von der vor allem die oberste stark gebaucht ist, also an vielen Stellen regelrecht überhängt. Das schafft auch die ganz besondere Note beim üblichen Aufstieg: Man sieht das Kreuz direkt über sich, hört, wie sich die Bergsteiger dort oben unterhalten, und muss doch noch weit auf einem Band nach Westen queren, bis es endlich einen Durchschlupf zum höchsten Kamm gibt. Schon beim Anmarsch von Osten zeigte der Steineberg das ganz Typische und Bizarre der Nagelfluh, bricht er auf dieser Seite doch mit steilen Felszacken und -nasen ab.

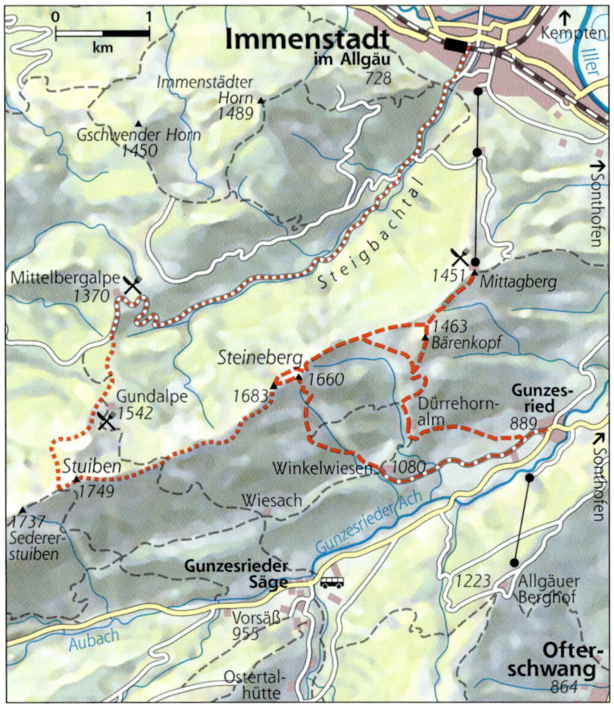

Im Gunzesriedertal, das recht ursprünglich geblieben ist (eine Ausnahme im Oberallgäu) mit Blick auf Tennenmoos- und Siplingerkopf.

Mittag heißt der äußerste Gratkopf der Nagelfluhkette, ein einleuchtender Name, steht er doch genau im Süden steil und hoch über Immenstadt. Lifte bringen den Gast dort bis in 1440 m Höhe. Er braucht dann nur noch gemütlich über die Alpweiden nach Westen zu wandern, einem Grat zu folgen und schon steht er am Fuß des Steinebergs, der sich von dort mit den beschriebenen Felszacken recht eindrucksvoll in Positur setzt. Nach eineinhalb Gehstunden ist bereits der höchste Punkt erreicht. Das macht die Tour natürlich auch für Kinder, falls sie geschickt und unternehmungslustig sind, ideal und empfehlenswert.

Für die Erwachsenen steht auf dem Gipfel des Steinebergs eine große Entscheidung an: Soll man sich einen gemütlichen Tag machen und wieder zum Lift zurückkehren oder baut man diese kleine Tour zu einer größeren aus? Der Übergang zum benachbarten Stuiben (1749 m) wäre eine recht kurzweilige Sache (am Stuiben-Ostgrat warten ein paar interessante Felsstellen mit Drahtseil), der Rückweg durchs Steigbachtal auf der Alp- und Forststraße – das ergibt fünf Kilometer Marsch – eher eine Geduldsprobe.

Individualisten ziehen sowieso die Route aus dem Gunzesried vor, eine Rundtour in der Form einer Acht. Selten werden bei einer Bergfahrt nahe am Alpenrand so viel Abwechslung und so unterschiedliche Bilder geboten wie hier, zumal man nur relativ wenig im Wald unterwegs ist. Lichtungen und freie Alpweiden, zudem ein Blick, der rasch immer schöner und weitreichender wird, sind die besonderen Merkmale des Aufstiegs.

Dem Grat nach Süden vorgebaut ist der Bärenkopf, der auf den Karten mit falscher Höhe eingetragen ist; 1480 m dürfte etwa stimmen. Er bietet eine kleinere Alternative zum Steineberg, wenn zum Beispiel Zeit und Kondition knapp werden, oder wenn die Wetter- und die Schneeverhältnisse nichts Größeres zulassen. Das gilt aber nur für die von Gunzesried Heraufkommenden, vom Mittag aus wäre der Bärenkopf als Ziel zu nah und uninteressant.

Apropos Gunzesried – es passen wirklich beide Ausdrucksweisen: aus Gunzesried und aus dem Gunzesried. Die Einheimischen sagen zum gesamten bei Blaichach ins Tal der Iller mündenden Seitental »das Gunzesried«, während Gäste und die Landkarten zwischen dem Ort und dem Gunzesrieder Tal unterscheiden.

Zum Schluss noch kurz zu einem Steineberg-Phänomen. Im Juni schlüpfen unter den nordseitigen Felsfluhen ganze »Wolken« von Fliegen aus. Das hat sich offensichtlich unter den Alpenseglern herumgesprochen; zu Dutzenden sind die sonst eher seltenen Vögel dann an unserem Berg auf der Jagd. Diese ungewöhnlich eleganten Flieger, von denen es im Vogelbuch heißt: »Flug rasend schnell«, erinnern an unsere Schwalben, sind aber etwa doppelt so groß.

Vom Mittag auf den Steineberg

Fahrt mit den Bahnen von Immenstadt zur Bergstation (1440 m, Restaurant) knapp unter dem Gipfel des Mittag (1451 m), schöne Tiefblicke. Auf die andere Kammseite und über die Weideflächen nur wenig aufwärts in den Grassattel neben dem Bärenkopf. Weiter in der gleichen Richtung und etwas hinab in eine Scharte im Hauptkamm. Nun zwischen Bäumen über den ausgeprägten Grat an das Massiv heran. Auf dem Steig mit seinen vielen runden Steinen hinauf zur letzten, bauchigen Fluh unter dem Gipfelkreuz. Hierher auch weiter rechts auf einer Art kleinem, reizvollem Klettersteig.

Auf abschüssigen Bänden immer unter dem Wändchen entlang nach Westen, dann durch eine Gasse auf den von Gras üppig bewachsenen Hauptkamm. Gerade darüber ganz nahe der eigentliche Gipfel des Steinebergs (1683 m, 1:30 Std.) ohne alle Zeichen, links deutlich tiefer der mit einem Kreuz geschmückte Ostgipfel (1660 m).

Stuiben, Steigbachtal (ein paar Stichpunkte)

Vom Steineberg stets über den Grat, am Schluss in ziemlich felsigem Gelände mit ein paar Sicherungen, auf den Stuiben (1749 m, 1:15 Std.). Nach Westen in den folgenden Sattel, dann nach Norden zu Gund- und Mittelbergalpe und stets auf der Forststraße durch das lang gezogene Steigbachtal nach Immenstadt.

Von Gunzesried auf den Steineberg: Von Sonthofen oder von Immenstadt zur Abzweigung zwischen Blaichach und Bihlerdorf und hinauf nach Gunzesried (889 m, 3 km), Parkplatz vor und hinter der Brücke am Ortsbeginn. Zu Fuß auf der Straße in einem Bogen um die Kirche und vor dem Geschäft auf der rechten Straße empor zu freien Wiesen und nach 300 m zur nächsten Verzweigung bei einer Bank. Halb rechts auf dem Weg zum letzten Hof am Bergfuß. Gleich hier auf die Wiesen, erst schräg hinauf, dann auf altem, meist breitem Steig durch Wald und über schöne Lichtungen zur Dürrehornalpe (1157 m). Auf dem Alpweg über die freien Flächen rasch aufwärts zur Vorderen Krumbachalpe (1322 m) und schräg empor durch die Hänge des Bärenkopfes bis in den Sattel , wo man auf den vom Mittag kommenden Weg trifft. 2:30 Std. Aufstieg bis zum Gipfel.

Abstieg vom Kreuz nach Süden über mehrere Stufen zur Steinebergalpe (oder Grathöflealpe) und weiter zur stattlichen Unterkirchealpe (1359 m). Von dort führt ein kleiner Steig ziemlich gerade zum Waldrand hinab und dann im Hochwald zum Hof auf der Winkelwiese (1080 m). Nun immer auf dem Sträßchen nach Gunzesried, wobei man sich im Zweifelsfall stets links hält.

Der Bärenkopf

Hierbei handelt es sich um eine ganz individuelle Route. Von der Vorderen Krumbachalpe über die nach oben dreieckig zulaufende Lichtung, die unmittelbar über der Alm beginnt, auf den Resten eines alten Weges ganz hinauf. Dann links durch die Baumreihe und hinauf zu der schönen freien Fläche südlich knapp unter dem höchsten, mit ein paar Bäumen bestandenen Grat des Bärenkopfs (1480 m, 1:30 Std.).

Beim Aufstieg von Gunzesried über die Dürrehornalpe zum Bärenkopf mit Blick auf den herbstlich verschneiten Steineberg mit seinen ostseitigen Felsabbrüchen.

10 Die Nagelfluhkette

Tourensteckbrief

TALORT, ZUFAHRT: *Steibis (861 m), auf den freien Hängen über der Weißach gelegener Ferienort. Von Immenstadt oder Lindenberg auf der B 308 nach Oberstaufen, hinab ins Weißachtal und gegenüber wieder hinauf nach Steibis.*
AUSGANGSPUNKT: *In der Ortsmitte Start des Busses ins Hörmoos.*
HÜTTEN, EINKEHR: *Einkehr nur am Beginn des ersten Tourentages (Hörmoos, Hochhädrich, Falkenalpe), Übernachtung im Staufner Haus (1634 m), DAV, 60 Schlafplätze, Tel 08386/8255. Von dort bis zum Mittag keine Einkehr!*
GEHZEITEN: *Bergstation – Hochgrat – Rindalphorn 2 Std. Hörmoos – Hochhädrich – Staufner Haus 3:30 Std., von dort zum Mittag 6-7 Std.*
STEIGUNGEN: *Rundtour Rindalphorn 300 Hm; Nagelfluhkette-West 700 Hm, Ost 1000 Hm.*
ANFORDERUNGEN, CHARAKTER: *Fast ausschließlich alpine Steige, immer wieder felsige Passagen, die Trittsicherheit erfordern, für den Ostteil der Überschreitung zudem einige Kondition nötig, bei Nässe ziemlich rutschig.*
FÜR KINDER: *Interessant der Bereich von Hochgrat und Seelekopf (Bergbahn).*
DAS BESONDERE: *Einzigartige Grattour mit zwölf Gipfeln in zwei Tagen, fast ständig weite Ausblicke, sehr reiche Flora.*

Zwölf Gipfel in zwei Tagen

Die Bezeichnungen von Gebirgen, Berggruppen, einzelnen Graten usw. entspringt nicht immer den Gegebenheiten, manchmal bürgert sich etwas ein, das nur teilweise richtig ist, nicht selten haben auch Ungeschickte, die zum Beispiel ein Dialektwort falsch verstanden haben, oder Oberflächliche Ungenauigkeiten eingebracht, die sich dann manchmal für alle Zeiten festsetzten. Ganz selbstverständlich spricht man von der Nagelfluhkette und meint damit den langen Kamm, der im Hochgrat kulminiert. Dabei ständen etwa der Bergkette vom Siplingerkopf bis zum Koppachstein oder der Zug des Prodel das gleiche Prädikat zu. Von den Buch- und Führerautoren wird zudem die Nagelfluhkette meist auf den Teil vom Hochgrat bis zum Steineberg beschränkt, während sie sich in Wirklichkeit auch gegen Westen bis zum Hochhädrich erstreckt.

Wir wollen an dieser Stelle einmal die gesamte Nagelfluhkette als Tourenvorschlag bringen. Der Kamm verläuft auf einer Länge von 16 km fast schnurgerade und wirft dabei nicht weniger als zwölf selbstständige Gipfel auf. Der bekannte Teil dieses einzigartigen Höhenwegs beginnt beim Hauptgipfel, dem 1834 m hohen Hochgrat, und führt von dort nach Osten bis zum Steineberg, den wir schon bei Tour 9 vorgestellt haben. Das sind etwa zwei Drittel der Berggruppe, das letzte wird vom Westflügel des Kammes gebildet, der sozusagen ein Stockwerk tiefer verläuft (Gipfelhöhen bis 1661 m).

Bevor wird uns dieser Zweitagestour widmen, soll für alle, die weniger Zeit haben, noch eine Bergfahrt im zentralen Bereich mit den beiden höchsten Gipfeln beschrieben werden. Der Hochgrat und das östlich benachbarte Rindalphorn (1821 m) sind die mächtigsten und von Norden gesehen auch die eindrucksvollsten Gipfel. Gerade die bis zu 400 m hohen Nordwände bilden ein Schulbeispiel für die Nagelfluh. Aus der Ferne fällt vor allem die sehr ausgeprägte waagerechte Bänderung ins Auge. In der Nähe entpuppt sich das als eine rasche Folge der typischen senkrechten, manchmal sogar gebauchten Felsfluhen, die sich zum Teil ohne Unterbrechung über viele hundert Meter hinziehen, und der üppig begrünten, sehr abschüssigen Bänder dazwischen – eine Riesentreppe. Auf der Südseite hingegen ist vor allem das Rindalphorn für die Region untypisch: Abgerundete Formen und makellos grüne Alpweiden machen es unverwechselbar.

Hochgrat und Rindalphorn lassen sich ideal zu einer Rundtour ohne große Anstrengungen zusammenfassen. Trotzdem muss die Tour mit einem deutlichen »aber« versehen werden: Unter der Brunnenauscharte schlängelt sich der kleine Pfad über eine Steilstufe hinab. Dort trifft man auf alles, was gute Trittsicherheit verlangt, kleine Felsstellen (teilweise mit Drahtseil), ein etwas ausgesetztes Band, steile Rinnen mit Geröll, das wegen der runden Form der Kiesel wie ein Kugellager wirkt. Dazu gibt es noch eine Steigerung: Bei Nässe verwandelt sich die Route in eine Rutschbahn. Der Geschickte wird von dem wilden Bergkessel beeindruckt sein und mit Freude hier sein Können testen, die anderen kehren wohl besser zur Bergbahn zurück – diesmal zur Abwechslung durch die Südflanke des Hochgrats.

Bergbahn – Hochgrat – Rindalphorn

Von der Bergstation der Hochgratbahn (1700 m) auf breit ausgetretenem Weg in der rechten Gratflanke oder – schöner – über den Grat selbst in 20 Min. empor auf die weite Gipfelfläche des Hochgrats (1834 m), die allerdings steil nach Norden abbricht. Dann immer auf dem lang gezogenen Ostgrat mit einigen etwas steinigen Stellen und schöner Flora in die Brunnenauscharte (1626 m) hinab, wo sich das Gelände schlagartig ändert. Nun etwas rechts des Grates auf erdigem Weg über die makellosen Alpweiden hinauf zum abgerundeten Westgipfel (1810 m) und über eine deutliche Senke hinweg zu einem Vorgipfel, wo das Gelände wieder felsig wird. In eine Lücke und über einen kurzen, scharfen Grat auf den Gipfel des Rindalphorns (1821 m, knapp 2 Std. ab Bahn).

Abstieg über Simatsgund

Vom Rindalphorn zurück in die Brunnenauscharte (1626 m). Dort nach Norden über eine sehr steile Stufe teilweise mit Drahtseilhilfe und durch rutschige Rinnen hinab in das eindrucksvolle Kar zwischen den beiden Gipfeln. Über die stark verkrauteten Flächen, immer auf der rechten Seite bleibend, tiefer und über eine bewaldete Stufe (Blick auf schönen Wasserfall) zur großen, urigen Alpe Gratvorsäß (1179 m). Über Matten und durch Wald ins Tal von Simatsgund und in etwa 40 Min. auf dem Fahrweg nach Westen zur Talstation der Bahn.

Durch die Südflanken zurück zur Bahn

Als Alternative kann man diese Strecke wählen. Von der Brunnenauscharte auf der Südseite schräg hinab zur Alpe Gütle (1568 m). Direkt oberhalb der Hütte vorbei und quer über Rippen und durch kleine Mulden, bis man auf einen größeren Weg etwas oberhalb der Obergelchenwangalpe trifft. Auf ihm in Kehren über die Matten wieder empor, dann südlich tief unter dem Hochgrat hindurch zur Bergstation. Knapp 1:30 Std. ab Rindalphorn.

1. Etappe: Stiegalpe – Eineguntkopf – Staufner Haus

Im Westflügel der Nagelfluhkette ist alles um eine Stufe bescheidener als im bekannten östlichen Teil. Zwar bestimmt auch hier die typische Nagelfluh-Landschaft mit vielen malerischen Felsen das Bild, aber in diesem Bereich stehen die manchmal vom Sturm zerzausten, aber dennoch mächtigen Wetterfichten selbst im Bereich der höchsten Grate. Das

Ganze ergibt eine relativ stille, besinnliche Tour, mehr zum Träumen geeignet als von Dramatik begleitet. Spannend ist nur der mit mehreren Drahtseilen gesicherte Übergang vom Hochhädrich zum Falken, den man auch auslassen kann. Insgesamt stehen heute fünf Gipfel auf dem Programm. Die Zufahrt aus dem Gebiet von Steibis ins Hörmoos stimmt schon in passender Weise auf diese Tour ein.

Hörmoos – Falken – Staufner Haus: Von Steibis mit dem Bus über die Höhe von Imberg bis ins Hörmoos mit Berggasthof (1270 m). Nun zu Fuß nach Süden am See entlang bis zum Bogen des Fahrwegs. Hier Abzweigung zum Hochhädrich: Sich rechts haltend über Matten und Lichtungen zur Kleinen Hädrichalpe und über die steilen Nordhänge zum Kamm. Nach links am Berghaus vorbei zum Gipfel des Hochhädrich (1565 m, 50 Min.). Auf dem ausgeprägten Grat mit seinen senkrecht gestellten Felsschichten mit Hilfe von Drahtseilen in den tiefsten Sattel, einen schmalen Einschnitt.

Auf dem Grat oder nördlich davon dann über kleinen Stufen und bequeme Absätze auf den Falken (1561 m, 40 Min.). Über eine Graskante hinab zu einer Schulter, die ein Weg quert. Im Gratbereich bleibend zwischen Bäumen und zyklopenhaften Felsen in den tiefsten Sattel und links der Kante ein gutes Stück empor auf den breiten Gipfelkamm des Eineguntkopfs (auch Rohnehöhe, 1639 m, 45 Min. ab Falken).
Hierher aus dem Hörmoos auch schnell und einfach: vom Gasthaus auf einem Fahrweg erst nach Osten, dann nach Süden, schließlich wieder nach Osten zum Berggasthaus Falkenhütte (1440 m) und durch

Die Nagelfluh, ein aus Flusskies zusammengebackenes Konglomerat, zeigt einen unverwechselbaren Charakter. Blick von den Nagelfluhbergen quer über das Illertal zum Grünten.

die freie Mulde hinauf zum Kamm (1:15 Std.). Direkt unter dem kaum ausgeprägten Gipfel des Eineguntkopfs südlich hindurch und weiter neben der Schneide, dann zwischen Fichten in einen tiefen Sattel hinab. Über den nach Norden in Wänden abbrechenden Grat auf den Hohenfluhalpkopf (1636 m, 25 Min.) und fast immer etwas südlich der Schneide um ein paar Zacken herum in den nächsten Sattel. Nun bequemer auf den Seelekopf (1663 m, 20 Min.) und auf einem ausgeprägten Grat in einen dritten Sattel und durch die Flanke zum Staufner Haus (1634 m, ab Hörmoos 3:30 bzw. 2:15 Std.).

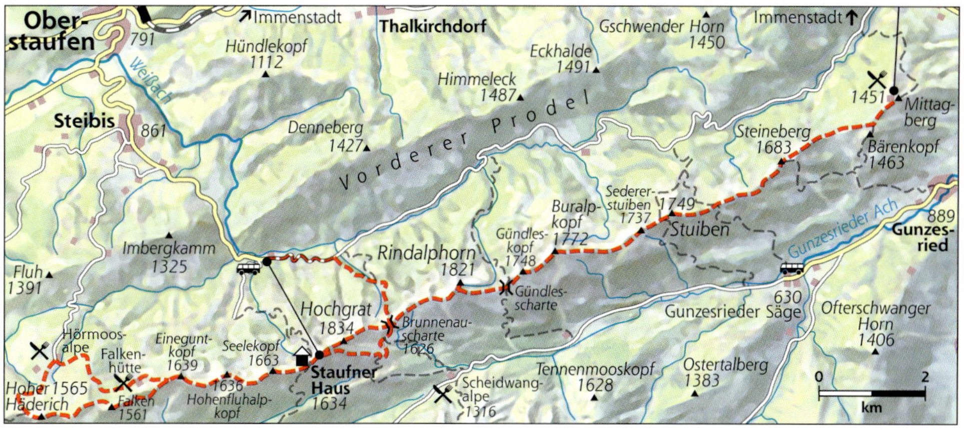

2. Etappe: Hochgrat – Stuiben – Immenstadt

Am zweiten Tag folgt nun die Überschreitung des großen und bekannten Teiles der Nagelfluhkette. Hier stehen sieben weitere Gipfel, die zudem alle höher als jene des ersten Tages sind. Hochgrat (1834 m) und Rindalphorn (1822 m) wurden schon am Anfang des Kapitels vorgestellt, dem Steineberg (1683 m) am anderen Ende der langen Kette ist ein eigener Abschnitt gewidmet. So folgen hier nur noch ein paar Worte zu den vier Gipfeln dazwischen, von denen jeweils zwei ein eigenes Massiv bilden.

Gündleskopf und Buralpkopf (1772 m) sind viel weniger bekannt als ihre Nachbarn und werden für sich allein kaum je bestiegen, ganz zu unrecht, bilden sie doch einen auffallenden, mächtigen Bergstock, der mit zahllosen Felsfluhen – auch auf der Südseite – geschmückt ist. Am Allerweltsberg Stuiben (1749 m), der zu jeder Jahreszeit bestiegen wird, und seinem Trabanten, dem Sedererstuiben, hingegen bestimmen die Alpweiden das Bild. Manche wandern von dort durch das lang gestreckte Steigbachtal nach Immenstadt hinaus. Viel reizvoller ist es aber, dem Grat bis zu Steineberg und Mittag treu zu bleiben und dann mit dem Lift in die Tiefe zu schweben; das dauert nicht sehr viel länger als der Talmarsch.

Erstaunlicherweise führen die Fernwanderwege E 4 und E 5 über die Nagelfluhkette, auch in den Auswahlführern wird diese Tour gern beschrieben und in den höchsten Tönen gelobt, ohne dass auch die Probleme zur Sprache kommen. Es dauert sechs oder auch sieben Stunden, bis man sein Ziel erreicht hat, das über den ganzen Tag verteilte Auf und Ab zermürbt manchen zusätzlich. Noch stärker ins Gewicht fallen aber die vielen leicht felsigen Passagen, die doch einige Erfahrung verlangen.

An kurzen anspruchsvollen Stellen mag einer sich ängstlich Schritt für Schritt weiter tasten und auf so langen und anstrengenden Tour hingegen kann es sogar gefährlich werden, wenn man nicht zügig von der Stelle kommt. Ein paar Worte auch zum Wetter: Wie überall im Nagelfluh werden die Wege und vor allem der Fels bei Nässe rutschig, und dann hat der Bergwanderer seine Trittsicherheit doppelt nötig. Schönes Wetter ist wichtig bei dieser Sieben-Gipfel-Tour: Bei Nebel, Regen oder gar Gewitter sollte man diese hohen Grate unbedingt meiden. Es führen jedoch aus fünf Scharten Abstiege auf meist ordentlichen Steigen in die Täler, durch die man dann allerdings oft noch reichlich weit talaus wandern müsste.

Nach diesen Warnungen nun zum Lob: Die Überschreitung der Nagelfluhkette gehört zu den schönsten Grattouren überhaupt. Man ist stets himmelhoch über den Tälern unterwegs, hat auf der einen Seite das Alpenvorland unter sich, kann auf der anderen ein weites Bergpanorama mit all den Allgäuer und Vorarlberger Gipfeln bestaunen. Zudem wird das Gehen nie langweilig in dieser auffallend kleinräumigen und so stark felsdurchsetzten Landschaft.

Höhentour vom Hochgrat zum Mittag

Von Staufner Haus zur nahen Bergstation der Kleinkabinenbahn und über den Hochgrat (1834 m) zum Rindalphorn (1822 m) wie am Anfang des Kapitels beschrieben. Dann aus der erwähnten Lücke nach Osten durch ein schmales, üppig bewachsenes Tälchen, die Einheimischen sagen dazu »Schlauch«, weit hinab in die Gündlesscharte (1540 m) und relativ bequem knapp rechts der Kante wieder hinauf über Matten auf den Gündleskopf (1748 m). Dann auf dem Grat, der nach Norden senkrecht abbricht, mit nur wenig Höhenverlust hinüber zum stattlichen Buralpkopf (1772 m).

Auch weiterhin auf der teilweise schmalen Gratschneide am Oberrand der Sedererwände entlang in eine tiefe Scharte. Nun in wesentlich sanfterem Gelände über den Sedererstuiben (1737 m) und einen weiten Grassattel (evtl. von hier Abstieg ins und durch das Steigbachtal) auf den Stuiben (1749 m). In abwechslungsreichem Felsgelände (Sicherungen) über den Ostgrat in die folgende Scharte und dann ziemlich lang gestreckte Wanderung an einem Zwischenkopf vorbei zum höchsten Punkt des Steinebergs (1683 m; nicht bis zum Kreuz!). Gleich hier nach links kurz in die Nordflanke, auf einem Band unter den Felsbäuchen entlang, dann auf steinigem Steig zum Grat hinab. Kurz auf ihm, dann rechts davon auf den Matten mit Gegenanstiegen zum Mittag und mit den Liften nach Immenstadt. Bahnfahrt nach Oberstaufen und Bus nach Steibis.

Im Frühsommer beim Abstieg vom Seelekopf in der Nagelfluhkette zum Staufner Haus; rechts oben die Bergstation der Bahn und dahinter der Hochgrat.

11 Gunzesried und Ostertaltobel

Tourensteckbrief

TALORT, ZUFAHRT: *Gunzesried (889 m), weit verstreuter Ort im gleichnamigen, noch recht ursprünglichen Tal. Von Sonthofen oder von Immenstadt zur Abzweigung zwischen Blaichach und Bihlerdorf und 3 km hinauf zur Kirche.*

AUSGANGSPUNKT: *Parkplatz unter der Kirche vor und hinter der Brücke über die Ache.*

EINKEHR: *Gasthäuser in Gunzesried und in der Säge.*

GEHZEITEN: *Gunzesried – Wiesach 1:30 Std., gesamte Strecke über Ornachalpe bis zur Säge 2:45 Std. Abstecher in den Tobel etwa 40 Min.*

STEIGUNG: *Zusammen bis zur Säge etwa 380 Hm.*

ANFORDERUNGEN, CHARAKTER: *Alles von Fußwegen bis zu Teerstraßen, keine Probleme.*

FÜR KINDER: *Ostertaltobel ein idealer Ausflug für den Nachwuchs.*

DAS BESONDERE: *Wanderung über »verwunschene« Lichtungen und Wiesenmulden, einer der eindrucksvollsten und abwechslungsreichsten Tobel des Allgäu.*

Wanderwege und Wasserspiele

Für das Oberallgäu stellt das Gunzesried, oder, wie die Fremden sagen, das Gunzesrieder Tal, ein Phänomen, eine Ausnahme dar. Hier, mitten in der Ferienregion, hat sich erstaunlich viel Ursprüngliches erhalten. Nicht moderne Gasthäuser und Hotels, Schwimmbäder und Liftanlagen dominieren in diesem westlichen Seitenast des Illertals. Mancher alte Hof blieb erhalten, und so kann man in diesem Tal noch den eigentlichen Baustiel des Oberallgäus kennenlernen, bei dem vor allem die Verkleidung mit Schindeln und das Fehlen von Balkonen typisch sind. Die Höfe liegen zudem verstreut mitten in den Wiesen und drängen sich nicht eng im Dorfkern zusammen.

Außer den historischen Höfen bestimmt noch zweierlei die Landschaft und damit auch unsere Unternehmen im Bereich des Gunzesrieder Tals. Vor allem ist es die Nagelfluh, die für die Eigenart und das Malerische der Region sorgt; bei den Touren zum Steineberg und den Siplingernadeln stellen wir dieses aus Flußkies zusammengebackene Gestein ausführlich vor; das soll hier nicht wiederholt werden. Die Nagelfluh gestaltet ja nicht nur die Gipfel und Grate, sie sorgt auch für eine außergewöhnliche Bachlandschaft. Die wohl eindrucksvollste Schlucht in diesem Gestein ist der Ostertaltobel bei der Gunzesrieder Säge. Mühelos erreicht man das anfangs unauffällige Tal mit seinem stillen Waldflüsschen.

Doch rasch wird das Gelände eindrucksvoll. Als erstes bekommt man dann ein Blocklabyrinth präsentiert mit mächtigen Gesellen mitten im Bach, die den üblichen Moosschmuck in Grün tragen. Für die nächsten Eindrücke sorgen die Gesteinsschichten, die aufgerichtet quer zum Bachlauf stehen. So sperren immer wieder Felsriegel wie Festungsmauern das Tal und zwingen den Steig zum Ausweichen in die steilen Tobelhänge. Diese Felsstufen sorgen auch für die zwar kleinen, aber doch recht eindrucksvollen Wasserfälle.

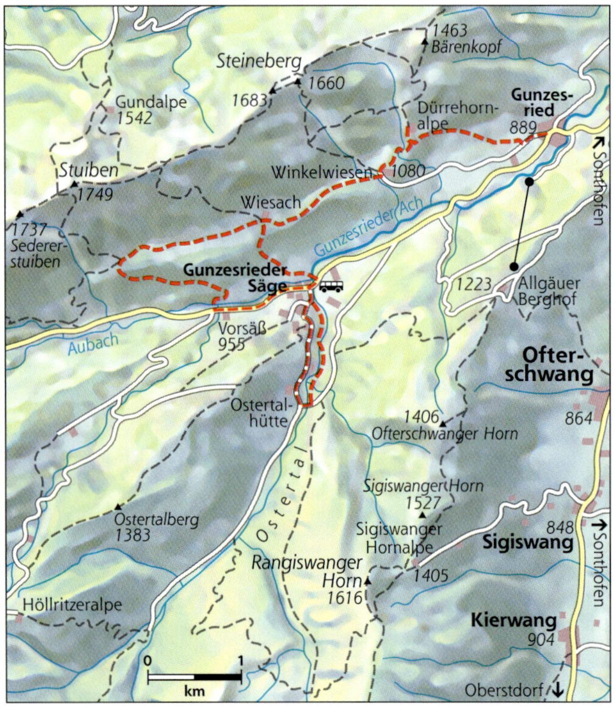

Der Hauptteil unserer Wanderung bietet ein echtes Kontrastprogramm zum Ostertaltobel. Etwa 200 Meter über dem Tal im Norden ziehen sich Weideböden mit Bergbauernhöfen über Kilometer hin, eine richtig verwunschene Welt, von der man unten im Tal überhaupt nichts ahnt. Das gehört zum höchstgelegenen Bauernland in ganz Deutschland, so recht eine Region zum Bummeln, zum Faulenzen, zum Schauen. Leider gibt es im Tal selbst keinen autofreien Wanderweg zurück von der Säge zum Dorf Gunzesried. Da fährt man lieber mit dem Bus. Der Neugierige wird dann vielleicht noch einmal aussteigen und einen Abstecher einplanen: Gleich unterhalb des Ortskerns kann man über eine Wiese den kleinen Gunzesriedertobel in wenigen Minuten erreichen mit seinen Felsblöcken und dem ungewöhnlichen Nagelfluhdach. Entweder wandert man dann in etwa 45 Minuten durch den gesamten Tobel

nach Blaichach oder man kehrt über die Wiese zum Ausgangspunkt zurück.

Auf halber Höhe – Winkelwiese, Wiesach und anderes

Zu Fuß auf der Straße in einem Bogen um die Kirche und vor dem Geschäft auf der rechten Straße hinauf zu freien Wiesen und nach 300 m zur nächsten Verzweigung bei einer Bank. Halb rechts auf dem Weg zum letzten Hof am Bergfuß. Gleich hier auf die Wiesen, erst schräg aufwärts, dann auf altem, aber breitem Steig durch Wald und über kleine Lichtungen zum Rand der freien Weideflächen. Nun entweder gleich links zur Winkelwiese mit dem Hof in 1080 m Höhe oder lohnender Abstecher auf dem Fußweg zur Dürrehornalpe (1157 m) in schöner Lage und Abstieg von dort auf dem breiten Alpweg.

Beim Hof auf der Winkelwiese zwei Minuten abwärts, dann rechts über die Brücke und auf den schönen, geschützten Wiesenflächen dieser Hochterrasse nach Westen zu den stattlichen Anwesen auf Wiesach (1146 m). Dort entweder auf einem Fußpfad hinunter zur Säge oder weiter auf der Hochfläche: auf breitem Weg über die Böden fast eben nach Westen, dann aufwärts und schließlich über einen kleinen Sattel (1225 m) am Waldrand zur Ornachalpe auf schönem Mattenboden. Nun links abbiegen und auf dem Steig meist im Hochwald hinunter bis ins Tal, über den Aubach und auf der Straße 1 km talaus in die Säge.

Der Ostertaltobel

Beim Gasthaus Alpenrose auf der rechten Straße und kurz danach links ab in den Ostertaltobel. Nun immer in dem engen Einschnitt rechts des Baches, einen Felsriegel ziemlich hoch in der rechten Flanke umgehend, zu den Wasserfällen (20 Min.). Nun entweder auf dem gleichen Weg zurück oder auf der linken Seite über die Böschung zu einem Rastplatz mit Pavillon und durch Jungwald bzw. zwischen Buschwerk noch ein gutes Stück nach Süden. Dann über die Ostertalbrücke und auf der anderen Seite auf breitem Weg, vorbei am Gasthaus Buhlsalpe, über meist freies Gelände zurück zur Säge (Rundweg 1:15 Std.). Mit dem Bus wieder ins Dorf Gunzesried.

Bei Wiesach über dem Gunzesried mit Blick auf die Berge jenseits des Illertals: Daumen, Entschenkopf, Sonnenköpfe

12 Siplingernadeln und Siplingerkopf

Im Reich der grotesken Nagelfluh-Felsen

Die Siplingernadel, an der der Weg zum Siplingerkopf vorbeiführt.

Überall sorgt die Nagelfluh, dieses waschbetonartige Konglomerat aus Flusskieseln, für auffallende, oft bizarre und groteske Formen. Doch an keiner anderen Stelle bildet sie so phantastische Felsgebilde wie auf der Nordseite des Siplingerkopfs. In den steilen Hängen stehen wie Filigran die Felsrippen, laufen oft als parallele Streifen gegen das Tal hinab. Bei der Alpenfaltung wurden diese Schichten senkrecht aufgestellt, da zudem härtere und weichere Lagen sehr rasch wechseln, modellierten sich die Rippen und in den Rippen wieder einzelne Felstürme heraus.

Wer das erste Mal zu den Siplingeralpen kommt, mag seinen Augen kaum trauen: Da ragen zwischen einzeln stehenden Fichten ganz schmale zehn oder auch zwanzig Meter hohe und fein zugespitzte Gestalten auf. Das sind wirklich Felszacken, und sie bestehen – was noch viel mehr verblüfft – aus dem scheinbar so leicht verwitternden Material Nagelfluh. In Berichten liest man immer wieder von der Siplingernadel, also von einer, in Wirklichkeit ragen dort Dutzende auf. Allerdings führt der Wanderweg nur an einer der Nadeln – das ist wahrlich eine passende Bezeichnung – vorbei. Das Ganze stellt ein in den Alpen wohl einmaliges Phänomen dar, trotzdem ist dieser »Felstürme-Park« nicht weiter erschlossen.

Der Ausflug zu den Nadeln lässt sich mit einer sehr reizvollen Gipfeltour verbinden. Der Siplingerkopf (1746 m), der Hauptgipfel dieser kleinen Berggruppe, bietet gleich vier verschiedene Anstiege, alles ausgesprochene Schönwettertouren. Gerade bei den beiden Routen unserer Überschreitung heißt das auffallendste Attribut nämlich »Erde«. Bei Nässe werden die Trassen deshalb extrem rutschig, und das ist dann nicht nur unangenehm, sondern an ausgesetzten Stellen durchaus auch gefährlich. Man sollte also wirklich warten, bis die Wege trocken sind – auch die nordseitigen! Für eine Bergwanderung ist die Tour mit ihren Steilstellen vor allem beim Abstieg nach Osten dann immer noch anspruchsvoll genug. Da gibt es dann noch eine weitere Siplinger-Nagelfluh-Spezialität zu bewundern: Die Ostwand besteht aus einer Fülle paralleler Rippen, die ganz eigenartig abgerundet sind.

Doch damit ist das Lob für den Siplingerkopf nicht erschöpft. Dieser so freistehender Berg bietet ein weites Panorama, zu dem zum Beispiel auch der Säntis gehört. Noch auffallender ist die reiche und reichhaltige Flora mit mancher Kostbarkeit wie dem Türkenbund oder dem Kohlröschen, und noch im Gratbereich blühen Alpenanemone, Trollblume, Aurikel usw. in ungewöhnlich üppigen Exemplaren.

Die Siplingerklamm wäre die nächste Sehenswürdigkeit, wäre, denn nur geschickte Abenteurer können sie zumindest teilweise erforschen. Dabei liegt sie unmittelbar neben dem waldigen Aufstiegsweg zu den Siplingeralpen. Ihr Rand ist jedoch so mit Stacheldraht verbarrikadiert, dass man von oben kaum einen Blick in diese einzigartige Klamm werfen kann. Da gibt es zum Beispiel eine Felsplatte von vielleicht 15 m Höhe und 25 m Breite, jedoch nur wenigen Metern Dicke, die sich vom Massiv gelöst hat und nun völlig frei in der Klamm steht. In trockenen Perioden kann der Geschickte von unten

Im Aufstieg von Norden zum Siplingerkopf

in diese Schlucht eindringen und ihre eigenartige Struktur bewundern.

Die glatten Klammwände aus Nagelfluh sind bis zu 50 m hoch und weitgehend senkrecht. Hier gab es zwischen den härteren Konglomeraten eine Lage aus weichen Sandsteinen. Das Material wurde bei der Alpenfaltung senkrecht aufgerichtet, und das Wasser hat dann die weiche Zwischenschicht nach und nach fortgewaschen. Die Klamm, angeblich die größte im Nagelfluh, ist das Ergebnis davon. Unter herabgestürzten Blöcken findet man auf dem steil ansteigenden Klammboden noch die Reste des auffallend roten Sandsteins, der so weich ist, dass man ihn zwischen den Fingern zerreiben kann. Der Zugang: Nach der unten erwähnten Holzbrücke folgt man dem kleinen Bachlauf rechts neben dem Weg und kommt so zum unteren Ende der Siplingerklamm.

Zu den Nadeln

Gleich beim Parkplatz über die Aubachbrücke, danach rechts und auf den Wiesen 500 m am Aubach entlang zum Hirschgundbach. Über die Holzbrücke und bald danach im Wald in lang gezogenen Serpentinen über eine Halde links neben der Siplingerklamm hinauf, in die man wegen der Stacheldraht-Zäune nicht richtig schauen kann. In 1300 m Höhe Beginn der Alpweiden. Zwischen Buschwerk und über Gras empor bis vor einen Bach nahe der Unteren Siplingeralpe. Diesseits des Baches bleibend zur verfallenen oberen Alphütte und damit in die Welt der Siplingernadeln. Evtl. auf dem Steig noch bis in 1550 m Höhe, um so der westlichsten Nadel ganz nahe zu kommen. Bis dorthin 1:30 Std. Aufstieg.

Über den Siplingerkopf

Wie oben beschrieben zu den Siplingeralpen und an der westlichsten Nadel vorbei zum Nordgrat hinauf. Immer in der Nähe der Schneide bleibend zwischen einer üppigen Vegetation teilweise steil aufwärts, einige felsige Stellen, doch meist erdig, deshalb bei Nässe unangenehm rutschig. Gut 2 Std. vom Aubachtal auf den Siplingerkopf (1746 m).

Vom Gipfel nach Osten über den Grat in eine Lücke und nördlich des Kammes (oder auch – schöner – über ihn) zum unteren Ostgrat, der steil abbricht und auf beiden Seiten von jähen Grasflanken begleitet wird.

Erst etwas links der Schneide durch rutschige Steilrinnen, dann kurzzeitig auf dem Grat, schließlich rechts davon in einer mit Kieseln bedeckten Rinne auf steilem Steig (inmitten einer besonders vielfältigen Flora) über die große Stufe hinab. Rechts des Grates im Gras in einen nahen Sattel (rechts unterhalb die Obere Wilhelminealpe). Hier vom üblichen Weg ab, nach Norden über eine Stufe hinunter und auf einem bescheidenen Steig immer schräg abwärts durch die Hänge des Tennenmooskopfes zur Hirschgundalpe (1315 m), dabei Blick auf die eigenartig wulstigen Felsen der Siplingerkopf-Ostwand. Auf steilem Alpweg durch den jungen Wald hinab zum Parkplatz am Aubach.

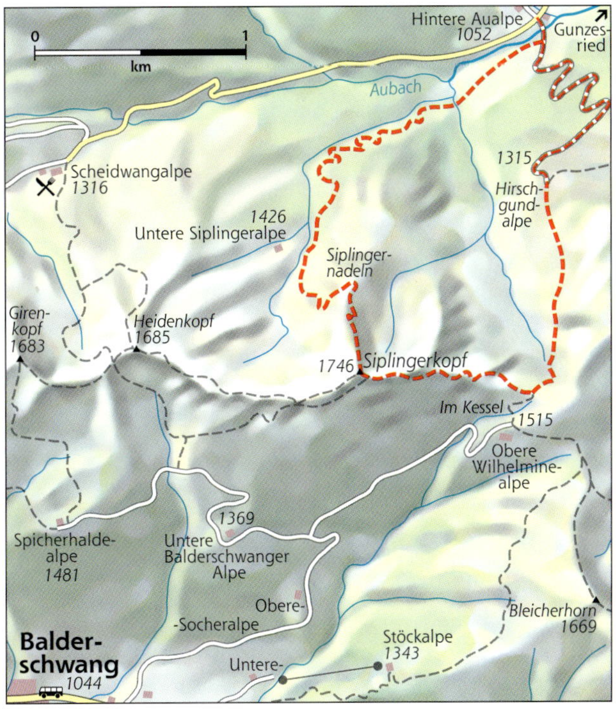

Tourensteckbrief

TALORT, ZUFAHRT: *Gunzesried (889 m), weit verstreuter Ort im gleichnamigen, noch recht ursprünglichen Tal. Von Sonthofen oder von Immenstadt zur Abzweigung zwischen Blaichach und Bihlerdorf und 3 km hinauf ins Dorf bei der Kirche.*

AUSGANGSPUNKT: *Von Gunzesried weiter talein zur Säge und auf einer Mautstraße durchs Aubachtal zum Parkplatz (1046 m, 8 km ab Gunzesried) nahe der Hinteren Aualpe.*

EINKEHR: *Unterwegs keine Möglichkeit, Gasthäuser in der Säge und in Gunzesried.*

GEHZEITEN: *Zu den Siplingernadeln 1:15 bis 1:30 Std., auf den Siplingerkopf insgesamt gut 2 Std.*

STEIGUNG: *Aubachtal – Siplingerkopf 700 Hm.*

ANFORDERUNGEN, CHARAKTER: *Bis zu den Siplingeralpen ordentliche Bergwege, dann kleine Steige in teilweise sehr steilem Gelände, bei Nässe gefährlich, Erfahrung notwendig.*

FÜR KINDER: *Zu den Siplingeralpen gut möglich, aber nicht sehr abwechslungsreich.*

DAS BESONDERE: *Alpenweit einmalige Felsturm-Landschaft, auch für das Allgäu besondere Flora und ein weiter Gipfelblick.*

13 Drei Berge bei Balderschwang

Tourensteckbrief

TALORT, ZUFAHRT: *Balderschwang (1044 m), kleiner, lang gezogener Ort in weitem Wiesental. Zufahrt aus dem Oberallgäu über den Riedbergpass (1420 m).*

AUSGANGSPUNKT: *Parkmöglichkeiten am Straßenrand 450 m östlich der Kirche.*

HÜTTEN, EINKEHR: *Keine Möglichkeit unterwegs.*

GEHZEITEN: *Siplingerkopf und Girenkopf jeweils 2 Std. Aufstieg, Dreigipfeltour insgesamt etwa 4:30 Std.*

STEIGUNG: *Auf den Siplingerkopf 700 Hm, zum Girenkopf 640 Hm.*

ANFORDERUNGEN, CHARAKTER: *Zum Siplinger kleine, etwas undeutliche, teilweise erdige Bergwege, einfach; zum Girenkopf im oberen Teil weglos, bei der Überschreitung Trittsicherheit notwendig.*

FÜR KINDER: *Relativ weit und nur in den oberen Abschnitten entsprechend interessant.*

DAS BESONDERE: *Malerische Felslandschaft aus Nagelfluh, sehr spannende Gratüberschreitung für Könner.*

Unterwegs im »Bayerischen Sibirien«

Fährt man von Fischen im Oberallgäu über den 1420 m hohen Riedbergpass, den höchsten richtigen Straßenpass Deutschlands, dann kommt man in das Hochtal von Balderschwang. Eine Region, die man aus dem Mutterland nur über einen Pass erreichen kann, nennt man eine geografische Enklave; so fließt auch das Flüsschen des Tales, die Bolgenach, nach Westen ins Gebiet von Hittisau, also ins Vorarlbergische ab. Nach dem Bau einer sehr guten Straße von dort und mehr noch seit dem Wegfall der Grenzschranken ist auch Balderschwang in die übrige Welt eingebunden, während es früher wirklich »am Ende der Welt« lag. Es war schon ein aufwändiges Unternehmen, wenn man einst etwa wegen einer Behörde zu Fuß über einen der Pässe ins Illertal, meist nach Sonthofen, wandern musste.

In Balderschwang steht mit 1044 m das höchstgelegene Rathaus Deutschlands. Schon ein Allgäu-Führer aus dem Jahr 1856 hebt zudem die auffallendste Eigenheit dieses Hochtals hervor: »… es wird wegen seiner hohen, winterhäftigen Lage das bayerische Sibirien genannt. Im Winter sehen die Dächer kaum noch aus den Schneewänden hervor …« Erstaunlicherweise verhalf gerade diese sibirische Eigenschaft dem Ort zu seinem heutigen Ansehen und der wichtigsten Einnahmequelle. Denn die hohe Lage, der Niederschlagsreichtum und ein nur geringer Föhneinfluss sorgen für makellos weiße Flächen in diesem Tal, wenn man rundum, etwa im Oberallgäu, über Schneemangel klagt. So schätzen vor allem die Skiwanderer und Langläufer die viele Kilometer langen Böden zwischen den eher unauffälligen, oft von Wald überzogenen Bergen.

Dies soll aber keineswegs bedeuten, dass hier die interessanten Gipfel und Sommertouren fehlen. Vom Nagelfluh haben wir ja schon berichtet und geschwärmt, etwa bei dem Ausflug zum Steineberg. Der viele Kilometer lange Kamm, der das Tal der Bolgenach im Norden begleitet, wird auch aus diesem Gestein aufgebaut, und das sorgt für alle entsprechenden Elemente von den vielen, oft malerisch-bizarren Felsen über das Kleinräumige und deshalb besonders Abwechslungsreiche der Landschaft bis hin zu reichster Blumenpracht. So blühen zum Beispiel oben am Gipfelgrat des Heidenkopfs sogar unmittelbar neben dem Weg auffallende üppige Exemplare des Türkenbunds.

Drei große Gipfel stehen hier in einer Reihe, Siplingerkopf (1746 m), Heidenkopf (1685 m) und Girenkopf (1683 m). Man kann jeden für sich besteigen, oder auch überschreiten, es lassen sich aber auch zwei oder gar alle drei miteinander verbinden, ohne dass eine sonderlich anstrengende Tour daraus würde. Wegen der kleinen Steilstufen und Felsabsätze erfordert die Überschreitung jedoch einige Trittsicherheit und einen ordentlichen Bergschuh. Aber gerade die Nagelfluhfelsen sorgen auch für reiche Abwechslung und viel Spannung, ja, diese Route gehört zum Reizvollsten, was man in dieser Höhenanlage finden kann. Dabei muss man die ersten beiden Gipfel zu den beliebten Touren rechnen, während der Girenkopf erstaunlich unbekannt und unberührt blieb. Das liegt vielleicht auch am Fehlen eines breiten Wanderweges. So ist die Tour über die Spicherhaldealpe zu diesem Gipfel eher ein Geheimtipp.

Einfachste Route auf den Siplingerkopf

Tourenbeginn am östlichen Ortsrand von Balderschwang. Auf dem geteerten Alpweg über meist freie Wiesen an der Socheralpe vorbei zur Unteren Balderschwanger Alpe (1269 m). In lang gezogener Kehre über den Hang hinauf bis in die kleine Mulde

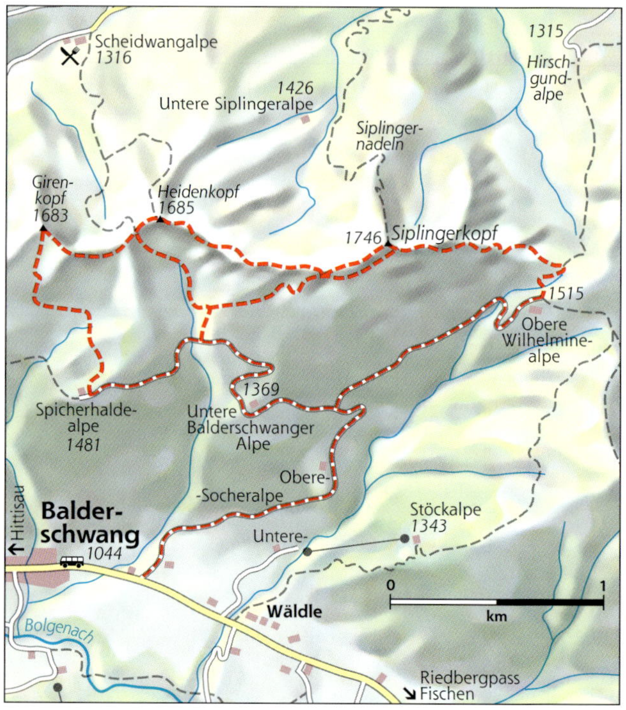

unter dem Heidenkopf. Hier vom Fahrweg ab und nach Norden zum ersten Zaun. Dort halb rechts über die zertretenen Matten ohne deutlichen Steig auf die Steilhänge zu. Beim Wegweiser an einem alten Baum nochmals halb rechts und auf nun deutlicherem Pfad über die weitgehend freien Weidehänge schräg aufwärts in eine Mulde. Nach rechts auf die bequeme Südabdachung, schließlich durch ein von Fluhen eingefasstes Tälchen auf den Gipfel (knapp 2 Std.).

Entweder auf der gleichen Route zurück oder über den Ostgrat (teilweise steil, Trittsicherheit nötig) zur Oberen Wilhelminealpe und von dort auf dem Alpsträßchen. Gratweg zum Heidenkopf siehe unten.

Stille Wege am Girenkopf

Wie oben beschrieben in die kleine Mulde unter dem Heidenkopf. Von dort auf dem breiten Weg bleibend etwa eben nach Südwesten um einen Geländerücken herum zur Spicherhaldealpe (1481 m), in herrlicher Balkonlage »senkrecht« über Balderschwang.

Schon vor den Hütten auf Viehtrassen in einem Bogen etwa eben fast ganz um den gesamten Kessel (bis man im Nordwesten der Alpe ist), dann schräg nach vorn aufwärts auf eine Geländeschulter. Weiter nach links zum Südwestgrat und über ihn (sehr alte Markierungen) auf den Gipfel. Man kann auch auf den schönen Weideflächen der Südseite bleiben: Erst gerade aufwärts, dann nach rechts zum oberen Südostgrat. 2 Std. Aufstieg, wegen des Fehlens eines richtigen Steiges etwas anspruchsvollere Tour.

Zwei oder auch drei Gipfel

Vom Siplingerkopf auf und neben der schmalen Schneide nach Südwesten und hinab in einen ersten tiefen Sattel. Der folgende Gratabschnitt bietet ein ganz ungewöhnliches Gelände, dort verlaufen nämlich die ausgeprägten Schichten der Nagelfluh nicht – wie üblich – in Gratrichtung, sondern schneiden ihn schräg; so muss der Steig immer wieder kleine Felsbarrieren überwinden und Minitälchen durchqueren. Deshalb mit einigem Auf und Ab über einen mächtigen Zwischengipfel auf den Heidenkopf (1685 m, 45 Min., Trittsicherheit wichtig).

Direkt am Gipfel durch eine kleine, rutschige Felsgasse und zur nahen Grat- und Wegverzweigung. Nach Südwesten meist steil (u. a. eine lange Felsrinne) hinab auf eine Gratschulter. Nun entweder nach Süden auf einem Steig durch kleine Mulden und über feuchte Hänge hinab zum Aufstiegsweg. Oder weiterhin auf, bzw. knapp südlich neben dem Grat über einige anspruchsvollere Stellen auf kleinem Pfad zum Girenkopf (1683 m, 30 Min.). Über dessen Südwestgrat in etwa 10 Min. bis in 1620 m Höhe, dann immer schräg links hinab zur Spicherhaldealpe.

Das Gestein Nagelfluh sorgt vor allem an Heiden- und Siplingerkopf (hier die Südflanke des verbindenden Grates) für besonders malerische, oft sogar bizarre Formen.

14 Hoch über dem Alpsee

Tourensteckbrief

TALORT, ZUFAHRT: *Wiedemannsdorf (760 m), lang gestreckter Ort ganz am Nordrand des Konstanzertals; sehenswertes Bauernhausmuseum in Knechtenhofen. Gute Zufahrt auf der B 308 von Immenstadt oder Oberstaufen. Buslinie zu beiden Orten.*

AUSGANGSPUNKT: *Parkmöglichkeit an der Hauptstraße (Salzstraße) bei der Abzweigung des Burgangerwegs.*

EINKEHR: *Keine Möglichkeit an der Salmaserhöhe; Gasthäuser nur im Tal.*

GEHZEITEN: *Auf die Salmaserhöhe 1:30 Std., gesamter Höhenweg von dort zum Alpsee mindestens 3 Std.*

STEIGUNG: *490 Hm zur Salmaserhöhe.*

ANFORDERUNG, CHARAKTER: *Teilweise etwas steinige Alp- und Bergwege zur Salmaserhöhe; beim Abstieg über den Schneidberg kurzzeitig nur undeutlicher Pfad.*

ZUSÄTZLICHER GIPFEL: *Evtl. Überschreitung der Thalerhöhe (1166 m).*

FÜR KINDER: *Problemlos, doch ohne Reiz.*

DAS BESONDERE: *Freie, relativ stille Höhen über dem Konstanzertal und dem Alpsee.*

Über die Salmaser- und die Thalerhöhe

Konstanzertal nennt man den elf Kilometer langen und bis zu 800 m breiten Boden, der grob gesagt zwischen Immenstadt und Oberstaufen liegt. Das Ostende dieses Bodens füllt der Alpsee (724 m), die größte natürliche Wasserfläche des Oberallgäus. Nach Westen folgen dann mehr oder weniger moorige und nasse Wiesenflächen, bis der Boden schließlich so trocken wird, dass hier mitten im Tal die Orte Thalkirchdorf und das namengebende Konstanzer liegen können.

Von vielen wird dieses Tal als die äußere Grenze der Alpen betrachtet. Doch das ist nicht exakt, denn die Bergkämme nördlich dieser Linie sind ebenfalls bei der Alpenfaltung aufgeworfen worden. Eigenartigerweise hält sich hartnäckig – etwa in Schulbüchern – der Irrtum, dass es sich bei diesen parallel zum Alpenrand verlaufenden Kämmen, die es bis hinüber ins Werdenfelser Land gibt, um Moränen handelt. In unserem Bereich ragen diese lang gestreckten Rücken besonders hoch und mächtig auf. So ist das Massiv mit dem Schwarzen Grat, das etwa auf der Höhe von Kempten liegt, noch bis zu 1122 m hoch, der Hauchenberg bei Weitnau 1244 m und die Salmaserhöhe über dem Konstanzertal 1254 m. Dank der vielen freien Flächen durch die Viehweiden bieten vor allem die beiden letztgenannten Bergzüge durchaus reizvolle Wanderungen, eine Art Mittelding zwischen Hoch- und Mittelgebirgstouren.

Salmas heißt ein Dörfchen im Konstanzertal unmittelbar am Bergfuß. Es gab dem Hauptgipfel im zehn Kilometer langen Höhenzug nördlich des Tales den Namen. Über die von vielen freien Flächen durchsetzten Südhänge der Salmaserhöhe (1254 m) ziehen mehrere Wege zum Kamm hinauf, zum Teil für die Bewirtschaftung der verschiedenen Almen erbaut, zum Teil auch für die Wanderer und Bergsteiger angelegt und markiert. Diese müssen immerhin 500 Höhenmeter überwinden, wollen sie den höchsten Punkt erreichen – also kein Spaziergang, sondern schon eine kleinere Bergtour!

Blick über den Alpsee zum Konstanzertal, rechts die Hänge der Salmaserhöhe, links das Hündlemassiv

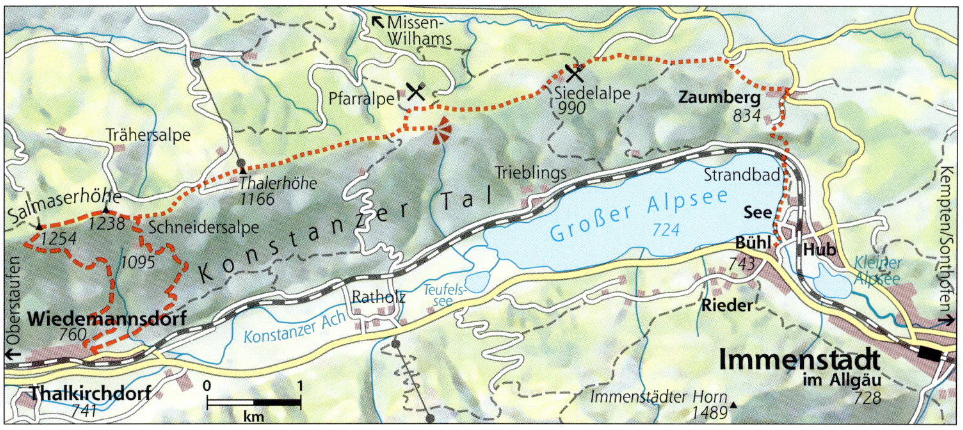

Bewusst haben wir den großen Aufstieg an den Beginn dieses Ausflugs gesetzt, denn sicher will jeder zuerst einmal den höchsten Gipfel mit seinen schönen Tiefblicken erreichen. Er kann dann jedoch das Unternehmen ganz nach Laune, Kraft, Wetter usw. fortsetzen und verlängern. Mancher wandert vielleicht nur über den höchsten Grat und steigt dann über die Schneidersalpe wieder zum Ausgangspunkt ab.

Doch der weiträumige Kamm setzt sich noch sechs Kilometer nach Osten fort, wobei nur etwa ein Drittel der Strecke bewaldet ist, und es immer Steige und Wege gibt, die in etwa dem höchsten Rücken folgen. Der nächste Kopf ist die Thalerhöhe (1166 m), die mit Straße und Skilift als einziges der Technik »verfallen« ist. Auf ihrem Ostrücken liegt ein bekannter Aussichtspunkt, aus dessen Bereich der nächste Abstieg, und zwar nach Ratholz, möglich ist. Wieder ein Stück weiter auf dem Kamm kommt man dann zur bewirtschafteten Siedelalpe, ebenfalls mit einem Weg ins Tal. Doch wer schon einmal so weit gekommen ist, kann die Route auch ganz begehen, nach Zaumberg wandern, um schließlich unmittelbar zum Alpsee abzusteigen. Er trifft dann direkt auf das Strandbad und kann sich dort gleich von allen Strapazen erholen.

Von Wiedemannsdorf auf die Salmaserhöhe

Im Ort auf dem Burgangerweg kurz aufwärts, bis rechts der Weg zur Salmaserhöhe abzweigt. An einem alten Hof vorbei, dann in einer weiten Doppelschleife über die freien Bauernwiesen zur Wannerlesalpe. Jetzt nach rechts in den schmalen Bacheinschnitt und ein Stück im Wald hinauf. Anschließend über freie Weideflächen zur Michelesalpe (1080 m) mit sehr schönem Tiefblick. Von ihr nach Westen in einen Graben, von dort auf einem Steig am Unterrand der steilen Matten zum folgenden Rücken und weiter aufwärts zum Kreuz am Rand der weiten Gipfelfläche. Der höchste Punkt der Salmaserhöhe (1254 m, 1:30 Std.) liegt noch etwas zurück.

Abstieg über den Schneidberg

Vom höchsten Punkt zwischen Bäumen über den Kamm zum Ostgipfel (1238 m) und noch 300 m auf dem Rücken abwärts zu einer Schulter mit Kreuz. Auf Steigspuren erst etwas nach rechts hinab, dann über die Weideflächen zur Schneidersalpe (1095 m). Auf dem Alpfahrweg nach links zum Wald, in einem Graben hinab zu den Flächen des Schneidbergs und insgesamt immer etwas nach rechts hinab bis über die Häuser. Auf einem Fußweg über ihnen vorbei und zurück zum Ausgangspunkt.

Thalerhöhe, Siedelalpe, Zaumberg, Alpsee (in Stichpunkten)

Vom Ostgipfel über den Kamm teilweise im Wald in einen Sattel mit Straße und ein wenig wieder aufwärts auf die Thalerhöhe (1166 m). Stets weiter auf dem Kamm nach Osten, längere Zeit durch Wald zu den nächsten Weideflächen und geradeaus zum Aussichtspunkt mit Alpsee-Blick. Kurz zurück, nach Norden über einen nahen Bach und nach rechts auf Fahr- und Fußwegen zur Siedelalpe (990 m). Von dort auf Fahrwegen nach Osten und Südosten in das Dorf Zaumberg mit Gasthaus und direkt hinab zum Alpsee. Auf der Uferpromenade nach Bühl; Busverkehr nach Immenstadt und Wiedemannsdorf.

Folgende Doppelseite: Bei Rubi nördlich von Oberstdorf, im Hintergrund von links Kratzer, Trettachspitze und Himmelschrofen

Oberstdorfer Berge und Kleinwalsertal

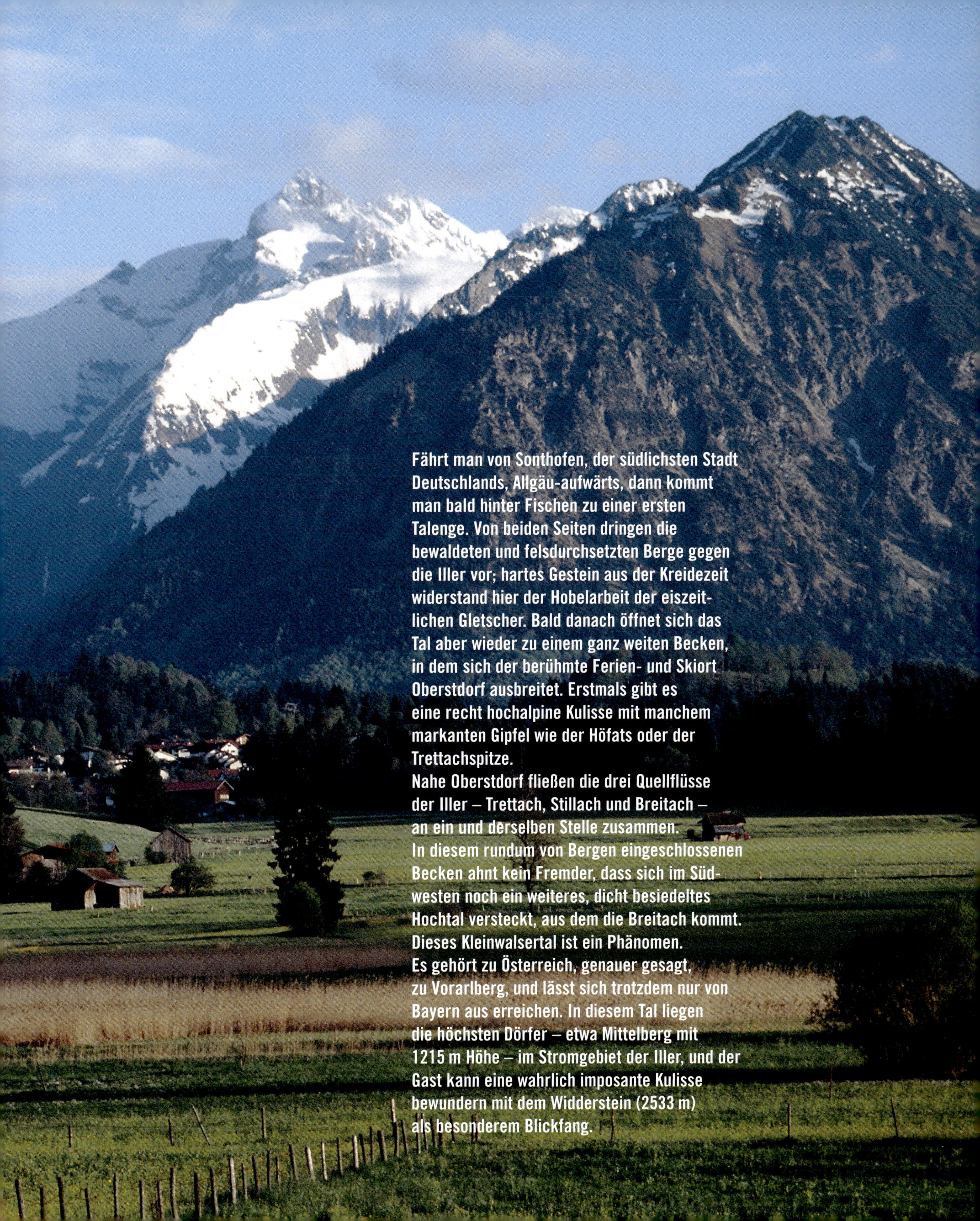

Fährt man von Sonthofen, der südlichsten Stadt Deutschlands, Allgäu-aufwärts, dann kommt man bald hinter Fischen zu einer ersten Talenge. Von beiden Seiten dringen die bewaldeten und felsdurchsetzten Berge gegen die Iller vor; hartes Gestein aus der Kreidezeit widerstand hier der Hobelarbeit der eiszeitlichen Gletscher. Bald danach öffnet sich das Tal aber wieder zu einem ganz weiten Becken, in dem sich der berühmte Ferien- und Skiort Oberstdorf ausbreitet. Erstmals gibt es eine recht hochalpine Kulisse mit manchem markanten Gipfel wie der Höfats oder der Trettachspitze.
Nahe Oberstdorf fließen die drei Quellflüsse der Iller – Trettach, Stillach und Breitach – an ein und derselben Stelle zusammen.
In diesem rundum von Bergen eingeschlossenen Becken ahnt kein Fremder, dass sich im Südwesten noch ein weiteres, dicht besiedeltes Hochtal versteckt, aus dem die Breitach kommt. Dieses Kleinwalsertal ist ein Phänomen.
Es gehört zu Österreich, genauer gesagt, zu Vorarlberg, und lässt sich trotzdem nur von Bayern aus erreichen. In diesem Tal liegen die höchsten Dörfer – etwa Mittelberg mit 1215 m Höhe – im Stromgebiet der Iller, und der Gast kann eine wahrlich imposante Kulisse bewundern mit dem Widderstein (2533 m) als besonderem Blickfang.

15 Von Hütte zu Hütte

Tourensteckbrief

AUSGANGSPUNKT: *Parkplätze im Stillachtal bei der Fellhornbahn; Buslinie von Oberstdorf.*
ZIELORT: *Tannheim (1097 m) im gleichnamigen Tal; Buslinie über das Oberjoch nach Sonthofen.*
HÜTTEN: *Die sechs Alpenvereinshütten werden jeweils am Ende der Routenbeschreibung kurz vorgestellt.*
ZEITAUFWAND: *Eine Durchquerung von fünf bis sechs Tagen mit teilweise anstrengenden Etappen; längster Abschnitt etwa 9 Std.*
ANFORDERUNGEN, CHARAKTER: *Typische alpine Höhenwege, die trotz der guten Anlage Trittsicherheit erfordern, bei Nässe oft rutschig, Höhen bis 2615 m, bis in den Sommer evtl. Altschneefelder, gute Bergstiefel wichtig.*
FÜR KINDER: *Ungeeignet.*
DAS BESONDERE: *Durchquerung der bekanntesten Bereiche der Allgäuer Alpen auf eindrucksvollen Höhenrouten mit dem Heilbronner Weg als Krönung, großartige Landschaftsbilder und weite Ausblicke.*

In sechs Tagen durch die Allgäuer Alpen

Der bayerische Teil der Allgäuer Alpen ist fast ganz in einem weiten Bogen um das Tal der Iller angeordnet, das genau von Süden nach Norden zieht. Alle mächtigen und bekannten Gipfel, zudem die großen, so gern besuchten Alpenvereinshütten findet man in diesem Halbkreis, und es stellt natürlich eine besonders reizvolle Aufgabe dar, auf Höhenwegen von Hütte zu Hütte das berühmte Gebiet gründlich kennen zu lernen. Auf dieser Route überschreitet man vier Gipfel auf jeden Fall und sie lässt sich zusätzlich mit einigen der Hauptberge wie der Mädelegabel oder dem Hochvogel »garnieren«. Höhepunkt im wörtlichen und im übertragenen Sinn aber ist der gut gesicherte Heilbronner Weg, der bereits 1899 als Hüttenübergang ganz neuer Art eingeweiht wurde.

Die geologische Vielfalt der Allgäuer Alpen und damit die reiche Abwechslung im Landschaftsbild sind Garant für eine Tour voller Spannung und Überraschungen. Man findet wirklich alles von den typischen Allgäuer Steilgrasbergen, über Alpmatten mit Seen, geröllgefüllte Hochkare bis hin zu nackter Felswildnis. Da die Wege immer in der Höhe bleiben, sind die hindernislosen Ausblicke sowieso ständige Begleiter. Am eindrucksvollsten ist das Panorama vom Heilbronner Weg, bieten doch hier die gewaltigen Felsberge der Lechtaler Alpen den Blickfang. Die tiefste Stelle gibt es im hintersten Rappenalptal mit 1522 m am Haldenwangerbach; höchster Punkt ist der Steinschartenkopf (2615 m).

Niemand sollte diese Durchquerung unterschätzen! Die Länge mancher Tagesetappe erfordert eine gute Kondition, zumal die meisten einen recht schweren Rucksack mit sich schleppen. Extrem lange, nämlich etwa neun Stunden, ist man zwischen der Kemptner Hütte und dem Prinz-Luitpold-Haus unterwegs; das ständige bergauf-bergab hat gerade auf dieser Route schon manchen zermürbt.

Zwei ausgeprägte Eigenarten der Allgäuer Bergwelt können für zusätzliche Mühe oder gar Gefahren sorgen. Ein guter Teil unserer Höhenwege führt durch die typische Grasberg-Landschaft, die Steige sind deshalb oft erdig und bei Nässe unangenehm rutschig. Dazu braucht es nicht unbedingt zu regnen; wenn eine Passage lange im Schatten liegt, kann sie auch an Schönwettertagen schmierig sein. Wichtiger noch ist der Schneereichtum des Oberallgäus. Bis weit in den Sommer hinein hält sich manches Altschneefeld, sind Rinnen und Schluchten noch mit Firn ausgefüllt. Je weiter das Jahr vorrückt, desto härter kann dieser Schnee sein – und immer wieder gibt es deshalb tödliche Abstürze. Der Vorausschauende wird sich im Zweifelsfall erkundigen, etwa beim Hüttenwirt, und vielleicht nach einer besonders kalten Nacht auf einen Übergang verzichten. Ganz wichtig sind für diese Tour gute Bergstiefel mit festen Sohlen.

Auf der Rappenseehütte gibt es nicht weniger als 342 Schlafplätze; an dieser Zahl mag jeder selbst ablesen, wie beliebt dieses Gebiet ist. Einsamkeit wird man deshalb allenfalls bei miserablem Wetter finden. Aber leider bietet sich kaum eine Möglichkeit, den Mitstreitern auszuweichen. Ein wenig hilft allenfalls das »Antizyklische«, indem man nicht ausgerechnet von Sonntag bis Samstag unterwegs ist. Im Herbst mit seinem oft besonders zuverlässigem Wetter sind die Hütten vor allem noch an schönen Wochenenden stark frequentiert.

Die schmucke Mindelheimer Hütte, die sehr aussichtsreich südlich des Kammes liegt; Blick in die Lechtaler Alpen mit der Rappenspitze.

1. Etappe: Zugänge zur Mindelheimer Hütte

Als Auftakt bieten sich ein halbes Dutzend Möglichkeiten. Da ein Höhenweg allemal mehr Spaß macht als ein »Hütten-Hatscher« aus dem Tal, wird man eine der beiden Bergbahnen benutzen, um das erste Zwischenziel, den Fiderepass, zu erreichen. Bei unserer Tour 24 werden die Wege von der Kanzelwandbahn aus beschrieben. Man kann aber auch aus dem Stillachtal mit der Fellhornbahn zur Bergstation fahren und über Hänge und durch Mulden zur Fiderepasshütte wandern.

Nach einer längeren Anfahrt wird mancher froh sein, wenn er am Abend noch diesen Stützpunkt erreicht. Wer früher unterwegs ist, marschiert wohl

Im Bereich der Mindelheimer Hütte ist das Steinwild wieder heimisch.

Das Hohe Licht von Westen. Der Aufstieg führt schräg von links unten nach rechts oben zum Südwestgrat (auf dem Bild die rechte Begrenzung).

gleich weiter zur Mindelheimer Hütte. Der Steig auf der Südseite der Schafalpenköpfe trägt die Bezeichnung Krumbacher Höhenweg, nicht etwa wegen dem gleichnamigen Bach bei Hochtannberg und Warth, nein, das Nachbarstädtchen von Mindelheim im Unterallgäu trägt den Namen Krumbach.

Wirkliche Könner wählen vielleicht eine ganz andere Route als Auftakt, nämlich den Mindelheimer Klettersteig, der ja auch zur gleichnamigen Hütte führt. Wir haben ihn als Tour 25 beschrieben.

Fellhorn – Fiderepass – Mindelheimer Hütte

Mit der großen, zweiteiligen Seilbahn zur Bergstation in 1965 m Höhe. Von dort über den breiten Rücken Richtung Kanzelwand bis kurz vor den tiefsten Sattel (Gundsattel). Hier links ab auf einen Steig, bald danach wieder rechts abbiegend hinab in eine begrünte Mulde (1720 m). Nun mit viel Auf und Ab unter der Kanzelwand hindurch in den Boden der ehemaligen Roßgundalpe. Von der tiefsten Stelle (1690 m; Einmündung des Steigs von der Kanzelwandbahn) allmählich wieder aufwärts und schräg durch die Hänge zur Geländeschwelle bei der Kühgundalpe. Über einen reizvollen, von hohen Wänden begleiteten Boden sanft empor, dann über eine steile Stufe und letzte Hänge zur Fiderepasshütte (2067 m, DAV, 2:15 Std., gute, aber evtl. rutschige Bergwege) etwas oberhalb des gleichnamigen Passes.

Von der Hütte kurz hinab, am geröllreichen Gegenhang wieder hinauf und dann schräg links im Steilgelände aufwärts zur Fiderescharte (2199 m, höchster Punkt des Tages). Kurz über den Grat, dann nach Süden steil hinab ins Saubuckelkar. Hierher auch etwas kürzer von der Kühgundalpe durch das kleine Hochtal neben dem Roßgundkopf und noch weiter empor in eine Scharte (2049 m), von der man ins Kar absteigt. Nun gemeinsam: im Kar noch tiefer und um einen Felssporn bis auf einen quer laufenden Weg. Nun langer Querweg durch oft steile Hänge – unter den Zacken der Schafalpenköpfe und hoch über dem Rappenalptal – und schließlich wieder aufwärts zur sehr schön gelegenen Mindelheimer Hütte (2013 m, DAV, 2:30 Std. ab Fiderepass und reichlich 4 Std. vom Fellhorn bei direkter Route, etwas Trittsicherheit nötig).

2. Etappe: Zur Rappenseehütte

Die Hütten am Start und am Ziel dieses Abschnitts liegen sich über dem Rappenalptal gegenüber. In der Luftlinie sind das nur vier Kilometer. Doch wir müssen in den überwucherten Hängen weit absteigen, um in 1522 m Höhe den Haldenwangerbach zu überqueren. Erst an der Schlosswand kommen wir wieder in ganz freies Alpgelände. Diese Etappe fällt sowieso etwas aus dem Rahmen, ist relativ kurz und einfach. Allenfalls der Mutzentobel kann ein wenig für Aufregung sorgen. Hier hat sich der Bach scharf und tief in die scheinbar schwarzen Schiefer gefressen, und vor allem nach heftigen Regengüssen wird der querende Weg manchmal unangenehm abschüssig.

Um den Tag völlig auszunutzen, bietet sich für den Nachmittag noch eine Überschreitung des Rappenseekopfs (2460 m, 1 Std.) an. Bei Tour 21 wird er näher beschrieben.

Mindelheimer Hütte – Mutzentobel – Rappenseehütte

Von der Hütte nach Süden über die im unteren Teil steilen und üppig mit Buchwerk überwucherten Hänge immer schräg hinab – ein langer Abstieg – zum Haldenwangerbach (1522 m, tiefste Stelle der gesamten Durchquerung). Drüben über steile Hänge wieder empor und über eine gut ausgebaute Felsstufe in den Schrofenpass (1688 m).

Nun meist zwischen Latschen teilweise steigend im Norden um den Grüner ins Salzbüheljoch am Fuß des Biberkopfs (2599 m). Links abbiegen und hinauf auf die Höhe der Schlosswand (1880 m), dann hinüber zu den weiten Matten der Oberen Biberalpe und zum Sattel am Mutzkopf. Hinab in den scharf eingeschnittenen Mutzentobel, ein Stückchen talaus, dann quer durch die zerfurchten Nordwesthänge des Rappenköpfles zum Seebach. Etwas oberhalb auf einer Schulter trifft man auf den von Einödsbach heraufkommenden Weg. Auf ihm rasch zur Rappenseehütte (2091 m, DAV, 3:30 Std., bei Nässe rutschig).

3. Etappe: Heilbronner Weg zur Kemptner Hütte

Den Weg der Wege wollen wir natürlich nicht nur an dieser Stelle zwischen all den anderen Etappen vorstellen. Er hat selbstverständlich sein eigenes Kapitel bekommen; lesen Sie bitte bei Tour 22 nach. Rappenseehütte und Kemptner Hütte wurden bald nach ihrer Erbauung noch im 19. Jahrhundert zu beliebten Zielen und Stützpunkten. Da lag es nahe, wie es schon damals üblich war, die beiden Hütten mit einem Höhenweg zu verbinden. Man hätte nun einfach einen Steig über die Kleine Steinscharte bauen können, der dann anschließend die kilometerweiten Hochflächen östlich des Kammes queren würde; das wäre eine Wegstrecke geworden, wie es viele gibt. Doch die Verantwortlichen zeigten echten Pioniergeist, und so verlegte man diese mit vielen Sicherungen versehene Route auf den höchsten Grat – eine erstaunliche Leistung in der damaligen Zeit.

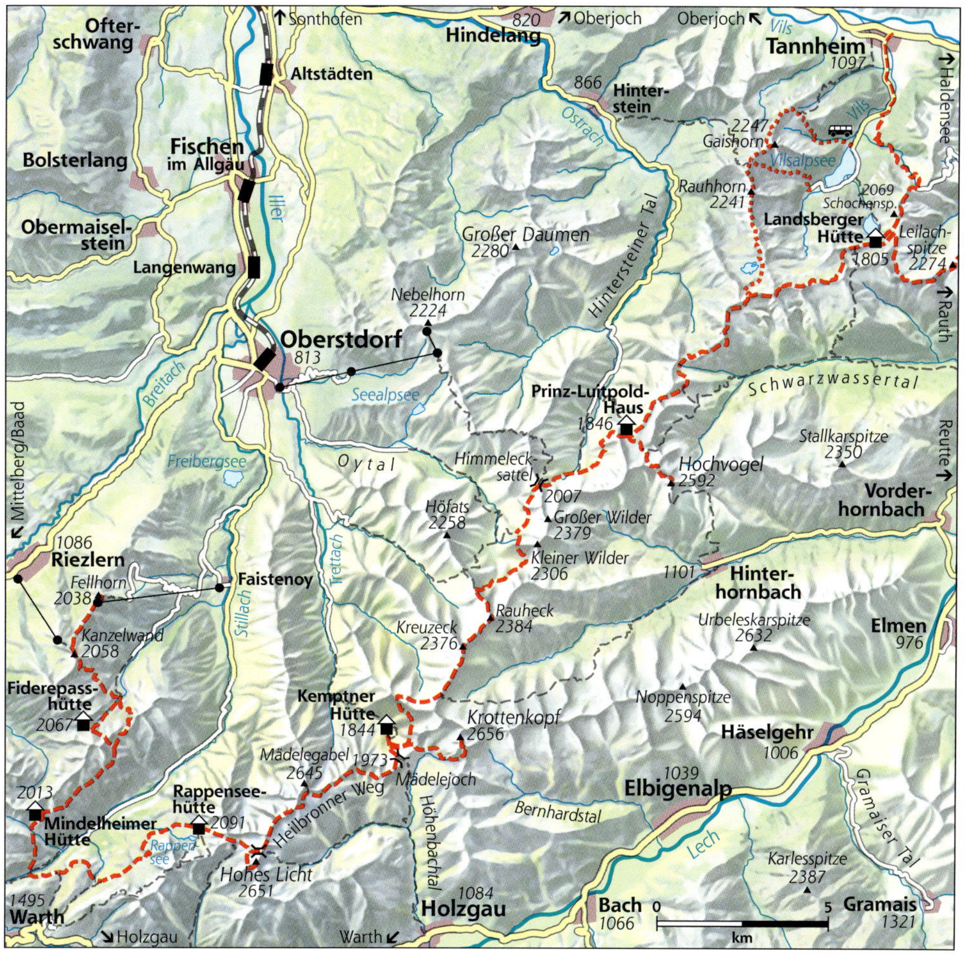

Seit nunmehr gut 100 Jahren übt dieser Heilbronner Weg eine stets gleich bleibende Faszination und Anziehungskraft aus. Das hat leider auch seine Schattenseite: Zu Zeiten ist dort eine Art Bergsteiger-Tausendfüßler unterwegs, und es kann einem passieren, dass man etwa an der Leiter am Steinschartenkopf regelrecht anstehen muss.

Um Ihnen ein Blättern im Buch zu ersparen, wird hier die Wegbeschreibung noch einmal gebracht. Und natürlich darf der Hinweis auf die beiden ganz großen Gipfel am Weg nicht fehlen: Sowohl das Hohe Licht (2651 m) wie die Mädelegabel (2645 m) lassen sich an diesem Tag »im Handstreich mitnehmen«. Das wären dann vier Gipfel über 2600 m Höhe an einem einzigen Tag!

Heilbronner Weg zur Kemptner Hütte

Von der Rappenseehütte über die Mattenhänge, dann durch ein Tälchen in die Große Steinscharte (2262 m) und quer über die Böden des Wieslekars an den gegenüberliegenden Bergfuß. Über die Schutthalde und durch eine Rinne zur Abzweigung des Hohen-Licht-Weges. Über ein Band, durch den schmalen Einschnitt des Heilbronner Törls und auf Platten in die Kleine Steinscharte (2541 m) mit überraschendem Blick nach Südosten. Nahe dem plattigen Grat hinauf

Blick von der Hochfrottspitze: am rechten Bildrand die Mädelegabel mit ihrem Südgrat, dahinter die Trettachspitze in ungewohnter Perspektive.

zu einer Leiter und auf den Steinschartenkopf (2615 m), den höchsten Punkt am Heilbronner Weg.

Über den Grat, dann rechts in der Flanke unter dem Gipfel des Wilden Manns (2577 m, kann leicht »mitgenommen« werden) und hinab in die Socktalscharte (2446 m), von der ein manchmal noch verschneiter Fluchtweg durchs Hintere Bockkar zum Waltenbergerhaus führt. Weiter über den lang gestreckten, meist sehr ausgeprägten Grat auf Geröll und Fels zum Bockkarkopf (2609 m). Über dessen Nordostgrat hinab, dann mit etwas Auf und Ab über zwei Köpfe und auf einem Band unter auffallenden Überhängen zur Bockkarscharte (2504 m) mit einer weiteren Abstiegsmöglichkeit zum Waltenbergerhaus (2084 m). Durch die Flanke zu einer Ecke und an den Rand des Schwarzmilzfernerchens, einem schneegefülltem Hochkar unter Hochfrottspitze (2648 m) und Mädelegabel (2645 m). Von dessen Nordostende über Gletscherschliffe und geröllreiche Böden zur Schwarzen Milz mit auffallend dunklem, porösem Gestein und einem faszinierenden Rückblick auf die wilde Trettachspitze (2595 m). Dann unter den bizarren Felsen des Kratzers zu dessen rundem Oströcken und hinab zur stattlichen Kemptner Hütte (1846 m, DAV 5:30 Std. ab Rappenseehütte, sehr gut gesicherter Steig in manchmal exponierter Lage, Trittsicherheit und Schwindelfreiheit wichtig, sehr beliebt).

Das Hohe Licht (2651 m): Von der oben beschriebenen Verzweigung auf Bändern und über Schuttflächen der Westflanke zum abgerundeten Südwestgrat und auf ihm, in insgesamt knapp 40 Min., auf den Gipfel mit herrlichem Blick in die Lechtaler Alpen.

Die Mädelegabel (2645 m): Auf dem beschriebenen Weg zum Schwarzmilzferner und auf Schutt zur Schulter im Ostgrat. Auf dem breiten Rücken in reizvoller, einfacher Kletterei (I) in etwa 40 Min. auf den Gipfel.

4. Etappe: Zum Prinz-Luitpold-Haus

Echte Bergsteiger lockt von der Kemptner Hütte aus ein ganz besonderer Abstecher: Im Südosten, drüben auf der Tiroler Seite, ragt der höchste Gipfel der Allgäuer Alpen auf, der Große Krottenkopf (2656 m), von Westen gesehen eine gewaltige Felsscheibe. Steige führen über das Obere Mädelejoch an den Fuß des Berges und dann durch ein geröllreiches Hochkar in die Krottenkopfscharte (2350 m). Es erfordert dann trotz des Pfades ein wenig Geschicklichkeit, um über Geröll, Schrofen und steinige Platten den alles überragenden Gipfel zu erreichen. Etwa drei Stunden ist man unterwegs.

Zum Höhenweg Richtung Prinz-Luitpold-Haus passt ein Wort – einmalig. Das bezieht sich zuerst einmal auf die Länge der Tour; die offizielle Gehzeit wird mit neun Stunden angegeben, wobei das kräftige Auf und Ab während der gesamten Wegstrecke anhält. So muss man zum Beispiel – nun schon mit müden Beinen – vom Wildenfeldhüttchen nochmals gut 300 Hm in den Himmelecksattel hinaufsteigen. Einmalig ist aber auch die Wegführung. So wandert man drei Kilometer weit über den höchsten Kamm, überschreitet dabei die Grasberge Kreuzeck und Rauheck (2384 m), die äußerst steil auf beiden Seiten abfallen; das ist ein Gang wie auf einem Dachfirst. An anderen Stellen wieder werden dem Begeher sehr eindrucksvolle Felsbilder serviert, wie etwa die Abbrüche von Öfner- und Krottenspitzen, um deren Fuß man herumquert.

Notabstiege, die man etwa bei einem Gewitter oder Wettersturz begehen kann, werden als eine Art Lebensversicherung angesehen. Aber an diesem Tag gibt es nur im Bereich von Rauheck und Wildenfeldhüttchen eine sinnvolle Möglichkeit, nämlich einen Abstieg durchs Oytal nach Oberstdorf; das ist jedoch ein Weg von 900 m Höhenunterschied und knapp neun Kilometer Entfernung.

Rauheck – Himmelecksattel – Prinz-Luitpold-Haus

Von der Kemptner Hütte in einem Bogen durch das Hochtal nach Osten und lange Querung unter dem Muttlerkopf und den wild gezackten Krottenspitzen in den Fürschießersattel (2208 m). Kurz empor auf eine Rippe, dann durch die steilen, steinigen Hänge des Märzle, diesmal unter den Nordwänden der Krottenspitzen, zum Marchsattel (2001 m). Nun folgt das schönste Stück der Tour: immer in Gratnähe mit hindernislosen Ausblicken (etwa auf die wilden Nordabstürze in der Hornbachkette) hinauf zum doppelgipfeligen Kreuzeck (2376 m) und in der nun teilweise weiträumigen Landschaft auf das Rauheck (2384 m, höchster Punkt des Tages).

Über dessen ausgeprägten, rasch abfallenden Nordwestgrat auf eine Schulter (2044 m), dann rechts über die Halde hinab zu den Eisseen. Inmitten einer imposanten Felslandschaft mit so markanten Gipfeln wie der Höfats (2258 m), den kecken Höllhörnern und dem Kleinen Wilden (2306 m) schräg durch die Hänge hinab zum Wildenfeldhüttchen (1692 m). Am Fuß mächtiger Felswände allmählich wieder hinauf bis in den Himmelecksattel (2007 m). Nun folgt die Enttäuschung des Tages: Auf der Nordostseite geht es noch einmal gut 200 Hm hinab und nach rechts durch die Hänge zu einem Bach, wo man mit 1591 m den tiefsten Punkt des Tages erreicht hat. Nach einem letzten Anstieg und einer Querung der Wiedemer-Hänge wird dann endlich das Prinz-Luitpold-Haus (1846 m, DAV, etwa 9 Std., Bergwege, zuverlässiges Wetter wichtig) erreicht.

5. Etappe: Zur Landsberger Hütte und Varianten

Nach dem bereits Erlebten ist dann der letzte »offizielle« Abschnitt nicht mehr ganz so spannend, allerdings auch deutlich weniger anstrengend. Allmählich nimmt zudem die Höhe der Gipfel und Scharten ab. Die Route vom Prinz-Luitpold-Haus zur Landsberger

Hütte im Bereich des Tannheimertals verläuft, außer ganz am Anfang, auf der Tiroler Seite des Kammes und zwar hoch über dem Schwarzwassertal. Dieser noch recht ursprüngliche Nebenast des Lechtals gehört zum Einsamsten der Allgäuer Alpen, die auffallend zerborstenen Felsberge darüber wie deren Hauptgipfel, der Große Roßzahn (2356 m), werden nahezu nie bestiegen.

Unser Steig verläuft sozusagen immer in der obersten Etage direkt unter den felsigen Wänden und Flanken von einem Dutzend Gipfeln; für weite Ausblicke ist also reichlich gesorgt. Schon nach dem ersten Aufstieg kann man dann hinüber schauen zu Steinkar- und Lachenspitze, die sehr weit im Nordosten liegen. Doch diese scheinbar unüberbrückbaren Entfernungen sind ein altbekanntes Phänomen bei den Höhenwegen, und niemand sollte sich davon entmutigen lassen.

Wer durch unsere Touren erst so richtig auf den Geschmack gekommen ist und noch voller Tatendrang ist, kann auch aus dem Schluss der Durchquerung noch etwas ganz Besonderes zaubern. Es gibt dabei eine mittelgroße und eine ganz große Lösung. Im ersten Fall biegt man in der Lahnerscharte von der üblichen Route ab, wandert hinunter zum verlockend leuchtenden Schrecksee und folgt dann der bei Tour 4 beschriebenen Route über den schönen Felsberg Rauhhorn (2241 m). Und das muss noch nicht alles sein: Auch das Geißhorn (2247 m) lässt sich noch überschreiten, bevor man dann am besten zum Vilsalpsee absteigt (gesamte Route mit Geißhorn etwa 8 Std., Trittsicherheit wichtig).

Blick von der Kemptner Hütte auf den von Felszacken besetzten Kamm der Krottenspitzen; über die Böden in halber Höhe führt der Weg zum Fürschießersattel.

Bei der ganz großen Lösung müsste man vom Luitpold-Haus bis unter den Himmelecksattel zurückkehren, um dann auf dem sehr schönen Höhenweg über das Laufbachereck (siehe Tour 19) zum Edmund-Probst-Haus (1930 m, DAV, 4 Std.) im Nebelhorngebiet zu kommen. Den Abschluss bildet dann die Begehung des Hindelanger Klettersteigs (siehe Tour 18) in seiner ganzen Länge mit einem Abstieg nach Hinterstein.

Aber auch der Hochvogel (2592 m) darf hier natürlich nicht vergessen werden. Wie der Große Krottenkopf bei der Kemptner Hütte wäre auch dieses berühmte Ziel einen Extratag wert. Wir stellen den Berg bei Tour 5 genau vor.

Prinz-Luitpold-Haus – Lahnerscharte – Landsberger Hütte

Von der Hütte zum Seeli, nördlich an ihm vorbei und durch ein reizvolles, von Felsen eingefasstes Hochtälchen in eine Grasmulde und über einen Hang in die Bockkarscharte (2164 m, höchster Punkt des Tages). Drüben auf unangenehm steinigem Weg steil abwärts, dann nach links auf eine Schulter im Ostrücken der Lärchwand. Quer durch einen üppig bewachsenen Steilhang (Drahtseile), dann bequemer in den Sattel der Notländ. Auch weiterhin immer quer durch die Hänge – interessante Felspassage unter dem Schänzlekopf – weit nach Nordosten, dann wieder aufwärts bis unter die Lahnerscharte (1988 m), auf der neuen Österreichischen Karte wenig überzeugend als Schreckenjöchle bezeichnet.

Diesseits des Kammes bleibend durch die schrofige Südflanke (Drahtseile) von Kastenkopf und Kälbelespitze in eine Lücke und dann allmählich hinab ins weite Kastenjoch (1859 m). Von dort erst südlich des breiten Rückens, dann zu ihm hinauf, schließlich auf der Nordseite des Grates unter der Steinkarspitze hindurch ins Westliche Lachenjoch und drüben auf erdigem Steig rasch zur Landsberger Hütte (1805 m, DAV, 5 Std., Bergwege, Trittsicherheit nötig) in schöner Lage über der kleinen Lache und unter der Lachenspitz-Nordwand.

6. Etappe: Ins Tannheimertal

Nicht weniger als sechs Möglichkeiten gibt es für die Rückkehr ins Tal. Das Angebot reicht vom Hüttenweg, der unmittelbar zum Vilsalpsee hinab führt, bis hin zu einer Tour ganz eigener Art, der Überschreitung der Leilachspitze (2274 m), dem Hauptgipfel der Region. Das Reizvolle beim direkten Abstieg sind die drei Seen, die kleine, sehr hochalpine Lache, der ins Alpweiden gebettete Traualpsee und der immerhin eineinhalb Kilometer lange, das Tal in seiner gesamten Breite ausfüllende Vilsalpsee.

Bei Tour 35 wird der Übergang vom Neunerköpfle mit seiner Bergbahn beschrieben. Diese Route bietet sich natürlich auch in der Gegenrichtung an, und es gibt dabei einen ganz besonderen Akzent: Es kommen einem sehr viele Wanderer entgegen, während in der eigenen Richtung kaum einer unterwegs ist. Bei dieser Möglichkeit bieten sich außerdem zwei Variationen an, von denen die erste einen wirklich interessanten Kompromiss darstellt. Man folgt dann der Route nur bis zum Gappenfeldsattel und steigt durch die urwüchsig-wüste Welt des Gappenfelds, für die die winterlichen Lawinen sorgen, ins Vilstal ab – dies allerdings auf recht steinigem Pfad. So hat man noch einen lohnenden Gipfel (die Schochenspitze) bestiegen, entkommt dem Trubel weitgehend und ist nicht allzu lange unterwegs. Nicht ganz so interessant ist die zweite Variante, ein Abstieg von der Strindenscharte durchs gleichnamige Tal zum Haldensee.

Wer zum Ausklang noch eine wirklich stille, besinnliche Wanderung unternehmen will, begeht den kaum bekannten Dillinger Weg. Vom Östlichen Lachenjoch zieht er hinab ins Birkental und stets nördlich des Weißenbachs durch eine fast unberührte Landschaft über Kilometer talaus. Rauth heißt das Ziel bei dieser Route (3:30 Std.). Parallel dazu verläuft unsere sechste Möglichkeit, die Überschreitung der Leilachspitze (2274 m, 2:30 Std. Aufstieg), einem mächtigen, gegen das Lechtal vorgeschobenen Felsberg. Auf dieser Tour gibt es viele bröselige Schrofen, in denen man trotz der Pfade immer wieder etwas klettern (I) muss; alpine Erfahrung, zudem etwas Orientierungsvermögen gehören also zu dieser zumindest im zweiten Abschnitt sehr stillen Tour. Man steigt dann am besten aus dem Notländkar ins Birkental ab, um nach insgesamt etwa fünf Stunden Rauth zu erreichen.

Abstieg zum Vilsalpsee

Von der Hütte kurz abwärts, dann auf der Nordseite auf gut ausgebautem Steig über die Felsstufe hinab und weiter zum Traualpsee (1649 m). Von seinem Nordzipfel über eine hohe Geländestufe mit viel Buschwerk und Geröll auf einen kleinen Boden. Nach rechts, dann durch Wald zum Vilsalpsee (1168 m). Auf dem Fahrweg zum Nordende mit Gasthaus und Bushaltestelle. Reichlich 1 Std. Abstieg.

Schochenspitze und Gappenfeld

Von der Hütte ein paar Meter hinab zum Bach, dann südlich über der in einem kleinen Kessel liegenden Lache vorbei und über die Hänge schräg hinauf in das Östliche Lachenjoch. Durch eine kleine Mulde und über Grashänge auf die Ostschulter der Schochenspitze (2069 m), die sich in wenigen Minuten besteigen lässt. Drüben über eine kurze Stufe hinab und im Bogen in den weiten Gappenfeldsattel (interessanter Abstecher auf die Sulzspitze, 2085 m, 40 Min.). Nach Norden zur nahen bewirtschafteten Gappenfeldalpe, dann in dem Kessel erst über Gras tiefer, später in den linksseitigen Hängen zwischen üppigem Gebüsch ins untere Gappenfeldtal und zu einer Wiese an der Straße zum Vilsalpsee. Auf Fußwegen nach Tannheim (1097 m, knapp 3 Std.) hinaus.

Durch das Birkental führt eine ungewöhnliche Abstiegsroute von der Landsberger Hütte ins Tannheimertal. Das Foto zeigt das äußere Tal und die Leilachspitze.

16 Geißalpseen und Rubihorn

Tourensteckbrief

TALORT, ZUFAHRT: *Reichenbach (867 m), Ferien- und Bauernort in schöner sonniger Lage auf der östlichen Illerterrasse. Moorschwimmbad. Zufahrt von Sonthofen über Altstädten.*

AUSGANGSPUNKT: *Südöstlich über dem Ort größerer Parkplatz (870 m).*

EINKEHR: *Berggasthaus Gaisalpe (1149 m), Restaurant auf dem Gipfel des Nebelhorns.*

GEHZEITEN: *Reichenbach – Gaisalpe 50 Min., von dort zum Unteren Geißalpsee 1 Std., Weiterweg aufs Rubihorn 1:15 Std. (insgesamt gut 3 Std.).*

STEIGUNGEN: *Zur Gaisalpe 280 Hm, zum Unteren Geißalpsee 640 Hm, auf das Rubihorn 1090 Hm.*

ANFORDERUNGEN, CHARAKTER: *Zur Gaisalpe entweder steilere Forststraße oder häufig etwas schmieriger Fußweg, dann manchmal steinige Bergwege, am Rubihorn auch etwas Trittsicherheit nötig.*

ZUSÄTZLICHER GIPFEL: *Entschenkopf (2043 m), 50 Min. von der Abzweigung.*

FÜR KINDER: *Geißalptobel und zur Gaisalpe für Kinder interessant, zum Unteren Geißalpsee schon ziemlich weit.*

DAS BESONDERE: *Sehr urwüchsiger Tobel mit bemoostem Fels, zwei reizvolle Bergseen, Besteigung eines ganz auffallenden Berges mit faszinierendem Tiefblick.*

Thema mit vielen Variationen

Wissen Sie, was der Begriff »Gais« bedeuten könnte? Das ist ein Wort, das es nicht zu geben scheint – es steht weder im Duden, noch im Lexikon, und doch können Sie dieses Wort recht oft lesen. Im Bereich unserer heutigen Ausflüge kommt der Begriff sogar häufiger vor als Gaisfuß, Gaisalpe, Gaisalpsee usw. Nach dieser Aufzählung ist sicher klar geworden, welcher Vierbeiner hier über so manches Kartenblatt marschiert. Aber wir wollen ihm doch seinen angestammten Namen zurückgeben und werden Geiß statt Gais schreiben. Es wird nur eine Ausnahme geben: Bei dem Berggasthaus und Bauernhof ist die Gaisalpe inzwischen völlig zum Eigennamen geworden und soll deshalb dort nicht geändert werden.

In dem kurzen, sehr steil vom Nebelhorn nach Reichenbach abfallenden Tal taucht unzählige Male das Wort Geiß und Geißalp auf. Berge, Seen, ein Tal, ein Tobel tragen diese Bezeichnung. Das ist un-

ser heutiges Tummelfeld, das trotz des begrenzten Raumes eine Fülle von Möglichkeiten bietet. Hier kommt das Motto dieses Buch – für jeden das Passende – in idealer Weise zur Geltung. Ein beliebtes Ziel für jedermann ist die Gaisalpe (1149 m), Gasthaus und Bauernbetrieb in einem und angeblich der höchstgelegene Hof Deutschlands, der ganzjährig bewirtschaftet wird. Zwei Forststraßen und ein malerischer, sehr urwüchsiger Tobel laden zu Rundtouren ein.

Eine deutliche Steigerung sind dann die Ausflüge zu den beiden Geißalpseen, sehr lohnende und reizvolle Ziele. Und der Liebhaber von Gipfeln wird noch auf das Rubihorn (1957 m) steigen, dieses Wahrzeichen des mittleren Illertals. Dank seiner vorgeschobenen Lage und der zerborstenen, ungemein brüchigen Nordflanke fällt es in dieser Region mit Abstand am meisten ins Auge.

Die große Nebelhorn-Seilbahn schafft noch eine ganz besondere Möglichkeit: Geißalpseen und Gais-

Das Ausflugsziel Gaisalpe oberhalb vom Reichenbach und das Nebelhorn.

alpe im Abstieg. Da bleibt auch die nötige Kraft, um diese Tour noch mit einer besonderen Gipfelbesteigung zu garnieren, mit der Überschreitung des Entschenkopfs (2043 m). Es handelt sich um jenes breite Massiv genau im Osten über der Gaisalpe, das mit einer 700-m-Steilflanke, die meist von Gras überzogen ist, abstürzt.

Zweierlei Gletscher schufen das so ungewöhnlich geformte Geißalptal. Der ein paar hundert Meter dicke eiszeitliche Illergletscher schürfte das Haupttal besonders tief aus und staute zugleich den im Verhältnis winzigen Eisstrom aus unserem Tal zurück. So entstand hier gar kein richtiger Einschnitt, man könnte das Tal eher als eine in drei Stufen abfallende Steilmulde bezeichnen. Ganze vier Kilometer horizontale Entfernung liegen hier zwischen dem Gundkopf am Nebelhorn und Reichenbach. Das schafft den besonderen Reiz unserer Touren: Oberhalb der Gaisalpe ist man nie in einem tiefen Tal verborgen, sondern der Blick bleibt stets weit und hindernislos.

Auch die Struktur des Tales selbst war das Werk der einstigen Gletscher. Sie schürften hinter besonders widerstandsfähigen Gesteinsschichten kleine Mulden aus, die noch heute die beiden Geißalpseen füllen. Der untere, immerhin 300 m lange See liegt in 1509 m Höhe und vermittelt mit seinen sanften Wiesenufern einen sehr freundlichen Eindruck und die Felsen des Rubihorns spiegeln sich im Wasser. Eine Stufe höher schmiegt sich der viel kleinere Obere Geißalpsee (1769 m) in eine Mulde des welligen Karbodens. Gras und Latschenfelder bilden die nähere Umgebung, oberhalb wachsen die Felsen des Gundkopfs in den Himmel, während man nach Nordwesten wie durch ein Tor ins Illertal hinaus- und hinunterschaut.

Gaisalp-Rundtour

Vom Reichenbacher Parkplatz auf der Forststraße knapp 10 Min. aufwärts zur Brücke über den Geißalpbach. Jetzt auf einem Fußweg immer neben dem Bach in dem sehr urtümlichen Waldtal bis in den hintersten Winkel. Dort steil im felsigen Tobel hinauf, bis man wieder auf das Sträßchen trifft, das kurz danach auf die Wiesen mündet. Noch ein Stück aufwärts zum Berggasthaus Gaisalpe (1149 m, 50 Min.).

Hinter dem Haus kaum steigend in einen Bacheinschnitt, noch kurze Querung, dann hinauf zu einer Forststraße (1225 m). Nun immer auf ihr, erst im Wald, bald über freie Weideflächen mit sehr schönen Ausblicken an einer Wildfütterung vorbei wieder nach Reichenbach hinab.

Zu den Geißalpseen

Gleich über der Gaisalpe Verzweigung. Auf dem rechten Weg am Oberrand des freien Geländes ein gutes Stück talein, dann in dem nun recht steilen, teilweise sogar felsdurchsetzten Gelände über eine Stufe zum erstaunlich großen Unteren Geißalpsee (1509 m, 1:45 Std. von Reichenbach), dessen Ufer zu einer Umrundung einladen. Evtl. über eine von Gras

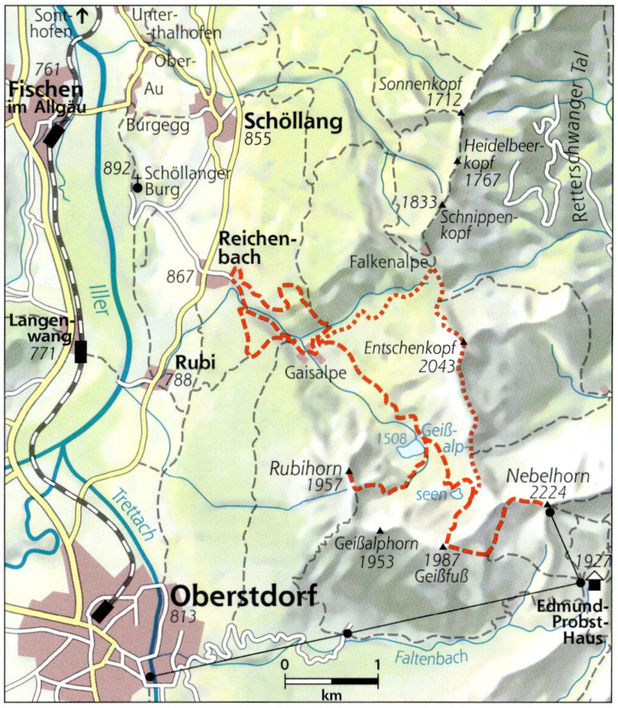

und Latschen bewachsene Stufe noch hinauf zum herberen, deutlich kleineren Oberen Geißalpsee (1769 m, 45 Min.).

Das Rubihorn

Direkt beim Unteren Geißalpsee vom großen Weg nach rechts abbiegen, am linken Ufer entlang, dann zwischen einzelnen Latschen in unregelmäßigem Gelände an den Rand eines verborgenen Kares. Nun rechts über die immer steilere Halde aufwärts, dann schräg links über Gras und feines Geröll in eine auffallende Lücke. Auf der anderen Gratseite zwischen Latschen nach Nordwesten und entweder hinaus zum Kreuz oder bald nach rechts oben auf den höheren Ostgipfel (1957 m, 1:15 Std.).

Abstieg vom Nebelhorn

Von Oberstdorf mit den drei Sektionen der Seilbahn auf das Nebelhorn (2224 m, Restaurant). Vom Gipfel wenige Minuten über den Westgrat abwärts, dann links hinab auf den steilen Grashängen über dem Großen Gund und immer nahe den Felsen tiefer zu einer Geländerippe unter dem Gundkopf. Dann Querung und kurzer Aufstieg in den Geißfußsattel (1940 m).

Nach Norden durch kleine Mulden zu einer Wegverzweigung (Beginn der Route zum Entschenkopf) direkt über dem Oberen Geißalpsee und in einem Bogen zum See hinab, der in einem kleinen, abflusslosen Kessel liegt. Schräg nach rechts – geradeaus riegelt eine Felswand das Gelände ab –, vorbei zum Unteren See und weiter zum Berggasthaus Gaisalpe wie am Anfang im Aufstieg beschrieben. Nun entweder relativ rasch nach Reichenbach hinab (am schönsten durch den Tobel) und mit dem Bus nach Oberstdorf oder dorthin auf dem ziemlich langen Wallrafweg quer durch die Waldhänge des Rubihorns.

Bei Reichenbach, dem Ausgangsort für die Touren zu Gaisalpe, Geißalpseen und dem Rubihorn, das mit seiner zerborstenen Nordflanke (Foto) die Region beherrscht.

17 Koblat, Laufbichelsee, Daumen

Tourensteckbrief

TALORT, ZUFAHRT: *Oberstdorf (813 m), berühmter Ferienort im weiten Talkessel der Iller, ganz zentrale Lage in den Oberallgäuer Bergen. Mühelose Zufahrt auf der B 19. Bahnhof.*

AUSGANGSPUNKT: *Talstation der Nebelhorn-Seilbahn im Osten des Ortes.*

HÜTTEN, EINKEHR: *Restaurant an der Seilbahn-Station; nebenan das Edmund-Probst-Haus des Alpenvereins.*

GEHZEITEN: *Von der Bahn zum Laufbichelsee 1:30 Std., von dort auf den Großen Daumen 1 Std.*

STEIGUNGEN: *Zum Laufbichelsee mit Gegenanstiegen etwa 200 Hm, zum Daumen 470 Hm.*

ANFORDERUNGEN, CHARAKTER: *Bergwege, teilweise etwas steinig, bei Nässe rutschig; auf dem Koblat bei Nebel sehr genau auf den Weg achten.*

FÜR KINDER: *Zum Koblatsee dank der vielen Felsen interessant.*

DAS BESONDERE: *Eine Hochterrasse mit allerschönsten Ausblicken, zudem weites Panorama von einem alles überragenden Berg.*

Sonnenterrasse unter dem Hindelanger Klettersteig

Daumen – warum trägt dieser mächtige Berg seinen Namen? Angeblich, weil er das Aussehen eines Daumens zeigt. Doch das ist wenig glaubhaft; selbst die steilste Seite, die Nordwestkante über dem Retterschwang, erinnert wenig an einen Finger. In Wirklichkeit haben wir hier ein behäbig breites Massiv von erstaunlichen Ausmaßen vor uns – mit bis zu 1000 m breiter und bis zu 500 m hoher Nordflanke aus zerklüftetem Hauptdolomit.

Wer den Berg dann von der anderen Seite sieht, erkennt ihn nicht wieder. Dort breitet sich über mehrere Kilometer eine wellige Hochfläche aus, von der steile Grashänge und nur wenig Fels zu den Graten hinaufziehen. Koblat nennt man diese Fläche; der Name leitet sich vom mittelalterlichen Kobel ab, bedeutet also Vorsprung, Hügel.

Diese Sonnenterrassen bilden einen einzigen riesigen Aussichtsbalkon mit Blick auf die Großen der Allgäuer Alpen, aus denen vor allem der Hochvogel (2592 m) herausragt, ein Gebiet zum Bummeln, Faulenzen, Fotografieren. Drei Seen mit malerisch gegliederten Ufern bilden den idealen Vordergrund. Felsplatten und mächtiges Blockwerk schmücken vor allem den Koblatsee, der jedoch im niederschlagsarmen Herbst manchmal austrocknet. Das kann natürlich am sehr tiefen und 250 m langen Engeratsgundsee nicht vorkommen. Auch zur dritten Wasserfläche passt ein Superlativ: Sie liegt nämlich in der stolzen Höhe von 2012 m. Das ist der Laufbichelsee, in dessen Nähe es auch einen gleichnamigen Berg gibt, der aber nicht den »Nachnamen« Spitze, Kopf oder Horn trägt; es handelt sich vielmehr um die Laufbichelkirche (2042 m). Ganz gleichmäßig glatte und wirklich kirchdachsteile Grashänge mit allerreichstem Blumenschmuck mögen zu diesem ausgefallenen Namen geführt haben. Über die »Graswand« auf der Westseite kommt man dem Berg noch am einfachsten bei. In den steilsten Passagen schaut nicht ein Fels heraus; man kann sich dort ausschließlich mit den Fingern im Gras festkrallen – keine sehr vertrauenerweckende Art der Kletterei!

Die große Seilbahn bringt den Gast rasch von Oberstdorf in dieses Gebiet. Wandert er mit einigem Auf und Ab über die Flächen des Koblat, wo Gras, Latschen und Fels das Bild bestimmen, dann kommt er als erstes an den Koblatsee (1966 m), bald danach zum Laufbichelsee (2012 m). Recht nahe über sich hat man dabei stets die Felsgrate der Wengenköpfe, über die der Hindelanger Klettersteig führt. Selbst ohne Fernglas kann man den emsigen Betrieb dort oben beobachten.

Die Seen sind ein wirklich lohnendes Wanderziel, ohne Gefahren und bestimmt ohne große Strapazen zu erreichen. Auch nicht gefährlich, aber schon um eine Stufe anstrengender, wird dann die Gipfeltour auf den Großen Daumen. Glasfeld heißt dabei eine ungewöhnliche Überraschung. Wo der Aufsteigende ausgeprägte Grate erwartet, beginnt plötzlich eine schräge, relativ sanft ansteigende Fläche, die auf den ebenfalls geräumigen Gipfel führt. Mit seiner Höhe von 2280 m überragt der Daumen seine gesamte Umgebung um ein deutliches Stück, und entsprechend eindrucksvoll ist der Gipfelblick; fast alle großen Felsberge der Allgäuer Alpen gehören zum Panorama.

Viele kehren vom Großen Daumen gleich zur Seilbahn zurück, ein Weg, der sich bei dem Auf und Ab auf dem Koblat in die Länge zieht. Um auch den dritten See der Region kennen zu lernen, der den einfachen Namen Engeratsgundsee trägt, schlagen wir eine zusätzliche Zwei-Stunden-Rundtour dort oben vor. Mancher vereinfacht sich dann den Rück-

Alpenrosen im Karstgebiet des Koblat

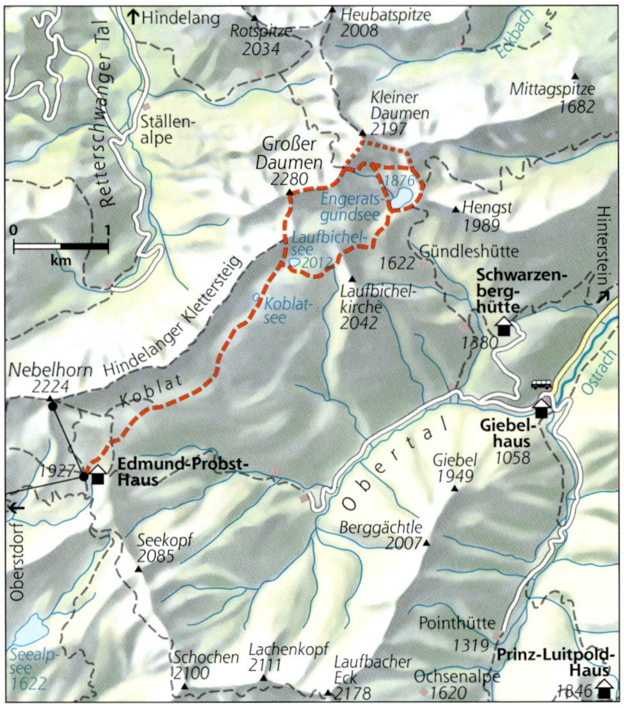

weg, indem er von diesem See direkt nach Süden zum Giebelhaus absteigt. Das ist bei trockenen Verhältnissen – wegen der Blumen vor allem im Frühsommer – eine kurzweilige Möglichkeit. Umständlich wird dann allerdings die Rückkehr per Bus und Bahn nach Oberstdorf.

Koblat und Daumen aus dem Nebelhorngebiet: Von Oberstdorf mit zwei Sektionen der Nebelhorn-Seilbahn zur Station »Höfatsblick« in 1929 m Höhe. Wenige Meter hinab, dann auf breitem Weg in einer langen Kehre zum hier breiten Kamm. Kurz nach Norden, dann rechts ab, unter einigen Felsen hindurch, anschließend auf der welligen Koblat-Hochfläche mit Gras, Blumen, Latschen und Felsflächen mit viel Auf und Ab nach Nordosten – stets parallel zum Grat der Wengenköpfe, über den der Hindelanger Klettersteig führt.

Nach etwa 2 km der malerisch von Felsplatten und Blöcken umrahmte Koblatsee (1966 m). Ein Stück hinauf und über auffallenden Karst zur Wegverzweigung. Rechts ganz nahe der Laufbichelsee (2012 m, 1:30 Std.). Links der Weiterweg auf den Großen Daumen: Über einen 120 Hm hohen und ziemlich steilen Hang auf eine Schulter im Hauptkamm und dann auf einer erstaunlich breiten und sanften Fläche, dem Glasfeld, ganz bequem auf den Gipfel des Großen Daumens (2280 m, 2:30 Std.). Die meisten Gäste kehren auf der gleichen Route zurück. Kräftigen sei hingegen die folgende Rundtour empfohlen.

Kleiner Daumen – Engeratsgundsee

Vom Großen Daumen über den flachen Grat auf den Ostgipfel (2273 m), dann mehr in der linken Flanke über Geröll und Schrofen hinab in eine Lücke und entweder schon hier zum verlockend leuchtenden See hinab oder erst noch über den teilweise scharfen Felsgrat (Sicherungen, Trittsicherheit wichtig) zum Kreuz auf dem Kleinen Daumen (2185 m). Auf einem Steig in die »Tür«, eine schmale Gratlücke, hinab und von dort zum Engeratsgundsee (1876 m). Von dessen Südwesteck über wellige Grasböden und quer durch die Hänge ein gutes Stück wieder empor zum Laufbichelsee. Knapp 2 Std. Gehzeit für diese Runde.

Die wellige, verkarstete Hochfläche des Koblat zwischen Nebelhornbahn und Großem Daumen; darüber die Wengenköpfe, über die der Hindelanger Klettersteig führt.

18 Hindelanger Klettersteig

Tourensteckbrief

TALORT, ZUFAHRT: *Oberstdorf (813 m), berühmter Ferienort im weiten Talkessel der Iller, ganz zentrale Lage in den Oberallgäuer Bergen. Mühelose Zufahrt auf der B 19. Bahnhof.*
AUSGANGSPUNKT: *Talstation der Nebelhorn-Seilbahn im Osten des Ortes.*
HÜTTEN, EINKEHR: *Restaurant an der Seilbahn-Station; nebenan das Edmund-Probst-Haus des Alpenvereins.*
GEHZEITEN: *Hindelanger Klettersteig zum Großen Daumen etwa 3:30 Std., Weiterweg zum Breitenberg etwa 2:30 Std., Abstieg von dort knapp 2 Std.*
STEIGUNG: *Auf dem Klettersteig bis zum Daumen etwa 350 Hm.*
ANFORDERUNGEN, CHARAKTER: *Klettersteig mittlerer Schwierigkeit mit relativ vielen Stellen ohne Sicherungen, gefährlich bei Nässe.*
ZUSÄTZLICHE GIPFEL: *Kleiner Daumen (2185 m), Heubatspitze (2008 m), Breitenberg (1893 m).*
FÜR KINDER: *Für wirklich geschickte Kinder mit erfahrenen Eltern interessant, da leicht zu erreichen und vorzeitig abzubrechen.*
DAS BESONDERE: *Klettersteig der Extraklasse für entsprechende Spezialisten mit vier bis sieben Gipfeln und herrlichen Ausblicken.*

Vom Nebelhorn zum Großen Daumen und weiter

Zum Einstieg am Hindelanger Klettersteig wird man – wie einst die Hunde zur Jagd – getragen. Bei der Seilbahnfahrt über 1400 Höhenmeter ist das zweimalige Umsteigen die einzige »Arbeit«, kostet also keinerlei Schweiß, nur eine bestimmte Anzahl von Euro. Dort oben auf dem Nebelhorn (2224 m) sind es dann nur noch wenige Meter zum Beginn der drei Kilometer langen Via Ferrata.

Diese Idealbedingungen locken natürlich besonders viele Aspiranten an, sodass der Tausendfüßler auf dem Grat an besonders pfiffigen Stellen auch einmal ins Stocken gerät. Ein besonderer Effekt verschärft oft noch dieses Stop-and-Go. Man muss immer wieder beobachten, dass die Nähe von Bergbahnen oder Liften die Angst vor den alpinen Gefahren herabsetzt. So entdeckt man in derartigen Gebieten häufiger Tiefschneefahrer in lawinengefährlichen Hängen, Bergsteiger ohne Seil auf Gletschern mit Spalten oder – wie hier – Ungeübte auf einem Klettersteig.

Das Oberallgäu lässt sich dank der Autobahn rasch erreichen, und das lockt zahllose Tages- und Wochenendgäste an; die Staus am Sonntagabend zwischen Immenstadt und Waltenhofen machen das den Beteiligten nur allzu deutlich. Unter den Gästen sind natürlich viele Wanderer und Freunde der Eisenwege. Fazit: Wer es sich aussuchen kann, begeht den Hindelanger Klettersteig an einem Werktag. Oder man übernachtet auf dem Edmund-Probst-Haus und ist längst vor den Seilbahngästen unterwegs.

Den Hindelanger Klettersteig kann man mit gutem Gewissen als das Ideal eines Eisenwegs bezeichnen, soll doch eine Tour dieser Art Spaß machen und nicht an den Nerven zerren. »Viel Luft unter dem Hintern« mag für kurze Stellen ganz prickelnd sein, doch ganze Wände in dieser Ausführung passen nicht so unbedingt zu diesem Publikum. Und längere Passagen, wo man sich fast ganz mit der Armkraft in die Höhe ziehen muss, lieben eher die Turner als der »normale« Klettersteig-Freund.

Ganz anders der Grat zwischen Nebelhorn und Daumen! Die freie, mit zahllosen Türmen und Zacken besetzte Schneide begeistert ebenso durch die stete Abwechslung wie durch die herrlich freien Blicke. Es gibt einen angenehmen Rhythmus zwischen gut gesicherten Steilstufen mit allen Attributen wie Eisenleitern, leichteren Strecken ohne Sicherungen und bequemen Absätzen zum Ausschnaufen. Und nicht zuletzt gehören vier (bis sieben) Gipfel zum Programm. Welcher echte Bergfreund schätzt nicht das Gipfelkreuz als Höhepunkt des Tages!

Den Drei-Kilometer-Grat vom Nebelhorn über die beiden recht mächtigen Wengenköpfe (2235 bzw. 2206 m) und über die teilweise auffallend scharfe Schneide der Zwiebelstränge bis zum Anschluss des Kammes an das Daumen-Massiv bezeichnet man üblicherweise als Hindelanger Klettersteig. Ein Pedant könnte einmal all die Köpfe und Zacken zählen,

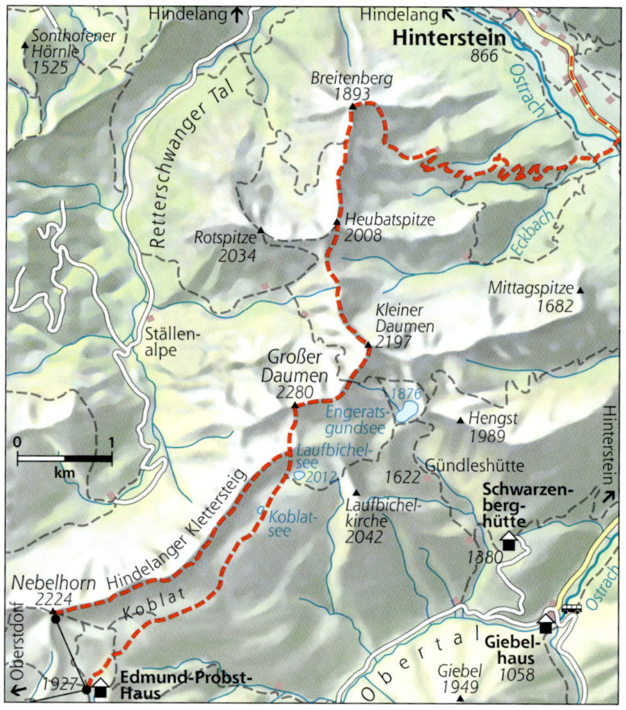

die er hier überschreitet, falls er bei diesem luftigen Gang (die Nordwände sind bis zu 600 m hoch!) so viel Muße aufzubringen vermag. Nach einem Abstecher auf den überragenden Gipfel des Großen Daumens (2280 m) kehren viele in knapp zwei Stunden wieder ins Nebelhorn-Gebiet zurück.

Bei einem so hohen Ausgangspunkt wie dem Nebelhorn müssten auf dem Daumen noch reichlich Zeit und Kraft für eine Fortsetzung der Tour vorhanden sein. Bis hinaus zum Breitenberg ziehen die Grate, die mit Steigen und gesicherten Passagen erschlossen sind, und auf denen man fast ununterbrochen auf der höchsten Schneide unterwegs ist. Erstes Zwischenziel wäre dann der Kleine Daumen, der auch bei Tour 17 beschrieben wird. Dort zweigt ein mächtiger Kamm nach Norden ab, über den – sozusagen ein Stockwerk tiefer (die Heubatspitze bringt es noch auf 2008 m) – der dritte und letzte Teil unseres Klettersteigs und Höhenwegs zieht. Schließlich folgt noch ein »Kniefressendes« Finale, ein Tausend-Meter-Abstieg nach Hinterstein im Ostrachtal.

Nebelhorn – Großer Daumen

Vom Nebelhorn erreicht man in wenigen Minuten den ersten markanten Felsturm mit Leiter, ein Auftakt, um das Können zu testen. Teilweise ohne Sicherungen weiter zum Westlichen Wengenkopf (2235 m). Über eine Stufe hinab, dann etwa waagerechter Grat mit vielen kleinen Felsköpfen, ein ständiges Auf und Ab mit relativ viel freier Kletterei. Nochmals abwärts in die tiefste Scharte (mit Abstiegsmöglichkeit zum Koblat). Leiter über eine steile Felsstufe, dann wieder kleine, gut gesicherte Felserhebungen zum Östlichen Wengenkopf (2206 m). Längerer Abstieg (Leiter), dann plötzlich auf recht ausgesetzter Schneide über hohen, steilen Nordwänden und über weitere Felsköpfe in die zweite tiefere Scharte (wieder mit Abstieg zum Koblat).

Zwiebelstränge nennt man den dritten, nochmals ziemlich langen Gratabschnitt mit teilweise schmalen und eindrucksvollen Schneiden, mehreren Leitern, ausgesetzten Felsplatten usw. Bald danach kommt man in das bequeme Gelände des Daumens. In 20 Min. über den Wanderweg auf den Großen Daumen (2280 m, etwa 4 Std.). – Rückweg ins Nebelhorngebiet siehe Tour 17.

Daumen – Heubatspitze – Breitenberg

Vom Großen Daumen über den flachen Grat auf den Ostgipfel (2273 m), dann mehr in der linken Flanke über Geröll und Schrofen hinab in eine Scharte und über den teilweise scharfen Felsgrat (Sicherungen) bis in die Lücke vor dem Kreuz auf dem Kleinen Daumen (2185 m). Nun steil nach Norden nahe der wilden Gratkante über Schrofen und Geröll hinab (anfangs mit Drahtseilhilfe), bis man von einem Schritt zum anderen in üppiges Grün mit reichem Blütenschmuck kommt, für das die Fleckenmergel sorgen.

Hinab in den Hasenecksattel (1895 m) und ohne Probleme auf die Heubatspitze (2008 m). Nun wieder in steinigem Gelände über die Hohen Gänge und bequem hinaus zum Breitenberg (1893 m). In einem nach Norden ausholenden Bogen hinab zu den Elpealpen, schließlich in Kehren durch Wald ins Ostrachtal und kurz talaus nach Hinterstein (866 m, Buslinie).

Unterwegs auf dem Hindelanger Klettersteig im Bereich der Wengenköpfe

19 Oytal, Seealpsee, Höfats

Tourensteckbrief

TALORT, ZUFAHRT: *Oberstdorf (813 m), berühmter Ferienort im weiten Talkessel der Iller, ganz zentrale Lage in den Oberallgäuer Bergen. Mühelose Zufahrt auf der B 19. Bahnhof.*
AUSGANGSPUNKT: *Talstation der Nebelhorn-Seilbahn im Osten des Ortes.*
HÜTTEN, EINKEHR: *Kein Stützpunkt unterwegs, Berggasthöfe im Oytal und in Gerstruben, Brotzeit und Getränke auf der Käseralpe.*
GEHZEITEN: *Oberstdorf – Gasthaus Oytal 1:15 Std., zur Käseralpe insgesamt 2:45 Std., aus dem Nebelhorngebiet über den Gleitweg zur Käseralpe etwa gleiche Zeit.*
STEIGUNGEN: *Oberstdorf – Gasthaus Oytal 190 Hm, zur Käseralpe 600 Hm.*
ANFORDERUNGEN, CHARAKTER: *Durchs Oytal bis zur Käseralpe problemlos, alle anderen Wege oft steinig und steil, teilweise Trittsicherheit nötig.*
ZUSÄTZLICHER GIPFEL: *Höfats (2258 m) von Älpelesattel, sehr anspruchsvoll.*
FÜR KINDER: *Am lohnendsten zum Seealpsee und wieder zurück zur Seilbahn.*
DAS BESONDERE: *Außergewöhnlich vielfältige Möglichkeiten inmitten einer wild-ursprünglichen Bergwelt, ein sehr schöner, großflächiger Bergsee und ein sehenswerter Wasserfall.*

Potpourri in der Oberstdorfer Bergwelt

Oytal, Stuibenfall, Seealpsee, Laufbachereck, Käseralpe, Höfats – das sind ein paar der bekanntesten Ausflugs- und Bergwanderziele im direkten Tourenbereich von Oberstdorf. Doch halt – von Anfang an soll jeder Irrtum vermieden werden: Die Höfats (2258 m), der Mittelpunkt und Blickfang am heutigen Tag, ist kein Ziel für den üblichen Bergwanderer, mag auf manchen Karten noch so deutlich eine rote Linie eingetragen sein. In diesen steilen, teilweise ziemlich ausgesetzten und grasüberzogenen Schrofenflanken braucht man unbedingt alpines Können und eine perfekte Trittsicherheit, zudem sollte man absolut trockene Verhältnisse abwarten. Es ist ein Phänomen, dass ein berühmter Name wie der der Höfats verstärkt die Unerfahrenen anlockt; dort oben in den Steilflanke hat es schon manche dramatische Szene gegeben.

Wie kann ein Grasberg zu einer solchen Berühmtheit werden? Dazu trägt bei der Höfats sicher die völlig isolierte Lage zwischen Oy- und Dietersbachtal ebenso bei, wie die extrem steilen, auffallend glatten Flanken, die in einem messerscharfen, von vier »Hörnchen« gekrönten Gipfelgrat zusammenlaufen und für eine wirklich elegante Form sorgen. Ein Hauch von Mystik rankt sich zudem um den Beinamen »Edelweißberg«; er eignet sich bestens für romantische Geschichten, wahre, aufgebauschte, erfundene. Die Sucht nach der Symbolblume wurde einigen sogar zum Verhängnis: Sie stürzten tödlich ab. Steilgras wird ja nur allzu leicht unterschätzt, in Wirklichkeit ist es gefährlicher als Fels der gleichen Neigung.

Für die ungewöhnlich reiche Flora der Höfats, hier blühen auch Raritäten wie die Edelraute oder der Zarte Enzian, sorgen die Gesteinsschichten. Wie so oft in den Allgäuer Bergen schaffen Hornsteine und Fleckenmergel üppigsten Pflanzenwuchs. Dazu kommen die Aptychenkalke, die mit ihrem hohen Gehalt an Kieselsäure Bedingungen bieten, die den kristallinen Gesteinen in den Zentralalpen entsprechen. So trifft man hier auch auf »Fremdländisches« wie die Alpenfetthenne oder die Spinnweb-Hauswurz. Das letztgenannte Gestein baut zudem auch die steile Gipfelregion der Höfats auf und es bildet – wider Erwarten – einen festen, rauen, stark gegliederten Fels, der sich durchaus zum Klettern eignet, falls er nicht ganz unter dem Gras verschwunden ist.

Auf die Höfats führen zwei »Normalwege«, von denen jener über den Südgrat noch am ehesten zu unseren Touren passt. Doch eigentlich ist gerade dieses Kapitel für jedermann gedacht und unser Steilgrasberg bildet dann eher einen dekorativen Hintergrund als das Ziel selbst. Die Tourenauswahl reicht von ganz bequemer Wanderung bis zu anspruchsvoller Tagesfahrt (evtl. mit Höfats-Besteigung) und bietet die unterschiedlichsten Eindrücke.

Das Gasthaus Oytal (1006 m) etwa könnte man auch mit einem Kinderwagen ansteuern. Das von

Blick von Westen ins Oytal bei Oberstdorf, im Hintergrund der Schneck (2268 m) in seiner unverkennbaren Form, links der Schochen

Felswänden eingefasste Tal mit dem Blick auf den Schneck (2268 m), einen weiteren bekannten Steilgrasberg mit unverwechselbarer Form, ist immer einen Ausflug wert – zum Beispiel auch im Hochwinter. Man kann von dort weiter talein wandern, wo die Landschaft bald rauer und steiniger wird. Nach einer Stunde Gehzeit kommt man zur nächsten Attraktion, dem Stuibenfall, einem der eindrucksvollsten Wasserfälle des Allgäus. Die geheimnisvoll klingenden Namen Oytal und Stuibenfall lassen sich zudem leicht »entzaubern«: Oy ist nur eine etwas eigenwillige Schreibweise für Au, und die Bezeichnung Stuiben kommt von stauben.

Eine weitere Vier-Sterne-Sehenswürdigkeit der Region ist der Seealpsee (1622 m), den man rasch von der Nebelhornbahn aus erreicht. Erstmals erblickt man tief unter sich die stets kräftig blaue Wasserfläche vom Zeigersattel aus und wundert sich über deren Lage: Der See befindet sich scheinbar an der äußersten Kante und hinter seinem Südzipfel bricht das Gelände ins Bodenlose ab. Die Wirklichkeit ist nicht ganz so extrem, doch liegen zwischen dem See und dem Oytal volle 600 m Höhenunterschied, ein Steilhang, der dann in die fast senkrechten Seewände übergeht. Gedankenlose haben dort schon einen direkten Abstieg gesucht, und so gab es mehrmals tödliche Abstürze.

Für den Abstieg ins Oytal muss man unbedingt den so genannten Gleitweg benutzen, der östlich um die gefährlichen Abbrüche führt. Allerdings geht es dann als erstes von der Wasserfläche wieder ein Stückchen bergauf, bevor zahllose Serpentinen

Auf dem für seine üppige Flora bekannten Höhenweg aus dem Nebelhorngebiet zum Laufbachereck; quer über das Oytal sieht man auf die Höfats.

Beim Seealpsee mit Blick zur Höfats, in der Tiefe das Oytal, aus dem die Nebel quellen.

im Steilgelände endgültig in die Tiefe ziehen. Dabei ist der Blick auf die Höfats, die gleich gegenüber mächtig in den Himmel ragt, besonders eindrucksvoll, und zudem kommt man nahe an den Kaskaden mit dem ganz einfachen Namen Seealpengündeleswasserfall vorbei.

Das war die zweite Möglichkeit, das Oytal zu erreichen. Schließlich gibt es noch die ganz große Lösung – den Höhenweg von der Nebelhornbahn zu Laufbachereck, Himmelecksattel und Käseralpe. In Höhen zwischen 1800 und 2145 m zieht er durch die Hänge mit stets hindernislosen Ausblicken; alle Großen der Allgäuer Alpen wie Hochvogel und Mädelegabel gehören zum Panorama. Damit sind aber unsere Variationen noch immer nicht erschöpft, fehlt doch noch die Runde um die Höfats. Dazu muss man den Älpelesattel (1780 m) erreichen, über den dieses Massiv mit dem Hauptkamm zusammenhängt. Von der bewirtschafteten Käseralpe, die auf einem Boden im oberen Oytal inmitten eindrucksvoller Felsgipfel liegt, führt der etwas erdige Pfad dort hinauf. Man steigt dann auf der anderen Seite ins Dietersbachtal und nach Gerstruben ab, das bei der Tour 20 vorgestellt wird. Ganz Ausdauerende können sogar nach dem Höhenweg über das Laufbachereck noch diese Route anhängen und haben dann an einem einzigen Tag eine Fülle von Eindrücken gesammelt.

Oytal, Stuibenfall und Käseralpe

In Oberstdorf mit dem Auto vom Nebelhorn-Parkplatz noch über die Trettach und auf den großen Parkplatz gleich dahinter (Gebühr). Von dessen Südostecke auf breitem Fußweg über eine waldige Stufe hinauf zum sehr schön gelegenen Gasthaus Kühberg (910 m). Nun auf einem Fahrweg über die weite, freie Terrasse ein gutes Stück flach nach Süden und allmählich nach Osten umbiegend ins Oytal. Dorthin auch – etwas weiter – längs der Trettach (auf der Westseite Fußweg, im Osten Straße) zur Einmündung des Oybachs und dann an diesem

19 Oytal, Seealpsee, Höfats

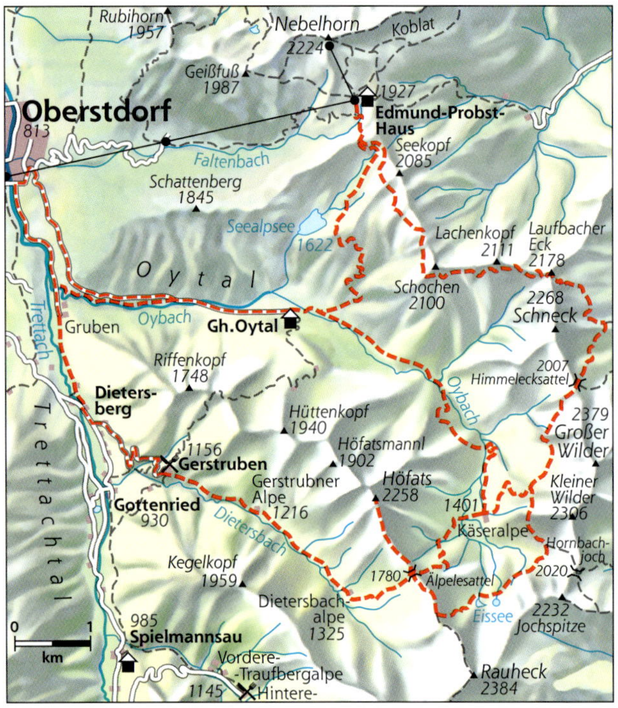

Gegenüberliegende Seite: Auf dem Laufbachereck mit Blick auf Schneck und Großen Wilden; unter letzterem der Himmelecksattel, über den der Höhenweg die Käseralpe und das Oytal ansteuert.

entlang. Schließlich gemeinsam, ebenfalls flach, über Auwiesen zum Gasthaus Oytal (1006 m, 1:15 Std.).

Auch die folgenden 2 km flach talein über Böden mit Gras, Buschwerk und Geröll zum Prinzenkreuz (1089 m). Über die Brücke, an der Gutenalpe vorbei und über eine Halde schräg aufwärts, die von dem Felskopf mit dem ungewöhnlichen Namen Seilhenker herabkommt, unter den Stuibenfall (1 Std. vom Gasthaus). Eventuell noch weiter hinauf über eine Stufe, dann flach in den weiten Kessel der einfach bewirtschafteten Käseralpe (1401 m, insgesamt 2:45 Std.).

Seealpsee und Gleitweg

Mit der Nebelhornbahn zur Station Höfatsblick (1926 m). Am Edmund-Probst-Haus des Alpenvereins vorbei und quer durch die Grashänge in den Zeigersattel (1922 m) mit schönem Blick zur Höfats. Von dort auf dem unteren Steig schräg abwärts Richtung Seealpsee und entweder ganz hinab zur Wasserfläche in 1622 m Höhe und kurz wieder empor oder etwas oberhalb vorbei und um eine erste Geländerippe zu dem Vorsprung »Mäxeles Eck«, der scheinbar senkrecht über dem Oytal thront. Auf dem steinigen »Gleitweg« über die Steilhänge tiefer, nach links über den Gündelestobel und weiter hinab zum Seealpengündeleswasserfall. Über eine letzte Stufe auf den Boden des Oytals, den man 400 m oberhalb des Gasthauses erreicht. Weiterweg wie oben. Von der Bahn ins Oytal gut 1:30 Std.

Über das Laufbachereck

Wie beschrieben zum Zeigersattel. Dort auf dem oberen Weg quer durch die teilweise steilen Hänge von Großem und Kleinem Seekopf auf eine Geländeschulter mit schönem Blick. Wieder quer durch die Hänge, dann kurzzeitig auf dem Grat, um anschließend auch den Schochen in der Westflanke zu dessen Südkante zu queren. Jetzt nach Osten in eher noch steilerem Gelände unter Schochen und Lachenkopf hindurch in einen 1999 m hohen Sattel und mit wenigen Kehren über eine Grashalde zum Sattel (2150 m, 2:30 Std.) am Laufbachereck mit Hochvogel-Blick.

Drüben in wieder sehr steilem Gelände auf die Böden hinab; oberhalb die ungemein wilde Ostwand des Schneck (2268 m). Hinüber auf den Rücken der Zwerchwand (tiefste Stelle, 1835 m), dann schräg durch die Hänge wieder aufwärts in den tief eingeschnittenen Himmelecksattel (2007 m). Durch Grashänge hinab und quer durch ein Schuttkar zur Schulter am Mitteleck unter der 450 m hohen Westwand des Großen Wilden. Wieder schräg abwärts über Halden und Schuttreisen zum Wildenfeldhüttchen und über Gras- und Latschenhänge hinab zur Käseralpe (1401 m), die beim ersten Tourenvorschlag behandelt wurde. Bis hier etwa 4:30 Std., Abstieg nach Oberstdorf 2 Std. Trittsicherheit trotz der Steige wichtig.

Um die Höfats

Wie oben beschrieben entweder durchs Oytal oder auch aus dem Nebelhorngebiet über den Gleitweg zur Käseralpe (1401 m). Von ihr quer über den breiten Boden Richtung Höfats auf die andere Seite und über die zerfurchten Hänge auf Gras und zwischen Buschwerk weit empor in den tief eingeschnittenen Älpelesattel (1780 m, gut 1 Std.) mit überraschendem Blick nach Südwesten. Hierher auch nach dem Höhenweg über das Laufbachereck (s. o.): Beim Wildenfeldhüttchen auf dem oberen Steig weiter, um den breiten Felspfeiler des Kleinen Wilden herum, bei der Verzweigung rechts und über Hänge und durch kleine Mulden zum malerischen Eissee (1827 m). Über die Hänge hinauf zum Grat (2044 m) des Rauhecks und auf der Schneide abwärts, schließlich durch eine Art Gasse zwischen den Erlen in den Sattel (knapp 1:30 Std.).

Vom Älpelesattel dann nach Westen auf einer Geländeripp teilweise recht steil hinab in den innersten Kessel des Dietersbachtals mit seinen bis zu 900 m hohen Steilflanken. Auf nun gutem Weg talaus an der malerischen Gestrubneralpe vorbei nach Gerstruben (1146 m, siehe auch Tour 20). Nun entweder auf dem steilen Sträßchen oder schöner auf dem Fußweg ins Trettachtal hinab. Über Dietersberg und Gruben etwa 3 km talaus zum Parkplatz. Abstieg und Rückweg reichlich 3 Std.

Auf die Höfats

Vom Älpelesattel kurz zwischen Erlen, dann auf dem freien Südgrat aufwärts an das noch sehr hohe Gipfelmassiv. Steil in einer Art Erdgasse empor zum Steilaufschwung, den man ausgesetzt rechts mit einiger Kletterei umgeht. Auf und neben dem Grat zu den Gipfelfelsen, Kletterei (II) zum höchsten Punkt der Höfats (2258 m, knapp 1:30 Std., trotz der Steigspuren keine Bergwanderung, nur für Alpinisten!).

20 Gerstruben, Spielmannsau

Reizvollstes in und über dem Tal der Trettach

Nördlich von Oberstdorf fließen fast an der gleichen Stelle Breitach, Stillach und Trettach zusammen, und so wird die Iller »geboren«. Diese drei Quellflüsse kommen aus langen Tälern im hohen Bereich der Allgäuer Alpen; so ist etwa die Breitach das – meist unsichtbare – Flüsschen des Kleinwalsertals. Den kürzesten, schmalsten, aber auch den alpinsten Einschnitt bildet das Tal der Trettach, über dem im Talhintergrund die gleichnamige Spitze thront. Dieser 2595 m hohe, sehr elegant geformte Felsberg bildet bei den folgenden Wanderungen immer wieder den besonderen Blickfang. Die Trettachspitze ist wohl das stolzeste Allgäuer Ziel; es gibt nur Kletterrouten an diesem Berg.

Ein anderer berühmter Berg beherrscht einen Seitenast des Trettachtals. Die Höfats (2258 m) ist der Inbegriff des Allgäuer Grasbergs. Mit ihrem steilen Aufbau und den glatten Flanken zählt sie aber auch zu den formschönen Bergen. Zudem ragt sie ganz unmittelbar und steil über unserem Ziel Gerstruben (1146 m) auf. Dieses einstige Bergbauerndörfchen liegt auf dem äußersten Boden des Dietersbachtals, 200 m »senkrecht« über der Trettach.

Man mag es kaum glauben, dass dieses kurze, schmale, extrem den Lawinen ausgesetzte Tal im Jahr 1860 noch elf Familien ernährte. Auf der talein gelegenen Dietersbachalpe konnten bis zu 60 Rinder gesömmert werden, während mancher Steilhang und manche Hochfläche dieser Grasberge bis in über 2000 m Höhe als Mähder dienten. Heute gibt es – dank einer privaten Initiative – noch fünf der alten, ganz aus Holz gebauten Höfe. Sehenswerte Architektur und ein malerischer Gipfel sind die beiden Hauptattraktionen unseres Ausflugs, zudem gibt es eine kleine Klamm mit Wasserfall und ein Berggasthaus fürs leibliche Wohl. Auch im Winter bildet Gerstruben ein äußerst lohnendes Ziel.

Christlessee (915 m) heißt eine Attraktion im Trettachtal selbst. Dieser kleine See mitten auf dem Tal-

Im Hochtal von Gerstruben, darüber die Höfats mit ihrer Westwand.

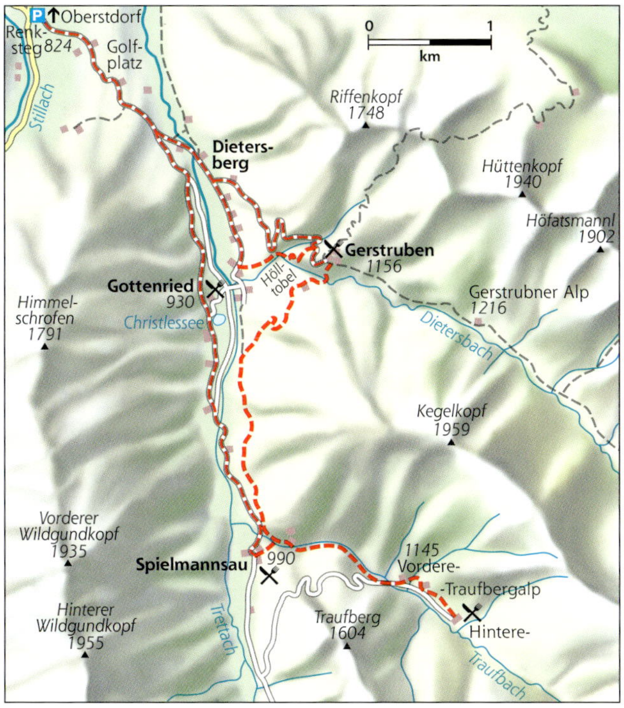

Der Wiesenbocksbart wird häufig mit der Arnika verwechselt.

boden hat türkisblaues und meist kristallklares Wasser; so sieht man die Baumstämme auf dem Seegrund, die einst eine gewaltige Lawine hier abgeladen hat. In elf Meter Tiefe gibt es zudem zwei Quellen; man kann sich in diesem Zusammenhang den Wasserdruck dieser unterirdischen Zuflüsse vorstellen. Das Ziel im inneren Trettachtal ist die Spielmannsau, ein schmaler, länglicher Wiesenboden mit einem Ausflugsgasthaus inmitten einer wilden Hochgebirgswelt. Auch hier gab es einst einen Weiler mit Bauernhöfen, der – man staune – nicht aus dem Oberallgäu, sondern aus dem Lechtal über das Mädelejoch erschlossen und besiedelt wurde. Schon 1059 (!) wurde die Region urkundlich erwähnt.

Wer noch wildes, urprüngliches, ja fast wüstes und von den Menschen kaum verändertes Bergland erleben will, unternimmt einen Abstecher ins Traufbachtal. Bis zur Hinteren Traufbergalpe (1217 m) gibt es dank der Alpwege keine Probleme, doch wer noch bis in den urig-malerischen Talschluss vordringen will, muss sich mit Pfadspuren begnügen. Die eigentlichen Architekten dieser Ausnahme-Landschaft sind stark verwitternde Gesteinsarten, vor allem Fleckenmergel. Sie sorgen für diese auffallend glatten, bis zu 1000 m hohen und ungemein steilen Gras- und Schieferflanken. Sie bilden ein »Idealgelände« für große und größte Lawinen, die schließlich das ungewöhnliche Chaos im Tal »anrichten«.

Renksteg – Trettachtal – Gerstruben

Vom Parkplatz am Renksteg auf dem Teersträßchen quer über den Wiesenboden und schräg über die Hänge hinauf zum Höhenrücken beim Golfplatz. Bei der Verzweigung kurz danach auf dem linken Fahrweg weiter, über die Trettach-Brücke und rechts bis zum ersten Haus von Dietersberg. Nun entweder auf dem Sträßchen: links abzweigen und immer auf dem geteerten Weg im Hochwald meist kräftig steigend weit empor (von einem Vorsprung schöner Blick auf die Trettachspitze) zu den Wiesen und bald danach zu den Häusern von Gerstruben (1146 m, Gehzeit knapp 1:30 Std.). Oder (reizvoller): Noch etwa 10 Min. weiter auf dem Talsträßchen, dann links ab und auf einem Fußweg zum Waldrand. In ein scharf eingeschnittenes Tälchen, in Kehren empor und nach rechts zum malerischen Hölltobel. Kurz wieder zurück, dann hinauf nach Gerstruben.

Gerstruben – Spielmannsau – Christlessee

Von Gerstruben nach Süden über die Wiese hinab zum Dietersbach und drüben nach rechts hinauf zur Lichtung von Raut (1125 m). Im Wald ein gutes Stück schräg abwärts, bis man knapp über dem Boden des Trettachtals auf einen Steig trifft. Auf ihm – immer hoch über dem Bach – talein in die Spielmannsau (990 m) mit eindrucksvoller Kulisse.
Rückweg: Auf dem Fahrweg wieder talaus, nach 1 km über die Trettachbrücke und gleich danach auf dem linken Sträßchen weiter zum Christlessee (915 m) mit Gasthaus. Immer auf der linken Seite bleibend talaus und zurück zum Ausgangspunkt.

Das Traufbachtal

150 m vor dem Gasthof Spielmannsau führte unser Weg über eine Brücke. Sie überspannt den Traufbach, der aus dem gleichnamigen Tal kommt. Direkt vom Haus weg führt ein Steig in die schluchtartige Ausmündung des Traufbachtals. Auf ihm talein ins freie, von sehr steilen Hängen überragte Alpgebiet. Dann links empor zur Vorderen und Hinteren Traufbergalpe (1217 m, 50 Min. ab Spielmannsau). Evtl. noch den Steigspuren links oberhalb des Baches folgend in den eindrucksvollen Talschluss mit kleinem Boden in 1350 m Höhe.

Tourensteckbrief

TALORT, ZUFAHRT: *Oberstdorf (813 m), berühmter Ferienort im weiten Talkessel der Iller, ganz zentrale Lage in den Oberallgäuer Bergen. Mühelose Zufahrt auf der B 19. Bahnhof.*
AUSGANGSPUNKT: *An Oberstdorf vorbei Richtung Fellhornbahn etwa 3 km zum Parkplatz am Renksteg (825 m).*
EINKEHR: *Gasthäuser in Gerstruben, in der Spielmannsau und am Christlessee.*
GEHZEITEN: *Nach Gerstruben knapp 1:30 Std., Weiterweg in die Spielmannsau gut 1 Std., Rückweg zum Renksteg knapp 1:30 Std.*
STEIGUNGEN: *Nach Gerstruben 330 Hm, in die Spielmannsau zusätzlich 100 Hm.*
ANFORDERUNGEN, CHARAKTER: *In die Spielmannsau ganz bequem, nach Gerstruben steil.*
MÖGLICHER GIPFEL: *Von Gerstruben auf Bergwegen nach Nordosten empor Richtung Oytal und auf den Hahnenkopf (1735 m, 1:45 Std.).*
FÜR KINDER: *Ein interessantes Ziel ist der Hölltobel.*
DAS BESONDERE: *Die Mischung von sehenswerten historischen Höfen und großer Bergkulisse in Gerstruben; besonders wilde Urlandschaft im Traufbachtal.*

21 Einödsbach und Rappenseehütte

Tourensteckbrief

TALORT, ZUFAHRT: *Oberstdorf (813 m), sehr bekannter Ferien- und Wintersportort in weitem Talkessel, zentrale Lage im Herzen der Allgäuer Alpen. Zufahrt von der Allgäu-Autobahn auf der B 19. Bahnstrecke von Kempten.*

AUSGANGSPUNKT: *An Oberstdorf westlich vorbei und nach Süden ins Tal der Stillach zu den Parkplätzen (904 m) am Ende der öffentlichen Straße bei der Fellhornbahn. Buslinie bis Birgsau.*

HÜTTE, EINKEHR: *Rappenseehütte (2091 m), DAV, 342 Schlafplätze; auf dem Weg dorthin die bewirtschaftete Enzianhütte (1780 m). Gasthöfe in Einödsbach und Birgsau.*

GEHZEITEN: *Nach Einödsbach 1:15 Std., zur Rappenseehütte insgesamt knapp 4 Std.*

STEIGUNGEN: *Parkplatz – Einödsbach 210 Hm, Parkplatz – Rappenseehütte 980 Hm, von dort auf den Rappenseekopf 410 Hm.*

ANFORDERUNG, CHARAKTER: *Nach Einödsbach bequemer Ausflug, zur Rappenseehütte größere Bergwege in teilweise steilem Gelände.*

FÜR KINDER: *Nach Einödsbach für den Nachwuchs bequem, aber eher langweilig, zur Hütte sehr weit.*

DAS BESONDERE: *Aufstieg ab Petersalpe in meist freiem, sehr aussichtsreichem Gelände, reiche Flora, idyllischer Bergsee, berühmte Alpenvereinshütte.*

Zum größten Stützpunkt der Alpen

Es handelt sich nicht um ein Hotel, sondern um eine Hütte des Alpenvereins, die in 2091 m Höhe liegt und die dennoch 342 Schlafplätze anbietet. An einem schönen Herbstwochenende gab es dort oben sogar einen ganz besonderen Rekord: Nicht weniger als 648 Personen haben die Nacht in der Hütte verbracht; wie viele davon wirklich geschlafen haben, ist jedoch nicht überliefert. Rappenseehütte heißt dieser Magnet. Doch – so ganz richtig ist diese Formulierung nicht. Die große Anziehung für fast alle Übernachtungsgäste ist nämlich der Klettersteig schlechthin, der Heilbronner Weg, der bei Tour 22 extra vorgestellt wird.

Die erwähnten Übernachtungsgäste sind noch lange nicht alle Besucher der Hütte. Viele steigen untertags aus dem Tal der Stillach über Einödsbach dort hinauf, andere wiederum fahren mit dem Rad im Rappenalptal nach Breitengern oder bis zur Schwarzen Hütte, um von dort aus dieses beliebte Ziel zu erreichen. Aber auch bei ihnen lockt eine zusätzliche Attraktion.

Die Hütte bekam ihren Namen vom Rappensee, einer immerhin 200 m breiten Wasserfläche, die nur fünf Minuten unterhalb des Hauses liegt. Dieses blaue Auge im grünen Rahmen der Alpmatten, hinter dem die Geröllfelder und hellgrauen Felsen zu den Gipfeln ansteigen, bietet einen freundlichen Anblick. Doch kaum einer wird jetzt, beim harten Mittagslicht, in diesem See einen berühmten Star erkennen. Von keinem anderen Bergwasser gibt es nämlich so viele malerische, ungemein stimmungsvolle Sonnenuntergangsbilder; jedermann kennt sie aus Büchern und von Kalendern. Der Besucher wird allerdings vergeblich dort oben nach außergewöhnlichen Attributen suchen, es ist vielmehr der Zufall, der das Besondere schafft. Einerseits ist der Blick nach Westen

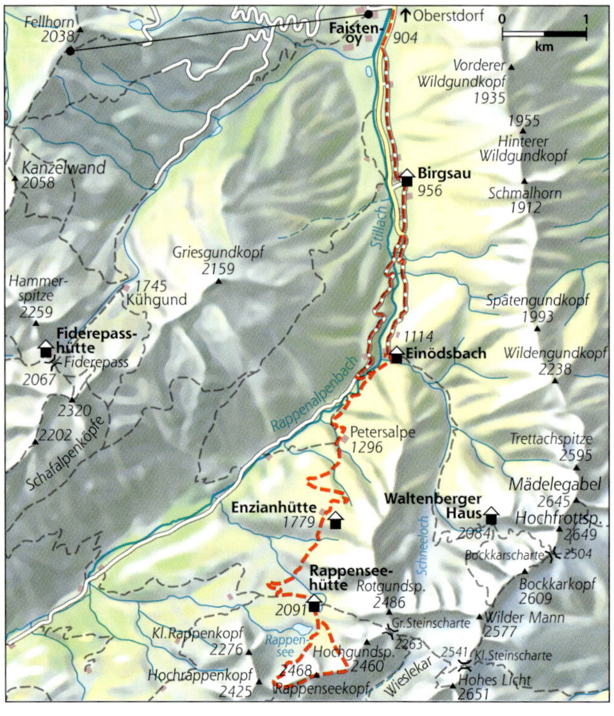

ziemlich frei, eine notwendige Voraussetzung für glanzvolle Sonnenuntergänge, andererseits liegt die Hütte so nahe, dass man hier in aller Muße auf Fotojagd gehen kann, während man um diese Zeit etwa am Geißalpsee längst im Abstieg ist, um nicht in die Dunkelheit zu geraten.

Der Zugang zur Rappenseehütte besteht aus zwei recht gegensätzlichen Abschnitten. Erst wandert man gemächlich durchs Tal von Birgsau und dann auf dem Fahrweg oder – reizvoller – über Einödsbach zur Ausmündung des Rappenalptals, wo eigentlich der Aufstieg erst so richtig beginnt. Nun klettert nämlich der Steig über immer wieder reichlich steiles Gelände mit Gras, Blumen und Buschwerk weit, weit hinauf. Allerdings kann man unterwegs auf der Petersalpe und in der auf einem Vorsprung sehr schön gelegenen Enzianhütte (1780 m) frische Kräfte tanken. Der mächtige Steinbau der Rappenseehütte liegt dann auf freiem Geländerücken mit dem Fernblick nach Nordwesten etwa auf die Schafalpenköpfe, während auf der anderen Seite ganz nahe die Wände von Rotgund- und Hochgundspitze aufragen. Daneben steht noch als behäbig-breiter Felsberg der Rappenseekopf (2469 m), den Konditionsstarke zusätzlich besteigen, ja überschreiten können.

Bei dem heutigen Weg kommen wir auch am allerbekanntesten Allgäuer Fotomotiv vorbei: Im Vordergrund ein malerisches, von der Sonne dunkel gebeiztes Blockhaus und steil darüber als geschweifter Felsdreikant die Trettachspitze (2595 m). Das Haus gehört zu Einödsbach (1115 m); der Name sagt schon alles über die einstige Lage und Bedeutung dieses bäuerlichen Weilers. Zwar passt noch heute das Etikett »südlichstes, ganzjährig bewohntes Haus Deutschlands«, doch kann man wahrlich nicht mehr von öde und einsam sprechen. Das stattliche Gasthaus Einödsbach ist ein äußerst beliebtes Ziel und zwar fast das ganze Jahr über; selbst im Winter wandern viele hierher.

Nach Einödsbach

Vom Südende des kleinen Parkplatzes auf der Ostseite der Stillach auf breitem, ganz bequemem Wanderweg stets über freie Wiesenflächen nach Anatswald und weiter in die Birgsau (956 m) mit großem Gasthaus. Weiterhin auf dem schmalen, ebenen, aber auf beiden Seiten von hohen Steilhängen begleiteten Talboden nach Süden zum Ende der freien Flächen. Auf dem linken Sträßchen zwischen Bäumen empor und hinein nach Einödsbach (1115 m, Gasthaus, 1:15 Std.), wo sich plötzlich ein faszinierender Blick auf Trettachspitze und Mädelegabel (2645 m) öffnet. Man kann dann hinter dem Haus den Bach überqueren, um so ins unterste Rappenalptal zu kommen und auf der anderen Seite auf der Forststraße wieder talaus zu wandern.

Zu Rappenseehütte und Rappensee

Wie oben beschrieben zum Südende des Birgsauer Talbodens und entweder rechts auf der Forststraße oder links über Einödsbach (ein wenig länger, aber lohnender) zum Beginn des Rappenalptals. Von dort auf Fußwegen über eine erste Waldstufe zu den Matten der Petersalpe und weiter über eine nun höhere, von Felsfluhen durchsetzte Stufe hinauf zum malerischen Absatz der Linkersalpe mit der Enzianhütte (Einkehr) am Fuß der riesigen Steilgrashänge des Linkerskopfes (2459 m). Nun immer schräg nach rechts durch oft steiles, üppig bewachsenes Gelände zur Schulter am Mußkopf und über erst flache, dann steilere Hänge zur Rappenseehütte (2091 m, etwa 4 Std. Aufstieg) knapp oberhalb des gleichnamigen Sees.

Über den Rappenseekopf (2469 m)

Von der Hütte Richtung Rappensee kurz abwärts zur ersten Wegverzweigung. Hier links und auf dem Steiglein durch ein Geröllkar und über eine steilere Stufe in die Scharte (2272 m) östlich des Berges. Auf dem Grat über Gras und Geröll auf den weiträumigen Gipfel (1 Std. Aufstieg, Trittsicherheit notwendig). Über den Westgrat hinab bis zur zweiten Scharte und von dort wieder zurück zum Rappensee und kurz aufwärts zur Hütte.

Sonnenuntergang am Rappensee mit Rappenköpfle links und dem Widderstein im Hintergrund.

22 Heilbronner Weg und Mädelegabel

Tourensteckbrief
TALORT, ZUFAHRT: *Oberstdorf (813 m), bekannter Ferien- und Wintersportort in weitem Talkessel, zentrale Lage im Herzen der Allgäuer Alpen. Zufahrt auf der B 19. Bahnstrecke von Kempten.*
AUSGANGSPUNKT: *An Oberstdorf westlich vorbei und nach Süden ins Tal der Stillach bis zu den Parkplätzen (904 m) am Ende der öffentlichen Straße nahe der Fellhornbahn. Buslinie bis Birgsau.*
HÜTTEN: *Rappenseehütte (2091 m), DAV, 342 Schlafplätze, knapp 4 Std. aus dem Birgsautal; Kemptner Hütte (1846 m), DAV, 285 Schlafplätze.*
GEHZEITEN: *Heilbronner Weg zur Kemptner Hütte 5:30 Std.; zum Waltenbergerhaus 4 Std.*
STEIGUNG: *Insgesamt etwa 750 Hm ab Rappensee.*
ANFORDERUNGEN, CHARAKTER: *Sehr gut gesicherter Steig in manchmal exponierter Lage, Trittsicherheit und Schwindelfreiheit wichtig, sehr beliebt.*
ZUSÄTZLICHE GIPFEL: *Hohes Licht (2651 m) und Mädelegabel (2645 m).*
DAS BESONDERE: *Einzigartiger Höhenweg über lange, bestens gesicherte Felsgrate, Überschreitung von zwei großen Gipfeln, Möglichkeit, zwei weitere berühmte Berge zu besteigen.*

Das Berühmteste der Allgäuer Alpen

Auch ohne allen Lokalpatriotismus kann man den Allgäuer Bergen mehrere Superlative zuteilen. So steht dort der größte Bergsteiger-Stützpunkt überhaupt, die Rappenseehütte mit ihren 342 Schlafplätzen, und man findet in ihrem Tourenbereich den Weg der Wege. Weltweit dürfte keine andere Route dieser Art so bekannt, so beliebt, so belebt sein wie der Heilbronner Weg. Es gibt bestimmt keinen zweiten Felsgrat, über den schon so viele Menschen gelaufen, geklettert oder – bei fehlender Trittsicherheit – geschlichen sind. Denn bereits am 23. Juli 1899 wurde dieser Steig feierlich eingeweiht. 8500 Goldmark, das war eine stolze Summe, kostete dieser Steig, von denen lediglich 2000 Mark der Zentralausschuss des Alpenvereins übernahm. Den stattlichen Rest brachte die alpenferne Sektion Heilbronn auf. Man gab »Anteilscheine« aus, was jedoch mit Spenden gleichzusetzen war, schließlich verlangt niemand am Heilbronner Weg eine Maut wie etwa an der Brenner-Autobahn.

Der erwähnte Tag war ein Fest für das gesamte Oberallgäu – und zwar nicht nur wegen der 256 Weinflaschen aus Heilbronn (dort liegt ja eines der großen Weinbaugebiete). Vor allem das Neue und Ungewöhnliche dieses kühnen Weges sorgte für Furore; es war die Anlage dieses Steiges, gedacht als Übergang von Hütte zu Hütte, doch bahnbrechend. Unsere Bergpioniere fühlten sich in den Flanken, in Schluchten und Rinnen geborgener als auf den freien, ausgesetzten Höhen. Der Heilbronner Weg hingegen bleibt ab der Kleinen Steinscharte über den Steinschartenkopf (2615 m) und den Bockkarkopf bis zur Nördlichen Bockkarscharte stets dem Grat treu, führt über die höchste Schneide der Allgäuer Alpen, über einen Aussichtsbalkon der Extraklasse.

Ein anspruchsvoller Steig, auf dem Trittsicherheit erforderlich ist.

Fast so berühmt wie dieser Weg ist ein Gipfel oberhalb der Route, die Mädelegabel (2645 m). Wie sie zu diesem Nimbus kam, lässt sich nicht so leicht nachvollziehen. Zwei Dutzend Gipfel der Allgäuer Alpen zeigen interessantere Formen als dieser Felsklotz mit seinen zerborstenen Wänden bis zu 400 m Höhe. Vielleicht erregte der Name besonderes Aufsehen, dabei ist er prosaischer als erwartet. Das Mädele hat nämlich nichts mit einem weiblichen Wesen zu tun, es handelt sich vielmehr um eine kleine Mähwiese unten bei den gleichnamigen Alpen (die inzwischen verfallen sind). Und das hartnäckige Gerücht, hier handele es sich um den Allgäuer Hauptgipfel, ist ganz simpel falsch. Drei Berge ragen – allerdings nur um ein paar Meter – höher auf. Spaß macht hingegen der Aufstieg über den Ostgrat auch ohne angelegten Weg, leichte Kletterei sorgt für einige Würze, der breite Grat für Sicherheit, ist er doch nirgends ausgesetzt.

Der Heilbronner Weg führt selbst über zwei der großen Gipfel, zwei weitere lassen sich im Handstreich mitnehmen. Zur schon erwähnten Mädelegabel steigt man vom Schwarzmilzfernerchen – ein Ewigschneefeld in gut 2400 m Höhe, ein Beweis für den Schneereichtum des Oberallgäus – in etwa 40 Minuten hinauf. Etwa die gleiche zusätzliche Zeit braucht man für den zweithöchsten Berg der Allgäuer Alpen, das Hohe Licht (2651 m), das dem Hauptkamm im Süden vorgebaut ist.

Hier noch ein paar Hinweise für alle, die einen der beiden großen Gipfel ohne Heilbronner Weg besteigen möchten. Für die Mädelegabel könnte man das Waltenbergerhaus (2084 m, DAV, 82 Schlafplätze, 4 Std. Aufstieg) als Zwischenstation wählen, eine noch recht usprüngliche Hütte in eindrucksvoller Umgebung. Den Rückweg nimmt man dann zur Abwechslung über die Kemptner Hütte und durch den Sperrbachtobel. Das Hohe Licht wird meist von der Rappenseehütte aus bestiegen, während der sehr schöne Zugang von Süden durch das Hochalptal bis heute eine Geheimtipp blieb (gut 4 Std. ab der Straße).

Heilbronner Weg

Zur Rappenseehütte (2091 m) siehe Tour 21. Von ihr über die Mattenhänge, dann durch ein Tälchen in die Große Steinscharte (2262 m) und quer über die Böden des Wieslekars an den gegenüberliegenden Bergfuß. Über die Schutthalde und durch eine Rinne zur Abzweigung des Hohen-Licht-Weges. Über ein Band, durch den schmalen Einschnitt des Heilbronner Törls und auf Platten in die Kleine Steinscharte (2541 m) mit überraschendem Blick nach Südosten. In Nähe des plattigen Grates hinauf zu einer Leiter und auf den Steinschartenkopf (2615 m), den höchsten Punkt am Heilbronner Weg.

Über den Grat, dann rechts in der Flanke unter dem Gipfel des Wilden Manns (2577 m, kann leicht »mitgenommen« werden) hindurch und hinab in die Socktalscharte (2446 m), von der ein manchmal noch verschneiter Fluchtweg durchs Hintere Bockkar zum Waltenbergerhaus führt. Weiter über den lang gestreckten, meist sehr ausgeprägten Grat auf Geröll und Fels zum Bockkarkopf (2609 m). Über dessen Nordostgrat hinab, dann mit etwas Auf und Ab über zwei Köpfe und auf einem Band unter auffallenden Überhängen zur Bockkarscharte (2504 m). Hier ist der eigentliche Heilbronner Weg zu Ende, der dank der zahlreichen und vorzüglichen Sicherungen auch an ausgesetzten Stellen gut zu begehen ist.

Blick vom Bockkarkopf zum Hohen Licht

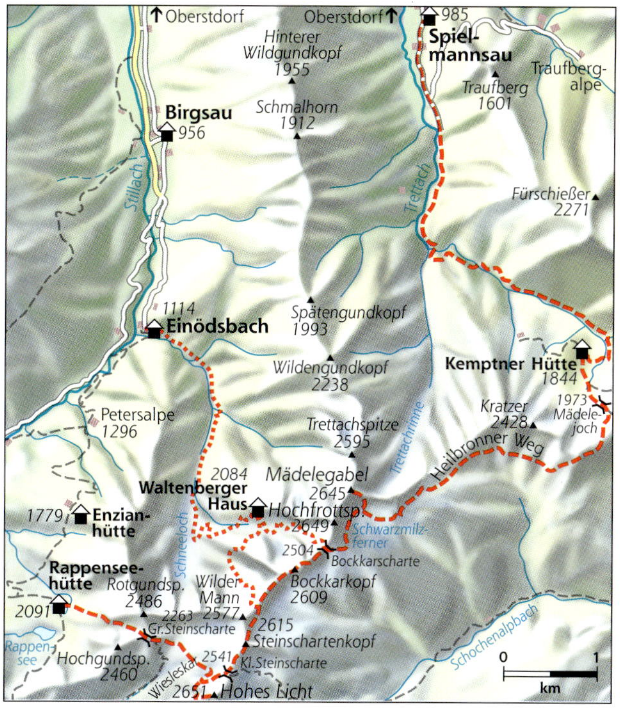

Von der Scharte entweder sehr direkt hinab zum Waltenbergerhaus (2084 m, 4 Std. ab Rappenseehütte) oder weiter zur Kemptner Hütte: durch die Flanke zu einer Ecke und an den Rand des Schwarzmilzfernerchens, einem schneegefülltem Hochkar unter Hochfrottspitze (2648 m) und Mädelegabel (2645 m). Vom dessen Nordostende über Gletscherschliffe und geröllreiche Böden zur Schwarzen Milz mit auffallend dunklem, porösem Gestein und einem faszinierenden Rückblick auf die wilde Trettachspitze (2595 m). Dann unter den bizarren Felsen des Kratzers zu dessen rundem Ostrücken und hinab zur stattlichen Kemptner Hütte (1846 m, 5:30 Std. ab Rappenseehütte).

Von der Hütte langer Abstieg durch den Sperrbachtobel, der sehr tief und wild in das Gelände eingeschnitten ist. Er mündet ins Trettachtal, das anfangs v-förmig ausgebildet ist, dann als begrünter Boden in die Spielmannsau mit ihrem Gasthaus führt. Auf den Fahrwegen noch weit talaus, vorbei am Christlessee, nach Oberstdorf oder zum Renksteg.

Das Hohe Licht (2651 m)

Von der oben erwähnten Abzweigung auf Bändern und über Schuttflächen der Westflanke zum abgerundeten Südwestgrat und auf ihm, in insgesamt knapp 40 Min., auf den Gipfel mit herrlichem Blick in die gewaltigen Lechtaler Alpen. Bei trockenem Fels relativ einfach, nur etwas Trittsicherheit nötig.

Die Mädelegabel (2645 m)

Auf dem beschriebenen Weg zum Schwarzmilzferner (oder dorthin vom Waltenbergerhaus über die Bockkarscharte) und auf Schutt zur Schulter im Ostgrat. Auf dem breiten Rücken in reizvoller, einfacher Kletterei (I) in etwa 40 Min. auf den Gipfel. Weites Panorama und Tiefblick auf Einödsbach.

Unterhalb der Hochfrottspitze führt der Heilbronner Weg entlang.

23 Söllereck–Riezlern–Breitachklamm

Die ungewöhnliche Runde

Höhen, weite Ausblicke, dazu die tiefsten Tiefen, lebhafter Ferientrubel und relative Stille – alles in einem einzigen »Superpack«! Unter Söllereck und Söllerkopf, zwei Bergen des Fellhornkamms, zieht sich zwischen 1300 und 1400 m Höhe eine freie Terrasse hin, ein echter Aussichtsbalkon »himmelhoch« über Riezlern, dem ersten Ort im Kleinwalsertal. Jeder erreicht dank der Söllereckbahn mühelos den entsprechenden Panorama-Wanderweg. Dass unter den in der Tiefe sichtbaren Wiesenflächen und Häusern das Gelände dann noch einmal 100 m tief abfällt, lässt sich von hier oben nicht einmal ahnen. Doch bevor wir uns später in diese Unterwelt begeben, kommen wir noch in eine völlig andere Welt: Wir berühren den Ferienort Riezlern mit seinem stets sehr lebhaften Treiben.

Die Breitachklamm ist wohl – mit Recht – das beliebteste Ausflugsziel im gesamten Allgäu; im Winter wird das Erlebnis bei einer Begehung noch viel eindrucksvoller.

Sozusagen verborgen vor der Öffentlichkeit fließt tief unter dem Ort die Breitach in einem stets als Tobel eingeschnittenen Tal. Ein Wanderweg zieht am Ufer entlang talaus, folgt all den kleinen Krümmungen dieses Einschnitts. Während die seitlichen Steilhänge eher an das Wort Urwald denken lassen, ist der Bach meist in einem malerischen Felsbett unterwegs, das oft zu steinernen Bobbahnen ausgefräßt wurde.

Aber diese Schlucht dient nur als eine Art Ouvertüre für den folgenden Abschnitt, die weltberühmte Breitachklamm. Sie verkörpert das Idealbild einer Schlucht im Kalk mit jenen muschelförmig ausgewaschenen wie polierten Wänden. Diese sind senkrecht, manchmal auch überhängend und wachsen bis zu 100 m hoch empor. Über knapp eineinhalb Kilometer zieht sich diese Klamm mit vielen kurzen Windungen hin. An den engsten Stellen klaffen die Wände nur wenige Meter, und der Besucher unten auf dem Klammweg kann dann keinen Himmel mehr sehen. Laut tost die Breitach meist knapp unter dem an und in den Fels kunstvoll gebauten Steig. Wie in allen Klammen staubt das Wasser kleiner Nebenbäche über die Wände herab – eine Warnung für alle Personen mit »verderblichen« Frisuren.

Eine besonders widerstandsfähige Schicht aus Schrattenkalk stellte sich in diesem Bereich der Breitach – der Name bedeutet nichts anderes als »breite Ache« – als Hindernis in den Weg, jedoch nicht als unüberwindliche Barriere: In Jahrtausenden schnitt sich der wasserreiche Bach in den kompakten Fels ein und schuf so die heutige Klamm.

In unseren Tagen besuchen Millionen dieses Naturschauspiel, doch unsere Vorfahren empfanden die Klamm nur als »erschröcklich«. Schon lang überspannte eine Brücke die schmalste Stelle am Oberrand der Schlucht, die so genannte Zwing. Einst war der Zwingsteg äußerst bescheiden und er regte die Phantasie der Schreibenden an. »Die schreckliche Schlucht ist 36 Klafter tief und oben kaum zwölf Schuh breit. Schauererregend ist der Blick in diesen Abgrund, aber fast noch schauerlicher war die Passage über denselben. Es führte nämlich ein elender nur drei Fuß breiter Steg, der aus zwei Längen Holz gefertigt war, über die grausige Tiefe.« Ein Klafter entspricht der Armspanne bei einem erwachsenen Mann, also etwa 1,75 m, ein Fuß etwa 30 cm. Die Angabe stimmt gut mit der wirklichen Höhe überein, ein Wunder in jener Zeit, in der den Übertreibungen kaum Grenzen gesetzt waren.

Der Pfarrer Johann Schiebel aus Tiefenbach war der Initiator für den Bau des Klammwegs, ein Plan, der 1901 zwangsläufig auf harten Widerstand treffen musste. Erst nach der Gründung eines Breitachklammvereins und zähen Verhandlungen mit den Anliegern konnten die Arbeiten in Angriff genommen werden. Für diese Zeit wahrlich eine kühne Baustelle im senkrechten Fels! 1905 wurde die Einweihung mit Pomp gefeiert, und der Erfolg gab dem Herrn Pfarrer nachträglich Recht.

Mancher Wanderer auf unserer Route braucht vielleicht eine Stärkung beim Klammausgang am Kiosk oder im Gasthaus. Hier ergibt sich nämlich eine erstaunliche Situation: Er ist nur 900 m vom Parkplatz

Blick von Nordwesten auf den Schlappoldkopf, den unsere Route auf halber Höhe quert.

der Söllereckbahn entfernt und braucht doch gut 1:15 Std., um dort oben einzutrudeln. Das Gelände im Gebirge zwingt nicht selten zu so großen Umwegen! Es gäbe allerdings auch eine ganz bequeme Möglichkeit: mit dem Bus nach Oberstdorf und von dort mit einem weiteren Bus zum Ausgangspunkt zurück.

Söllereckbahn und Riezlern

Mit der Bahn zur Bergstation (1350 m, nebenan das Gasthaus Schönblick). Auf dem breiten Weg schräg

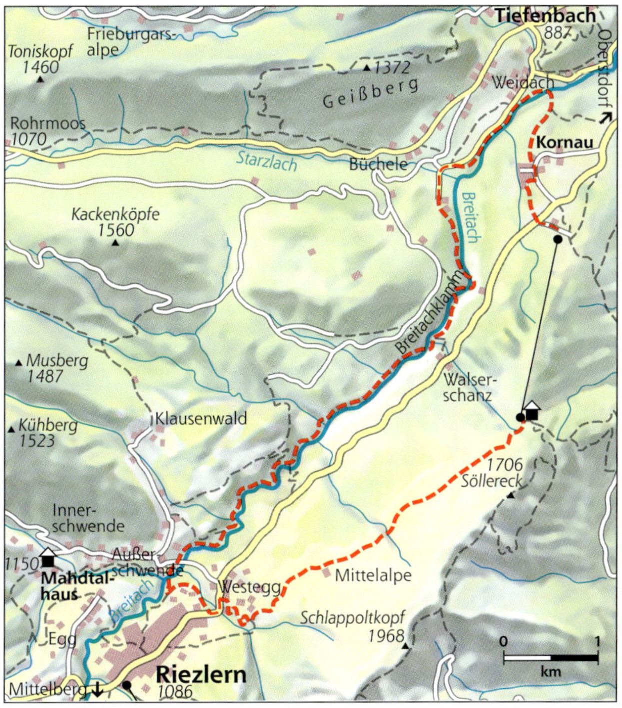

rechts aufwärts, dann etwa eben über die Weideflächen zur Landesgrenze. Kurz durch Wald und leicht abwärts über die Flächen des Walser Älpele zur Amannsalpe (1344 m) und weiter über Hänge und Böden zur bewirtschafteten Mittelalpe (1303 m). Nun kräftiger abwärts über die Wiesen zu den sehr schön am Hang gelegenen Häusern von Westegg und auf Schloss- und Söllerweg hinab nach Unterwestegg (1070 m), einem Ortsteil von Riezlern.

Durch die Breitachklamm und Rückweg

In Unterwestegg auf der Walserstraße nach links über die Schmiedebachbrücke und danach gleich wieder rechts. Zwischen den letzten Häusern hindurch, dann über eine hohe Stufe hinab zur Breitach, wo man auf die alte Schwende-Straße trifft. Nahe der Einmündung des Schwarzwassers über die Breitach und bald danach Abzweigung des Fußwegs. Auf ihm immer auf der linken Flussseite bleibend meist in der Nähe des Wassers weit talaus, bis von rechts der Steig von der Walserschanze einmündet. Nun durch die berühmte und bei den Besuchern sehr beliebte Breitachklamm mit ihren malerischen Engstellen, bis man an ihrem Ende auf den Großparkplatz mit Gasthaus kommt.

Vom Gasthaus auf der Straße 300 m bis hinter die Brücke über die Starzlach. Dann auf den Fußwegen rechts der Straße durch Auwälder bis auf die Höhe der ersten Häuser von Weidach. Hier rechts über die Breitach (805 m), durch ein Tälchen zu den Wiesenflächen hinauf und in das Dorf Kornau (915 m). Bei der Kapelle halb rechts, bald danach wieder links und dann immer gerade empor zum Ausgangspunkt.

Tourensteckbrief

TALORT, ZUFAHRT: *Oberstdorf (813 m), berühmter Ferienort im weiten Talkessel der Iller, ganz zentrale Lage in den Oberallgäuer Bergen. Mühelose Zufahrt auf der B 19. Bahnhof.*

AUSGANGSPUNKT: *Auf der Strecke Richtung Kleinwalsertal etwa 3 km zum großen Parkplatz (997 m) nahe der Söllereckbahn.*

EINKEHR: *Mehrere Gasthäuser und Almen unterwegs und in Riezlern.*

GEHZEITEN: *Söllereckbahn – Unterwestegg 1:15 Std., Weiterweg durch die Breitachklamm reichlich 2 Std., Rückweg 1:15 Std.*

STEIGUNG: *Insgesamt etwa 280 Hm.*

ANFORDERUNGEN, CHARAKTER: *Kleinere und größere Wege, keine schwierigen Stellen.*

FÜR KINDER: *Für sie ist der Besuch der Breitachklamm mit Abstand am interessantesten; gesamte Route reichlich lang.*

DAS BESONDERE: *Eine der eindrucksvollsten Klammen überhaupt, zudem – als Kontrast – Panoramaweg »himmelhoch« über dem Tal der Breitach.*

24 Kanzelwand und Fiderepass

Tourensteckbrief

TALORT, ZUFAHRT: *Riezlern (1086 m), auf einer Terrasse hoch über der Breitach gelegener, sehr beliebter Ferienort mit vielen Geschäften, Gasthäusern, einem Spielkasino usw. Gute Zufahrtsstraße aus dem Oberallgäu. Busverkehr von Oberstdorf.*
AUSGANGSPUNKT: *Talstation der Kanzelwandbahn im Westen des Ortes.*
HÜTTEN, EINKEHR: *Fiderepasshütte (2067 m), DAV, 110 Schlafplätze; zudem Restaurant mit Terrasse an der Bergstation.*
GEHZEITEN: *Zur Kanzelwand 25 Min., auf den Schüsser 1:20 Std., von der Bahn zum Fiderepass 2:15 Std.*
STEIGUNGEN: *Kanzelwand 130 Hm, Schüsser 240 Hm, Fiderepasshütte 480 Hm.*
ANFORDERUNGEN, CHARAKTER: *Zur Kanzelwand »Allerweltsausflug«, von dort auf den Schüsser anspruchsvoller Schrofengrat mit Steigspuren, Trittsicherheit wichtig. Zur Hütte Bergwege.*
FÜR KINDER: *Kanzelwand ein idealer, naher Kinderberg; mit größeren, erfahrenen Kindern ist der Übergang zum Schüsser eine spannende Aufgabe.*
DAS BESONDERE: *Ausgesprochen interessante, stark zerklüftete Felsgipfel direkt über den Steigen.*

Ein reiches, buntes Angebot mit Hütte und Gipfeln

Qual der Wahl! Zwei große Bergbahnen, eine Alpenvereinshütte in schönster Lage, ein Blumenberg der Extraklasse, eine Kette markanter Felsgipfel und ein ganzes Netz von Wegen und alpinen Steigen – all das bietet der Kamm von Fellhorn und Hammerspitzen. Hier sollen die verschiedenen Möglichkeiten wenigstens angedeutet werden, vielleicht stellt dann mancher seine Tour etwas anders zusammen als unsere Rundwanderung von der Kanzelwandbahn zum Fiderepass mit seiner Hütte und zurück zur Bahn.

Bei dem Wort »Fellhornkamm« bekommen die Wissenden große Augen. Diesen etwa 3 km langen Bergzug baut ein Gestein mit der Bezeichnung Flysch auf, das für üppigste Vegetation bekannt ist. Von der Bergstation der großen Seilbahn erreicht man in zehn Minuten das 2038 m hohe Fellhorn selbst und folgt von dort aus – himmelhoch über Kleinwalsertal und Stillachtal – stets dem Kamm über den Schlappoldkopf bis zum Söllereck und bewegt sich dabei inmitten üppigster Vegetation mit den typischen strauchartigen Grünerlen und einer außergewöhnlichen Blumenvielfalt. Ein paar Arten seien erwähnt: Gelber-, Punktierter- und Purpurenzian, Alpenrosen, Preisel- und Heidelbeeren, Arnika, Orangerotes Habichtskraut, Türkenbund, Kohlröschen, Arnika … Die schönste Zeit für diese Tour sind der Juni und der frühe Juli.

Eine Kleinkabinen-Seilbahn kommt von Riezlern im Kleinwalsertal herauf, die nach einem kleinen, aber doch markant-felsigen Gipfel, der Kanzelwand (2058 m), benannt ist. In 25 Minuten steigt jedermann

Auf den nährstoffreichen Böden der Allgäuer Alpen wächst der Türkenbund selbst noch in Höhen von 1800 m.

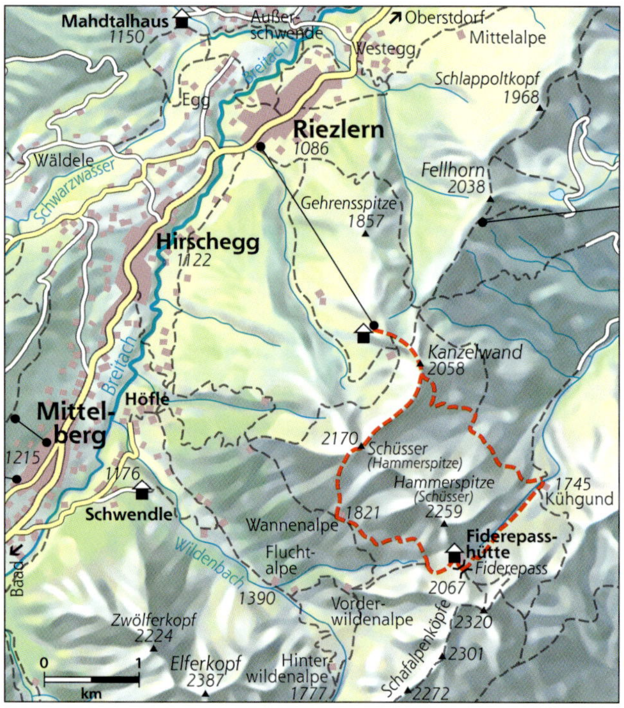

dort hinauf, zuerst auf einem ordentlichen Bergweg, dann in recht steinigem Gelände hinter der Gratkante. Dort lassen sich dann besondere Studien treiben: Mancher unerfahrene Seilbahngast krabbelt auf allen Vieren, oft von einem echten Vierbeiner begleitet, über dieses an sich noch einfache Gelände hinauf und hinab; Bergsteigen will eben auch gelernt sein!

Der Grat zieht dann weiter nach Südwesten zum nächsten, mächtigeren Gipfel, einem Kegel aus Schrofen mit tief eingeschnittenen Wasserrunsen. Deshalb passt auch für diesen Berg einzig der Allgäuer Name »Schüsser«; es gibt nämlich noch die österreichische Bezeichnung Hammerspitze, die die Deutschen wiederum für das folgende, sehr eindrucksvolle Felsmassiv – mit Recht – verwenden. Von der Kanzelwand führt ein Steiglein hinüber zum Schüsser, auf dem man so manche Schrofenstelle (Schwierigkeitsgrad I, teilweise brüchig) mit einiger leichter Kletterei überlisten muss.

Reich an schönsten Ausblicken ist schließlich die wesentliche Tour dieses Kapitels, eine Rundwanderung mit dem Ziel Fiderepasshütte, die an sehr schöner Stelle über dem gleichnamigen Joch steht. Eindrucksvollste Felspartien begleiten den Wanderer fast auf der ganzen Route, stehen doch wilde Gipfel wie Hammerspitzen (2260 m), Saubuckelkopf oder Schafalpenköpfe (2320 m) steil und unmittelbar über den Pfaden. Der Rückweg über den Schüsser stellt dann etwas höhere Anforderungen, deshalb steigt mancher vom Fiderepass vielleicht lieber durch das Wildental nach Schwendle und Mittelberg ab.

Kanzelwand und Schüsser

Von der Bergstation (1950 m) der Kanzelwandbahn in einen nahen, breiten Sattel hinab und auf gutem Steig über die Hänge am Fuß der Felsen empor und nach rechts in eine Lücke im Hauptkamm. Nach

Norden über die steinige Fläche hinauf zum Gipfelkreuz auf der Kanzelwand (2058 m, 25 Min., steinig, aber doch einfach).

Zurück in die Lücke und noch wenige Meter hinab zu einer Verzweigung. Jetzt auf einem relativ stillen Pfad stets auf dem Grat auf einen 2050 m hohen Kopf und von ihm dann wieder hinab in eine tief eingeschnittene Scharte (1972 m). Auf dem Weg ein Stück erst links, dann rechts des Grates empor und weiter auf die Steigspuren achtend immer nahe der Schrofenschneide zu einem kleinen Absatz etwa in Gratmitte. Dort nicht – wie ein Weglein den Bergsteiger verführen möchte – in die rechte Flanke, sondern meist nahe der Schneide über einige Felsstufen bis auf eine bequeme Schulter, wo von rechts ein weiterer Steig einmündet. Über dem nun einfachen Grat zum Kreuz auf dem Schüsser (2170 m, ab Kanzelwand knapp 1 Std., Trittsicherheit und alpine Erfahrung trotz der Steigspuren notwendig).

Abstieg: Zurück auf die Schulter, dann in den Hängen der linken Seite über die steile Flanke hinab, nach links über eine Rinne, dann auf Karst und Gras in den Sattel vor der Kuhgehrenspitze. Rechts hinab und in üppig bewachsenem Gelände in weitem Bogen zurück ins Bergbahngebiet (deutlich einfacher als der Aufstiegsweg).

Über die Kanzelwand zum Fiderepass

Wie beschrieben in die Lücke an der Kanzelwand. Auf der anderen Gratseite über teilweise steile Grashänge und Mulden auf stark ausgetretenem Steig ziemlich weit hinab nach Rossgund (1700 m). Nach rechts über einen kleinen Boden, anschließend quer durch steile Hänge und wieder etwas aufwärts auf die Geländekante (1745 m) von Kühgund. Über einen reizvollen, von hohen Wänden begleiteten Boden sanft empor, dann über eine steile Stufe zum Kamm schon etwas oberhalb des Fiderepasses und nach rechts zur gleichnamigen Hütte (2067 m, 2:15 Std. ab der Bahn, Bergwege).

Fiderepass – Schüsser – Seilbahn

Von der Hütte nach Westen auf Böden, dann über eine kurze Stufe hinab. Bei der Verzweigung rechts und unter den eindrucksvollen Wänden der Hammerspitzen über Gras, zwischen Latschen und Blöcken zur zugewucherten Wannealpe (1821 m). Hier nach rechts oben abbiegen und über steile Grashänge, später auf dem ebenfalls grünen Südwestrücken auf den Schüsser. Von dort zur Kanzelwandbahn wie oben beschrieben (ab Hütte knapp 2:30 Std., kleinere Steige, nebelfreies Wetter wichtig).

Hammerspitzen (in Österreich Schüsser genannt), hier die Nordostwände über dem Warmatsgund, so heißt das auffallendste Massiv zwischen Kanzelwand und Fiderepass.

25 Mindelheimer Klettersteig

Via Ferrata über die Schafalpenköpfe

So wie den Mindelheimer Klettersteig stellt man sich einen modernen »Eisenweg« vor. Statt senkrechter, beängstigend glatter, wegen Steinschlag gefährlicher Riesenwände rasch wechselnde Felsszenerien mit Türmchen, Wandstufen, Schluchten, Kaminen und dazwischen auch gemütlichen Bummelstrecken, bei denen Zeit bleibt, die Bergwelt rundum zu bewundern. Und wo findet man sonst einen Klettersteig, der gleich vier wuchtige, durchaus selbstständige Gipfel überquert! Zudem wurden die Sicherungen mit Geschick angebracht und damit bleiben die Schwierigkeiten im mittleren Bereich. Eine echte Allgäu-»Spezialität« kann aber auch für Unangenehmes auf dieser Route sorgen: Durch den starken Bewuchs und die viele Erde kommt es bei Nässe zu arger Rutscherei.

Fährt man im Kleinwalsertal von Hirschegg nach Mittelberg, so öffnet sich bald der Blick nach Südosten ins Wildental mit seinem unverwechselbaren Hintergrund. Dort stehen drei kantig-wuchtige Gipfel nebeneinander, typische Berge aus Hauptdolomit, jeweils mit zerklüftetem, aber nicht allzu hohem Felsaufbau, mit Schuttrinnen, Geröllfeldern und

Auf dem Mindelheimer Klettersteig am Südlichen Schafalpenkopf

Graspleisen. Das sind die Schafalpenköpfe (2320 m). Über den obersten First dieses Grates, der zusammen mit dem benachbarten Kemptnerköpfle immerhin 2,4 km Länge misst, führt der Mindelheimer Klettersteig. Jeder kann sich die Fernblicke, die ständige Begleiter auf diesem hohe Kamm sind, selbst ausmalen; Trettachspitze, Mädelegabel und Biberkopf fallen dabei besonders ins Auge.

Bis 1975 interessierte sich kaum einer für diese nicht gerade spektakulären, aber doch interessanten Gipfel; für den Bergwanderer waren die weglosen Schrofenflanken, über die die einfachsten Anstiege führen, viel zu anspruchsvoll, den Kletterern die Grate mit dem splittrigen Fels zu unattraktiv. So blieben Schafe, Gemsen und später auch Steinböcke fast die einzigen Gäste. Mit dem Bau unseres Klettersteigs wurden die Schafalpenköpfe dann jäh aus ihrem Dornröschenschlaf gerissen. Das löste die fast schon zwangsläufige Debatte über »Naturzerstörung« usw. aus, die hier einen skurrilen Höhepunkt erreichte: Unbekannte zerstörten mehrmals wesentliche Teile der Anlage, sehr zum Kummer der Alpenvereinssektion Mindelheim, die mit viel Geld und Zeit die Schäden beheben musste. Welche Blüten doch der Fanatismus zu treiben vermag!

In der Literatur werden oft die – recht holperigen – »Vornamen« Nordwestlicher, Mittlerer und Südwestlicher Schafalpenkopf verwendet. Die Österreichische Karte hingegen bringt: Erster, Zweiter, Dritter Schafalpenkopf, wobei erstaunlicherweise der niedrigste und unauffälligste Gipfel als der Erste bezeichnet wird. Einfacher und besser zu den Umständen passend ist unsere Aufteilung in Höchsten, Mittleren und Südlichen Schafalpenkopf.

Man kann nur recht umständlich zum Einstieg an diesem sehr reizvollen Klettersteig gelangen, auf dem trotzdem oft so viele Menschen unterwegs sind, dass es zu regelrechten Staus kommt. Die schönsten Eindrücke vermittelt folgende Zugangsmöglichkeit: Man fährt von Riezlern mit der Kanzelwandbahn und wandert dann an der Kanzelwand vorbei und über die Kühgundalpe zum Fiderepass, wenn man nicht die noch viel spannendere Route über den Schüsser begehen will, die bei Tour 24 in der umgekehrten Richtung beschrieben wird. Ein Aufstieg durchs Wildental zum Fiderepass (2:30 Std.) hat hingegen den Vorteil, dass man nach der Tour wieder bei seinem Auto herauskommt.

Ein Tipp für den reinen Bergwanderer: Der dreistündige Aufstieg durchs Wildental und über die Kemptnerscharte (2108 m) zur Mindelheimer Hütte (2013 m) steckt voller Abwechslung und Spannung.

Zum Fiderepass

Zugänge zu Pass und Hütte lesen Sie bitte bei Tour 24 nach. Mindelheimer Klettersteig: Von der Fiderepasshütte kurz hinab und gegenüber auf dem Geröllhang hinauf, dann nach links zwischen Felsen in die Fiderescharte im Hauptkamm. Auf und knapp neben dem Grat an den hohen, breiten Gipfelaufbau des Höchsten Schafalpenkopfes (2320 m) heran, der in der Flanke mit einer Reihe von Sicherungen überwunden wird. Beim folgenden Abschnitt sind eine Leiter, eine luftige Metallbrücke und eine fast senkrechte Felsstufe, über die eine Reihe von Klammern in die tiefste Scharte (2180 m) hinabführt, das Auffallendste.

Nach der Scharte wieder aufwärts über schönen plattigen Fels mit einer ausgesetzten Querung und zum Gipfelgrat, der aus kleinen Türmchen besteht (die man teilweise rechts umgeht). Dann über ihn auf den Mittleren Schafalpenkopf (2301 m). Links der Kante bequem hinab bis zu einem Abbruch. In der linken Flanke erst auf einem Steig, dann mit Hilfe von ein paar Stiften über Fels in die zweite tiefe Scharte (2170 m).

Meist in der rechten Flanke über Bänder, kleine Stufen und durch einen engen Schlupf, am Schluss dann auf die andere Gratseite und auf den Gipfel des Südlichen Schafalpenkopfes (2272 m). Über dessen Südgrat mit noch einer spannenden Klettersteig-Passage in eine dritte Lücke (2110 m). Kurzer Gegenanstieg auf das Kemptnerköpfle (2191 m) und hinab in die gleichnamige Scharte (2108 m) und entweder nach links zur nahen, sehr schön gelegenen Mindelheimer Hütte und gleich nach rechts ins Wildental.

Abstieg durchs Wildental

Von der Kemptnerscharte auf der Nordseite auf breitem Steig in ziemlich felsigem Gelände (Drahtseil) über eine Stufe hinab, dann auf dem begrünten Trümmerhang in Kehren in das von Wänden überragte Tälchen und mit kleinem Gegenanstieg zur wenig attraktiven Hinterwildenalpe (1777 m). Über eine weitere Stufe – teilweise Buchwerk, schöner Wasserfall – ins Wildental hinab und talaus nach Höfle (Gasthäuser, Bus).

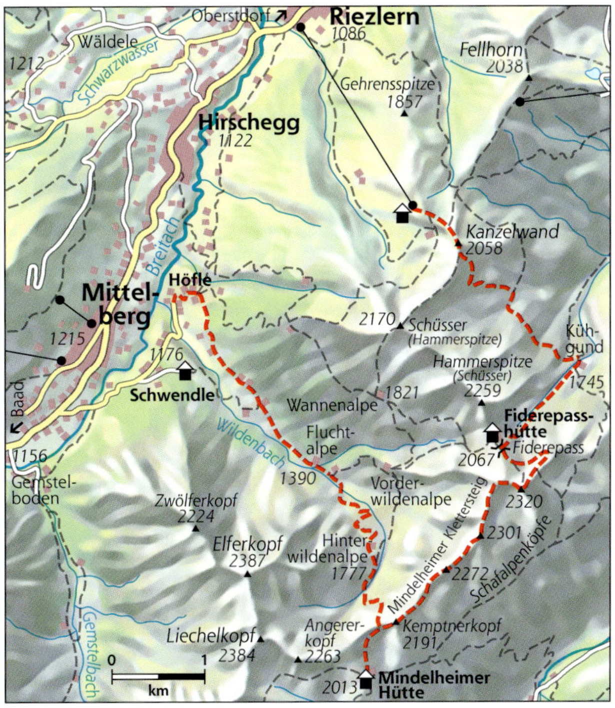

Tourensteckbrief

TALORT, ZUFAHRT: *Riezlern (1086 m), auf einer Terrasse hoch über der Breitach gelegener, sehr beliebter Ferienort mit vielen Geschäften, Gasthäusern, einem Spielkasino usw. Gute Zufahrtsstraße aus dem Oberallgäu. Busverkehr von Oberstdorf.*

AUSGANGSPUNKT: *Talstation der Kanzelwandbahn im Westen des Ortes.*

HÜTTEN, EINKEHR: *Fiderepasshütte (2067 m), DAV, 110 Schlafplätze; Mindelheimer Hütte (2013 m), DAV, 150 Schlafplätze; Jausenstation Fluchtalpe im Wildental.*

GEHZEITEN: *Von der Bahn zum Fiderepass 2:15 Std. Mindelheimer Klettersteig bis zur Kemptnerscharte etwa 3 Std.*

ANFORDERUNG, CHARAKTER: *Klettersteig mittlerer Schwierigkeit mit ausgesetzten Stellen, viel begangen, bei Nässe rutschig.*

FÜR KINDER: *Viel zu weit.*

DAS BESONDERE: *Einer der reizvollsten Klettersteige überhaupt, sehr abwechslungsreich, gut gesichert, Überschreitung von vier Gipfeln, sehr schöne Ausblicke.*

26 Gemstel und Bärgunt

Tourensteckbrief

TALORT, ZUFAHRT: *Mittelberg (1215 m), Ferienort im inneren Kleinwalsertal mit herrlicher Bergkulisse. Gute Zufahrt aus dem Oberallgäu. Auch Buslinie ab Oberstdorf.*
AUSGANGSPUNKT: *Von Mittelberg 3 km nach Baad mit Großparkplatz (1220 m) unterhalb der Häuser.*
HÜTTEN, EINKEHR: *Bewirtschaftete Hütten im Bärgunt (1394 m) und im Gemsteltal (1320 m); zudem Widdersteinhütte (2009 m, privat, 25 Schlafplätze).*
GEHZEITEN: *Zur Bärgunthütte 40 Min., zum Gemstelalpe 50 Min., von Baad zur Widdersteinhütte reichlich 3 Std.*
STEIGUNGEN: *Zur Bärgunthütte und zur Gemstelalpe je 180 Hm, zur Widdersteinhütte 800 Hm.*
ANFORDERUNG, CHARAKTER: *Bis zu den beiden Almen bequeme Alpwege.ohne anstrengende Steigungen, dann Bergwege, teilweise steinig und bei Nässe rutschig.*
ZUSÄTZLICHER GIPFEL: *Widderstein (2533 m).*
FÜR KINDER: *Zu den Almen problemlos, zur Bärgunthütte etwas abwechslungsreicher.*
DAS BESONDERE: *Typische Täler der Allgäuer Alpen mit eindrucksvoller Umrahmung, viele Blumen, große, spannende, schon etwas anspruchsvollere Rundtour.*

Im Reich des gewaltigen Widdersteins

Einzelne Gipfel ragen immer wieder besonders auffallend über ihrer Region auf, bilden den absoluten Blickfang wie etwa der Grünten über dem Alpenvorland, das Rubihorn im Bereich des mittleren Illertals oder der Hochvogel über Hinterhornbach. Aber es gibt keinen zweiten Berg, der sich so in Szene zu setzen versteht wie der Widderstein (2533 m). Er beherrscht nicht nur die Landschaft um den Hochtannbergpass, sondern auch das Kleinwalsertal ab Hirschegg. Als urgewaltiges Felskastell mit kilometerlangem Ostgrat und hohen Wänden dominiert er gegenüber allen anderen Gipfeln des Tales.

Unsinnig ist die Bezeichnung »Großer« Widderstein, die man immer wieder lesen muss. Es gibt zwar einen Kleinen Widderstein, eine reizvolle Zackenkrone im Nordosten unseres Berges, doch dieser selbst wird ausschließlich als Widderstein »angesprochen«, wie das bei so beherrschenden Gestalten üblich ist. Auch bei unserer heutigen Tour, mögen wir sie anpacken und durchführen wie wir wollen, ist sozusagen seine Majestät allgegenwärtig. Auf beiden Seiten des Massivs sind tiefe Täler eingeschnitten, im Nordosten das Gemsteltal, im Nordwesten das Bärgunt, und auch auf allen Wegen dort ist der Widderstein Blickfang und Fotomotiv.

Die beiden Täler haben manche Gemeinsamkeit. So füllen den unteren Bereich meist schmale Weideböden mit einigen Alphütten, die im Bärgunt ganz »brav« Widdersteinalpen heißen, im Nachbartal jedoch recht unaussprechbare Namen wie Berhardsgemstelalpe oder Tonisgemstelalpe tragen. In den Tälern steht auch je ein kleines, entsprechend ausgestattetes Berggasthaus, die urige (Unter-)Gemstelalpe (1320 m) und die neu errichtete Bärgunthütte (1391 m), die an schönen Tagen die Gäste in Scharen anziehen.

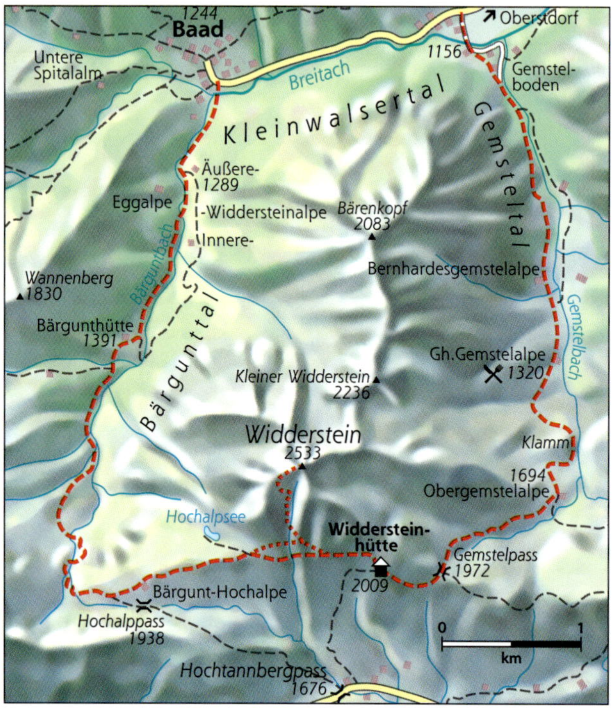

Beim heutigen Tourenvorschlag gibt es gewissermaßen eine erste, eine zweite, eine dritte und eventuell sogar eine vierte Stufe. Ganz bequeme Ausflüge, bei denen man auf kleinen Alpsträßchen unterwegs ist, bieten die beiden Einkehrstationen. Da die Zugänge keine Stunde beanspruchen, bleibt Kraft und Muße für weitere Erkundigungen. Im Gemsteltal folgt gleich hinter der bewirtschafteten Hütte eine gut 200 m hohe, mit Felsfluhen durchsetzte Steilstufe. Steigt man dort etwa 45 Minuten bergauf, kommt man zum »Gsprengten Weg« und damit zu einer wilden Klamm, in der sich der Gemstelbach in die Tiefe stürzt. Drüben im Bärgunt gibt es oberhalb der Jausenstation kein so markantes Ziel. Die auffallend urwüchsige Landschaft begeistert im Frühjahr mit all ihren Blumen, im Herbst mit besonders bunten Farben. Einen reizvollen Lagerplatz bietet ein grüner Boden in 1700 m Höhe, über dem wie ein Schiffsbug aus Fels der Ostgrat-Abbruch am Heiterberg imponiert.

Bei der dritten Stufe schließt sich der Kreis um den Widderstein, ergibt doch ein Aufstieg durchs Bärgunt zu Hochalpsattel und Widdersteinhütte und der Rückweg durchs Gemsteltal eine Rundtour voller Abwechslung und Überraschungen, auf der man jedoch etwa sechs Stunden unterwegs ist. Ja, zusammen mit der vierten Stufe wird das Unternehmen richtig großzügig und anspruchsvoll, wenn man nämlich zusätzlich dem Widderstein-Gipfel einen Besuch abstattet.

Eine Anregung: Das Unternehmen Widderstein lässt sich in reizvoller Weise noch ergänzen. Man kann durchs Wildental zur Mindelheimer Hütte (2013 m) hinaufsteigen, am nächsten Tag über die eigenartig gewellte Hochfläche des Koblat den Gemstelpass erreichen, den Widderstein (mindestens 3:30 Std. ab Hütte) besteigen und durch eines der beiden Täler wieder ins Kleinwalsertal zurückkehren.

Zur Gemstelalpe: Parkplatz (1160 m; Gebühr) bei den letzten Häusern auf dem Talboden von Bödmen. 300 m an der Breitach entlang, über die Brücke und auf den Gemstelboden. Flach zum Waldrand und nun beliebig auf einem der beiden breiten Wege entweder links oder rechts des Gemstelbachs weiter nach Süden auf einen schönen Talboden, über dem besonders gewaltig die Steilgrashänge aufragen; am Elfer sind sie 1100 m hoch, und entsprechend gewaltige Lawinen gibt es hier im Frühjahr. Am Hinterende des Bodens liegt die bewirtschaftete Gemstelalpe (1320 m, 50 Min.).

Zur Bärgunthütte: Gleich hinter dem Parkplatz in Baad über die Breitachbrücke und auf dem Alpsträßchen links des Bärguntbachs zwischen Bäumen taleinwärts zur Verzweigung. Nun entweder auf dem linken Weg – viel aussichtsreicher, aber etwas länger – auf freien Weideflächen an den Widdersteinalpen vorbei zur Bärgunthütte (1394 m, 40 Min.) oder dorthin immer im Bachtal auf dem direkten Weg. Die Hütte liegt auf einer großen Lichtung mit sehr schönem Blick auf den Widderstein.

Rund um den Widderstein

Von der Bärgunthütte (1391 m, s. o.) über die Wiese zum nahen Waldrand und hier über den vom Üntschenpass herabkommenden Bach. Zwischen Bäumen und Buschwerk über dem Bärguntbach entlang talein, dann über eine hohe Stufe zu einem Boden mit schönen hellen Felsen darüber. Von rechts nach links über eine weitere Stufe in den üppig bewachsenen Kessel am Nordfuß des Höferbergs. In einem Bogen weiter bergauf bis zu einer Verzweigung nahe dem Hochalppass. Auf dem oberen Steig über die begrünte Kuppe des Seekopfs (2039 m) in den folgenden Sattel mit Wegverzweigung – links etwas tiefer der Hochalpsee, über dem gewaltig die Widderstein-Westwand aufragt. Nun entweder auf den Widderstein (2533 m, 1:30 Std., Trittsicherheit wichtig), wie bei Tour 43 beschrieben, oder quer durch den Hang zur nahen Widdersteinhütte (2009 m, mindestens 3 Std. ab Baad).

Von der Hütte nach Osten in wenigen Minuten in den Gemstelpass (1972 m) und durch das teilweise steinige Hochtal hinab zur Obergemstelalpe (1694 m) auf einem Geländevorsprung. Über Gras und zwischen Latschen hinab zur malerisch-wilden Klamm des Gemstelbachs und über die hohe Steilstufe zum Gasthaus Gemstelalpe (1320 m). Durch das Tal hinaus nach Bödmen. Buslinie von dort nach Baad.

Beim Aufstieg durch das Bärgunttal zum Hochalppass mit Blick auf den Heiterberg

27 Gottesackerplateau und Hoher Ifen

Tourensteckbrief

TALORT, ZUFAHRT: *Riezlern (1086 m), auf einer Terrasse hoch über der Breitach gelegener, sehr beliebter Ferienort mit vielen Geschäften, Gasthäusern, einem Spielkasino usw. Gute Zufahrtsstraße aus dem Oberallgäu. Busverkehr von Oberstdorf.*
AUSGANGSPUNKT: *Am Ortsende nach der Brücke über die Breitach Abzweigung ins Schwarzwassertal, Parken beim Gasthaus Auenhütte (1275 m). Auch Buslinie.*
HÜTTEN, EINKEHR: *Ifenhütte und Bergadler nur Gaststätten, evtl. Schwarzwasserhütte (1620 m, 70 Schlafplätze, Tel. 0664/3412457 (Österreich).*
GEHZEITEN: *Auf den Ifen 2 Std., von dort zur Schwarzwasserhütte 1:30 Std.; auf das Hahnenköpfle 1:30 Std.*
STEIGUNGEN: *Zum Ifen 650 Hm, auf das Hahnenköpfle 420 Hm.*
ANFORDERUNGEN, CHARAKTER: *Zum Ifen im Bereich der Ifenmauer Steilgelände (Drahtseil), dort einige Erfahrung nötig, zum Hahnenköpfle einfach.*
FÜR KINDER: *Beide Gipfel für größere Kinder lohnend.*
DAS BESONDERE: *Hoher Ifen, ein Gipfel von außergewöhnlichem Charakter, Gottesacker, besonders eindrucksvolles, kilometerweites Karstplateau.*

In der Wunderwelt des Karst

Einen Hohen Ifen (2229 m) gibt es nur einmal! Auf einem leicht gewölbten Unterbau lagert eine Riesenplatte aus Schrattenkalk von etwa 100 m Mächtigkeit. Das ergibt folgenden ungewöhnlichen Aufbau: Über den Hängen der »Unterlage« folgt eine oft senkrechte Felsfluh, Ifenmauer genannt, die insgesamt etwa drei Kilometer lang ist. Sie führt nämlich ohne Unterbrechung rund um den Hohen Ifen! Oberhalb dieser Mauer breitet sich ein von Gras überzogenes Dach von etwa 200 m Breite aus, das nach Südosten nur mäßig steil abfällt. Seine nördliche Ecke bildet also den höchsten Gipfel, der wie ein Schiffsbug vorspringt. Das Abschüssige des Unterbaus führt dazu, dass von dieser Auflage immer wieder Felspartien in die Tiefe brechen; das Blockwerk in der Ifenmulde und noch mehr der gewaltige Felssturz zwischen Auenhütte und Galtöde zeigen den Verfall. Das Dach wird also mit der Zeit kleiner!

Gottesacker oder auch Gottesackerplateau – welch eigenartiger Name! Eine etwa zehn Quadratkilometer große Hochfläche aus Karst trägt wegen der Unwirtlichkeit dieser scheinbar lebensfeindlichen Mondlandschaft, wegen des Unbekannten und Beängstigenden für unsere Vorfahren ihren ungewöhnlichen Titel. Eigentlich erwartet man derartig große und ausgeprägte Karstflächen eher in den Berchtesgadener und den Salzburger Alpen, wo ja ganze Berggruppen wie das Steinerne Meer, der Dachstein oder das Tote Gebirge aus riesigen Karststöcken bestehen.

Mit nichts lässt sich der Karst vergleichen. Er bildet weite, völlig unregelmäßige Hochflächen – ohne die übliche Aufteilung in Grate und Täler – ein Gewirr von kleinen und kleinsten Formen wie erstarrte Wellen. Eine völlig andere Art der Verwitterung schafft diese Welt. Üblicherweise zerfällt das Gestein und das Wasser transportiert es dann ab. Beim Karst hingegen wird die Oberfläche auf chemische Weise »angefressen«, und mit der Zeit bilden sich malerische Kleinformen heraus mit Rillen und messerscharfen Kanten, so genannte Karren oder Schratten – wie die Allgäuer und die Schweizer sagen. Das Regenwasser verschwindet stets nach ganz kurzem Lauf in geheimnisvollen Löchern, die als Dolinen bezeichnet werden. Durch ein kilometerlanges Höhlensystem fließt es unterirdisch ab und tritt dann, oft weit entfernt, als Quelle wieder zutage.

Phantasievolle und Verspielte haben viel Spaß an den so eigenwilligen Formen der Schratten, wundern sich über die geheimnisvollen Löcher im Boden und freuen sich an der reichen Blütenpracht, die selbst in diesem scheinbaren Ödland zu finden ist. Schon zwischen der Hütte mit dem kunstvollen Namen Bergadler und dem Hahnenköpfle trifft man auf sehr schön ausgebildeten Karst. Hier kann ihn jeder ohne Probleme und Gefahren bestaunen. Das Hahnenköpfle ist zudem kein eigener Gipfel, eher eine Schulter im Nordostgrat des Hohen Ifen, bei der sich zudem hartnäckig die falsche Höhe von 2143 m hält; richtig ist 2085 m.

Es bildet aber den Oberrand des Gottesackers, und beim Bergadler beginnt die spannende Route über die Karstfläche und dann in weitem Bogen wieder zurück zur Auenhütte. Man sollte auf dem Plateau, auf dem alle markanten Formen fehlen, nur bei

Auf dem Gottesackerplateau findet man sehr schön ausgebildete Karren, hier Schratten genannt; die Felsen des Fotos sind etwa zwei Meter hoch.

zuverlässigem Wetter unterwegs sein; im Nebel kann man sich hoffnungslos verlaufen. Wie in keinem anderen Gelände hängt hier die Gehzeit von der persönlichen Geschicklichkeit ab, erfordert diese raue Oberfläche doch besondere Aufmerksamkeit.

Normalweg zum Hohen Ifen

Mit dem Lift zur Bergstation und zum nahen Berggasthaus Ifenhütte (1586 m). Auf geteertem Weg über einen Hang zum Beginn der Ifenmulde, die von den Felsen der Ifenmauer überragt wird. An der Mulde entlang ein gutes Stück aufwärts, dann nach links in dieses Tälchen bei einigen Blöcken. Drüben über die Geröllhalden zum Steilgelände hinauf.

In der Flanke schräg links weiter empor, hinter einem Zacken durch und weiter zum Oberende der Ifenmauer (Drahtseile). Bequem auf einem Weg über die nur mäßig ansteigenden Grasflächen zum Gipfelkreuz auf dem Hohen Ifen (2229 m, 2 Std.), wo steilste Wände nach Norden abbrechen.

Zur Schwarzwasserhütte

Auf dem Weg vom Gipfel ein paar Minuten über die Grasflächen wieder hinab, bei der Verzweigung dann jedoch genau nach Süden zur Bresche in der Ifenmauer. Über das steinige Gelände hinab (Drahtseile), dann schräg rechts über riesige Geröllflächen und zwischen zerborstenen Türmchen in eine Grasmulde.

Mit etwas Auf und Ab über die gegliederten Weideflächen an der Ifersguntenalpe vorbei nach Süden. Dann über mehrere Gräben und schließlich nach links zur Schwarzwasserhütte (1620 m) des Alpenvereins. Von dort auf dem breiten Hüttenweg hinab in die Melköde mit einem urigen Berggasthof und durch das Tal des Schwarzwassers wieder hinaus zur Auenhütte.

Hahnenköpfle und Gottesacker

Wie oben beschrieben an der Ifenhütte vorbei zur Ifenmulde, an deren rechtem Rand die breit ausgetretenen Wege in den obersten Winkel führen. Wegverzweigung. Dort nach rechts zur ganz nahen, bewirtschafteten Hütte »Bergadler« am Beginn der ausgeprägten Karstflächen. Oder an der Verzweigung geradeaus durch eine kleine Felsgasse und über einen kurzen Grashang zum Kreuz auf dem Hahnenköpfle (2085 m, 1:30 Std.) am Oberrand des kilometerweiten Gottesackers.

Wegbeginn für die Tour über den Gottesacker vor dem Bergadler. Über schöne Karstflächen und eine kleine Geländerippe (Sicherungen). Dann ziemlich genau nach Norden mit einigem Auf und Ab über die wellige Hochfläche zu einer Art weitem Sattel. Hier Abzweigung nach Südosten. Durch eine malerische Felsgasse, später im ausgeprägteren Kürental zur Schneiderkürenhütte. Bald danach im Wald tiefer zu den Häusern von Unterwald und rechts am Gasthaus Küren vorbei nach Oberwald, zum Berghaus Wäldele und über eine bewaldete Kuppe zurück zur Auenhütte.

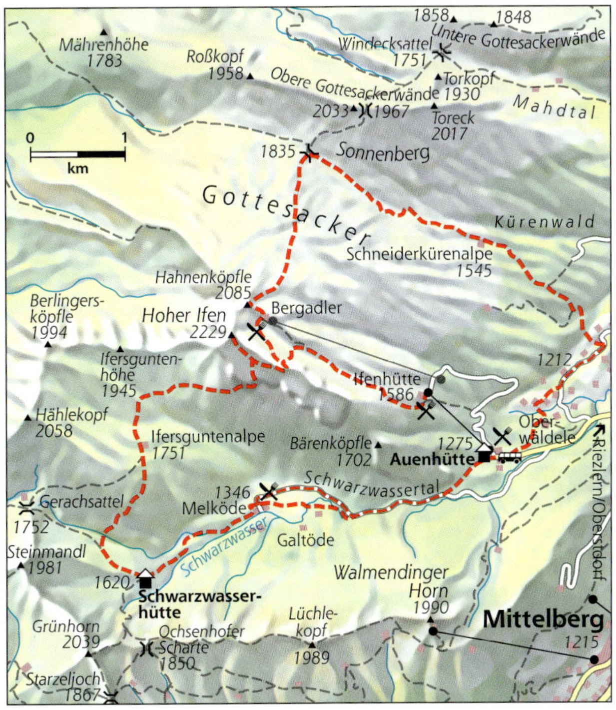

Das typische Erscheinungsbild des Hohen Ifen: auf der einen Seite die grasüberzogene Hochfläche, auf der anderen die senkrechten Felsabbrüche der Ifenmauer.

28 Schwarzwasserhütte und Grünhorn

Tourensteckbrief

TALORT, ZUFAHRT: *Riezlern (1086 m), auf einer Terrasse hoch über der Breitach gelegener, sehr beliebter Ferienort mit vielen Geschäften, Gasthäusern, einem Spielkasino usw. Sehr gute Zufahrtsstraße aus dem Oberallgäu. Busverkehr von Oberstdorf.*
AUSGANGSPUNKT: *Am Ortsende nach der Brücke über die Breitach Abzweigung ins Schwarzwassertal, Parken beim Gasthaus Auenhütte (1275 m). Buslinie.*
HÜTTEN, EINKEHR: *Jause im Gasthaus Melköde; Schwarzwasserhütte (1620 m), DAV, 70 Schlafplätze, Tel. 0664/ 3 41 24 57 (Österreich).*
GEHZEITEN: *Zur Schwarzwasserhütte 1:30 Std., von dort aufs Grünhorn 1:15 Std.; vom Walmendingerhorn zur Hütte 2:30 Std.*
STEIGUNGEN: *Auenhütte – Schwarzwasserhütte 360 Hm, zum Grünhorn 430 Hm.*
ANFORDERUNGEN, CHARAKTER: *Zur Hütte breite Wege, auf den Graten teilweise nur ganz kleine Pfade, Trittsicherheit nötig.*
ZUSÄTZLICHER GIPFEL: *Evtl. Gratübergang zum Hochstarzel (1974 m).*
FÜR KINDER: *Interessant das Bett des Schwarzwassers, vor allem aber der Felssturz mit den gewaltigen Blöcken.*
DAS BESONDERE: *Spannende Grattouren inmitten üppigster Flora, sehr reicher Blumenschmuck.*

Welt der Grasberge im Kleinwalsertal

Hier gibt es wirklich alles von einem Ausflug mit Kindern zu einem malerischen Bachbett und einem geheimnisvollen Felslabyrinth über einen Bummel zu einem urigen Berggasthaus oder zu einer typischen Alpenvereinshütte bis hin zu langen Grattouren über die ganz auffallend üppig bewachsenen Gipfel der Region. Das hier vorherrschende Gestein ist nämlich der Flysch, und so bestimmen Gras mit den entsprechenden Blumen und Buschwerk jeder Größe – auch in sehr steilen Flanken – die Landschaft.

Schwarzwasser heißt der Bach im größten Seitenast des Kleinwalsertals. Er wurde zum Namengeber für das Tal selbst, für eine Alm und die einzige Alpenvereinshütte der Region. Sein teilweise felsiges Bett bietet manche reizvolle Stelle bis hin zu einem schon größeren Wasserfall und einer Versickerung. Diese verursachte ein gewaltiger prähistorischer Bergsturz, der vom Ifenmassiv herab kam und das Tal abriegelt. Die Chaoswelt der Felsblöcke bis zu Zimmergröße bilden ein herrliches Tummelfeld für Kinder, zum Herumklettern, zum Forschen, um sich Geschichten und Märchen auszudenken. Der brettebene Boden von Melk- und Galtöde ist ebenfalls ein Ergebnis dieses Felssturzes, staute er doch einst das Schwarzwasser zu einem See auf, der allmählich durch Schwemmmaterial verlandete.

Inmitten eines makellos grünen Weidelands – eine Gehstunde höher oben – thront auf einem Geländerücken die Schwarzwasserhütte (1620 m). Die Bergkette im Süden zeigt einen ungewöhnlichen Charakter: Die steilen Abstürze von immerhin 150 m Höhe sind trotz der Felsen auffallend grün! Wie da wohl des Grünhorn zu seinem Namen kam? Mit seinen 2039 m ist es zudem der dominierende Gipfel in diesem Kamm und jeder, der etwas Trittsicherheit mitbringt, sollte ihn in sein Programm einbauen. Ein Abstieg von dort nach Baad in innersten Kleinwalsertal oder eine außergewöhnliche Grattour können diese Gipfelbesteigung ergänzen.

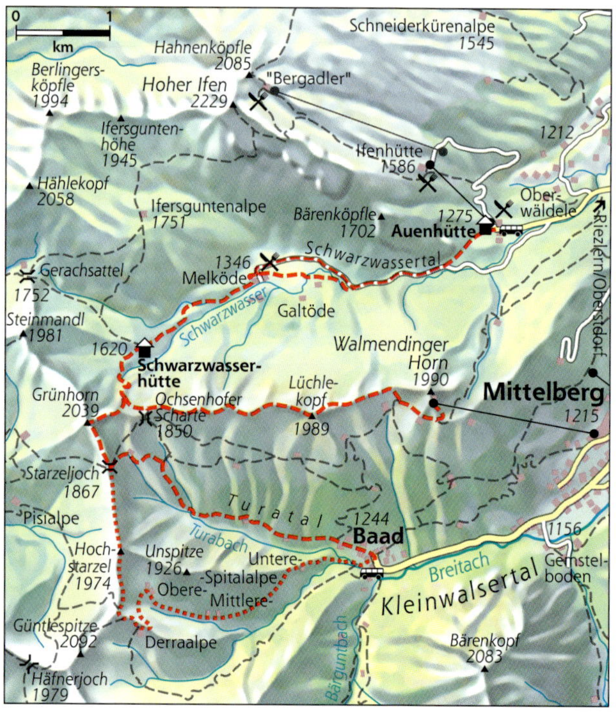

Die meisten wandern auf dem bequemen, nur zwischendurch etwas steinigen Weg durchs Schwarzwassertal zur Hütte hinauf. Für Abenteuerlustige aber gibt es eine ganz pfiffige Route: Fahrt mit der Bahn zum Walmendingerhorn und dann nicht über die Mattenflächen von Lüchle- und Stierhofalpe, sondern immer auf dem Grat über Lüchlekopf (1989 m) und Ochsenhoferköpfe. Diese fast drei Kilometer lange Schneide ist – wie könnte es in diesem Gebiet anders sein – üppig bewachsen und zwar nicht nur mit Gras und vielen Blumen, sondern auch mit Knieholz und Buschwerk, in dem die Grünerle das Typische darstellt. Mehr Trittspuren als ein wirklich guter Steig führen fast immer auf dem höchsten First des Grates bis in die Ochsenhoferscharte. Das ist nichts für Neulinge in den Bergen und nichts bei Nässe!

Die Buslinien machen es möglich, am Ende der Tour problemlos von der Auenhütte nach Mittelberg zurückzukehren.

Felssturz – Melköde – Schwarzwasserhütte

Vom Parkplatz an der Auenhütte an der Liftstation vorbei und auf dem sehr breiten Weg nach Südwesten über eine kleine Höhe und einen kurzen Abstieg zum Schwarzwasser. 500 m weiter Beginn des pittoresken Bergsturz-Gebietes mit vielen, gewaltigen Blöcken. Danach die brettebene Galtöde; auf dem Fahrweg immer an deren rechten Rand entlang und in einem Bogen zu den Hütten der Melköde mit einem kleinen Berggasthaus aus Holz (1338 m). Direkt vor den Häusern über einen Hang empor – links ein kleiner Wasserfall und malerisches Blockwerk am Schwarzwasser –, dann über kleine Böden, einen Geländerücken und Alpweiden zur Schwarzwasserhütte (1620 m, 1:30 Std.).

Vom Walmendingerhorn zur Hütte (Grattour)

Von Mittelberg mit der Walmendingerhorn-Seilbahn zur Bergstation (1930 m) und evtl. in 10 Min. noch auf den Gipfel des Walmendingerhorns (1990 m). Dann von der Station auf dem breiten Weg (Piste) hinab in die erste Mulde und nach rechts auf Steiglein kurz wieder hinauf in die Muttelbergscharte (1815 m). Von dort auf Steigspuren über den unbedeutenden Muttelbergkopf und den Ostgrat auf den Gipfel des Lüchlekopfs (1989 m, 1 Std. ab Bahn, etwas Trittsicherheit nötig).

Weiterhin auf der ausgeprägten, stets schmalen Schneide auf deutlichen Steigspuren über Gras und zwischen Buschwerk fast ohne Probleme über eine 1925 m hohe Scharte hinweg zum Östlichen Ochsenhoferkopf (1965 m) und in die tief eingeschnittene Litzescharte (1865 m) hinab. Auch in der Folge auf dem Grat zum Westlichen Ochsenhoferkopf (1950 m) und in die Ochsenhoferscharte. (Abstecher auf das

Grünhorn, 2039 m, 35 Min. Aufstieg). Von dort nach Norden hinab zur längst sichtbaren Schwarzwasserhütte (2:30 Std.).

Das Grünhorn

Von der Hütte kurz hinab zur Schwarzwasseralpe und drüben über die Matten, dann viel steiler zwischen Buschwerk hinauf in die Ochsenhoferscharte (1850 m). Von dort auf einem Steiglein im Gras über die im oberen Teil steilen Hänge – immer links der Gratkante – auf den Gipfel des Grünhorns (2039 m, 1:15 Std.).

Man kann nun entweder über die Ochsenhoferscharte oder das Starzeljoch zur Starzelalpe und dann weiter durchs Turatal – stets auf Bergwegen – nach Baad absteigen. Bus nach Mittelberg.

Weitere, sehr spannende Grattour

Vom Grünhorn nach Süden ins Starzeljoch (1867 m) hinab. Auf dem folgenden, fast ebenen Gratstück mehrere kleine Felsköpfe mit steilen und ausgesetzten Stellen (Drahtseile), dann bequemer über zwei Stufen auf den Hochstarzel (1974 m), bei dem auf den Karten Name und Höhe fehlen. Anschließend auf einem messerscharfen Grasgrat (Trittsicherheit wichtig) nach Süden und hinab ins Derrenjoch. Nun vom Grat ab, links hinab zur Derrenalpe (1813 m). Unmittelbar vor ihr nach links, dann an den drei Spitalalpen vorbei weit hinab nach Baad im innersten Kleinwalsertal. Mit dem Bus nach Mittelberg (oder ins Schwarzwassertal).

Im Felssturzgebiet des Schwarzwassertals mit seinen Blöcken bis über zehn Meter Höhe, einem Dorado für unternehmungslustige Kinder.

Folgende Doppelseite: Blick über den Hopfensee im Ostallgäu zu Schönkahler (links) und Kienberg, hinter dem der Sorgschrofen hervorlugt.

Ostallgäu und Tannheimertal

Märchenkönig und Bilderbuchlandschaft! Das Füssener Land im Ostallgäu zählt zu den schönsten Alpenrand-Landschaften überhaupt. Kontraste zaubern ein einzigartiges Bild. So spiegeln sich in den weiten Wasserflächen der fünf großen Seen stets die wuchtigen, ganz markant geformten Gipfel der Ammergauer Alpen und Tannheimer Berge. Neben sehr lebhaftem Fremdenverkehr gibt es stilles Bauernland mit Mooren, Streuwiesen, reichem Blütenschmuck und einem guten Dutzend verwunschener kleiner Seen und Weiher. Dazu passt König Ludwigs Märchenschloss Neuschwanstein, ein hellgrau leuchtendes Phantom hoch über dem Tal und doch noch ganz gewaltig überragt vom Wahrzeichen der Region, dem 2047 m hohen Säuling.

29 Vom Falkenstein nach Füssen

Tourensteckbrief

TALORT, ZUFAHRT: *Pfronten (882 m), weit verstreutes Ferienzentrum mit dreizehn Ortsteilen, sehenswerte Barockkirche auf kleiner Anhöhe in Pfronten-Berg. Zufahrt von der Allgäu-Autobahn, Ausfahrt Nesselwang.*
AUSGANGSPUNKT: *In den südlichsten Ortsteil Steinach und Richtung Reutte zur Talstation der Breitenbergbahn; Parken gegenüber am Bahnhof (840 m).*
EINKEHR: *Gasthof auf dem Falkenstein, Saloberalpe (Berggasthof), Gasthof am Alatsee, Café in Bad Faulenbach.*
GEHZEITEN: *Steinach – Falkenstein 1:15 Std., von dort zum Zirmgrat knapp 1 Std., zum Alatsee 30 Min., talaus zum Lechfall und nach Füssen knapp 1:30 Std. (insgesamt reichlich 4 Std.).*
STEIGUNG: *Insgesamt 540 Hm.*
ANFORDERUNGEN, CHARAKTER: *Kleinere und größere Fußwege ohne Probleme, nur ein etwas unangenehm steiniges Sträßchen.*
FÜR KINDER: *Abwechslungsreich bis zum Alatsee, aber insgesamt doch weit. Evtl. kleinere Bereiche wie Weißensee-Südufer oder Alatsee-Saloberalpe besuchen.*
DAS BESONDERE: *Reizvolle Mischung aus still und sehr beliebt, aus einsamer Waldlandschaft und bekamnten Ausflugszielen, sehr kurzweilig.*

Burgruine, Berggasthaus, verträumte Seen

Da es eine durchgehende Buslinie vom Bahnhof in Füssen zur Talstation der Breitenbergbahn am Ortsrand von Pfronten gibt, kann man mit gutem Gewissen diese lang gestreckte Wanderung empfehlen. Es war vor allem der widerstandsfähige Wettersteinkalk, der zwischen dem Alpenvorland beim Weißensee und bei Füssen und der breiten Talfurche von Lech und Vils einen acht Kilometer langen, von West nach Ost laufenden Bergkamm vor der Abtragung bewahrt hat. Er steht sozusagen quer und dadurch mitten im Weg. Wenn er trotzdem wenig ins Auge fällt und deshalb von den Wanderern nicht so beachtet wird, liegt dies an den wenig markanten, dicht von Wald überzogenen Nordhängen. Wer etwa auf der B 310 unterwegs ist, wird vielleicht den Weißensee bestaunen, aber unserem Bergkamm – zu unrecht – kaum einen Blick gönnen.

Die Osthälfte des Kamms, der nur gut einen Kilometer breit ist, bietet ein echten Phänomen: Hier ist das Massiv durch das tiefe Längstal von Alatsee und Bad Faulenbach in zwei Grate zerteilt. Das perfekt versteckte Tal ist symbolisch für dieses Gebiet und unseren Ausflug. Das Schöne ist nicht von weitem zu sehen, man muss es entdecken, es erwandern. Auffallend sind auch die Kontraste mit so berühmten Zielen wie dem Falkenstein und Füssen einerseits und einer Wald- und Berglandschaft dazwischen voller Ursprünglichkeit und Ruhe, als wäre man dort ewig weit von allem Trubel entfernt. Auch die Vielfalt fällt auf: eine Ruine, weite Ausblicke, typische Trockenflora, ein großer, im Wald versteckter See, ein Wasserfall, eine sehenswerte Klosterkirche, eine Fußgängerzone.

Der Falkenstein wäre – hätte das liebe Geld nicht gefehlt – zu einem der berühmtesten Ausflugsziele überhaupt geworden. Ludwig II. von Bayern, der Märchenkönig, wollte dort eine noch stattlichere Burg als Neuschwanstein erbauen lassen. Aber mehr als ein Modell und eine Zufahrt ist nicht zustande gekommen. So muss sich der Falkenstein mit dem Superlativ »höchstgelegene Burgruine Deutschlands« begnügen. Zum Schmunzeln ist die Tatsache, dass die einstige Burg nacheinander den Bischöfen und den Raubrittern gehörte. Auch Füssen mit Altstadt, Klosterkirche und Schloss ist immer einen Besuch wert. Dieser Platz, wo der Lech durch ein enges Bergtor ins Alpenvorland austritt, war schon den Römern wichtig; deren Siedlung Foetibus gab unserer heutigen Stadt den Namen.

In diesem gut mit Wegen erschlossenem Gebiet mag sich jeder seinen Ausflug, seine Wanderung nach eigenem Geschmack zusammenstellen. Wir wollen hier vor allem die Längsdurchquerung des Massivs vorstellen. Dabei starten wir unsere Tour im Westen, dann haben wir die größeren Anstiege am Anfang und können den Tag gemütlich ausklingen lassen, etwa auf einer Kaffeehaus-Terrasse oder in einem kleinen Schwimmbad.

Noch eine Anregung: Weißensee (787 m, 2,3 km Länge, 25 m Tiefe) heißt der wohl schönste See des Ostallgäus. Er schmiegt sich an die waldigen Nordhänge des Zirmgrates, ragt aber auch in die ebenen Moor- und Schilfflächen im Osten hinein. Bei einer Wanderung auf den guten Fußwegen rund um die Wasserfläche lernt man alle Arten von Ufern kennen vom felsigen Steilufer über Verlandungszonen bis zur Uferpromenade mit Kiosk und Bademöglichkeit.

Über dem Lech die sehenswerte Altstadt von Füssen mit der ehemaligen Klosterkirche St. Mang und dem Hohen Schloss.

Um noch stärkere Kontraste zu erleben, könnte man auf einem Waldweg anschließend zum Alatsee und vielleicht bis zur Saloberalpe hinaufsteigen (Abzweigung über dem Südwestufer des Weißensees). Insgesamt ergäbe dies eine Wanderung von reichlich drei Stunden.

Falkenstein – Zirmgrat – Füssen

Vom Bahnhof Pfronten-Steinach kurz auf der Straße nach Osten, dann über die Bahn und auf der Zirmenbrücke über die Vils. Kurz gerade hinauf, dann immer schräg nach rechts durch die steilen, manchmal sogar felsdurchsetzten Hänge im Wald – doch immer wieder schöner Ausblick – weit hinauf zur Mariengrotte in der senkrechten Südwand des Falkensteins. Hinauf zum Kamm und einem Sträßchen, wo man in den Menschentrubel eintaucht. Nach links rasch auf den Falkenstein (1267 m, 1:15 Std.) mit Gasthaus und restaurierter Burgruine.

Auf dem Sträßchen wieder zurück und noch weiter hinab bis zum nächsten Sattel. Von dort wieder Fußweg (Markierung E 4) – und wieder relative Stille. Kräftig aufwärts, dann nördlich an Einer- und Zwölferkopf vorbei, schließlich in Kammnähe auf den Zirmgrat (1293 m). Man sollte unbedingt zum höchsten Punkt hinausgehen, um die Tief- und Fernblicke zu genießen und die typische Trockenflora mit Kiefern etc. zu studieren. Dann fast immer im Wald erst abwärts, dann mit etwas Auf und Ab zur neu erbauten Saloberalpe (1089 m, Berggasthaus) auf »verwunschener« Lichtung. Von dort auf steilem, steinigem Sträßchen hinab zum Alatsee (869 m, Gasthaus).

Am schönsten im Süden um die immerhin 550 m lange Wasserfläche. Nun am bequemsten immer im Tal (möglichst auf der rechten Seite) am Faulenbach entlang zu Ober- und Mittersee mit Badeanstalt. Auch bei den dann beginnenden Häusern von Bad Faulenbach rechts und um eine Geländekante zum sehr wasserreichen Lechfall. Kurz wieder zurück, dann über dem Lech entlang und durch ein Tor in die Altstadt von Füssen, wo man gleich zum Kloster St. Mang mit der sehenswerten barocken Kirche kommt. Anschließend in die Fußgängerzone, die von dem aus dem 14. Jahrhundert stammenden Hohen Schloss überragt wird. Rückfahrt per Bus vom Bahnhof Füssen bis zur Breitenbergbahn.

Abend im Ostallgäu mit der Kulisse der Tannheimer Berge; links die Gehrenspitze, in der Mitte die Kellenspitze, der Hauptgipfel der Gruppe.

30 Neuschwanstein, Alp-, Schwansee

Tourensteckbrief

TALORT: *Schwangau (796 m), großer Ferienort im Füssener Land, der sich vom Forggensee bis zum Bergfuß bei den Königsschlössern hinzieht.*

AUSGANGSPUNKT: *Hohenschwangau (805 m), großer Parkplatz am Ortsbeginn. Auch Buslinie von Füssen.*

HÜTTEN, EINKEHR: *Für die Rundwanderung mit Alp- und Schwansee kommen nur die Gasthäuser in Hohenschwangau in Frage. Beim Abstieg vom Tegelberg das private Tegelberghaus (32 Schlafplätze, Tel. 08362/89 90).*

GEHZEITEN: *Bei der Rundtour etwa 3 Std.; die Tour lässt sich beliebig verkürzen. Abstieg vom Tegelberg gut 1:30 Std.*

STEIGUNG: *Rundtour mit Zwischenanstiegen 300 Hm.*

ANFORDERUNGEN, CHARAKTER: *Rundtour auf kleinen und größeren Wanderwegen ohne Schwierigkeiten. Beim Abstieg vom Tegelberg rauer Bergpfad.*

FÜR KINDER: *Viele interessante Bereiche für den Nachwuchs wie die Pöllatschlucht oder der Schwansee.*

DAS BESONDERE: *Außergewöhnliche Kombination von weltberühmten Schlössern mit entsprechendem Trubel und stillen Waldwegen über den malerischen Wasserflächen.*

Im Land des Märchenkönigs

König Ludwig II. von Bayern hat es wahrlich verstanden, für sein Märchenschloss eine Landschaft mit vielen besonderen Reizen auszuwählen. Auf engem Raum findet man hier alles von Seen über eine Klamm bis hin zu malerischen Felsen. Man könnte von verborgenen Reizen sprechen, denn selbst der immerhin 1,9 km lange und bis zu 55 m tiefe Alpsee versteckt sich zwischen den bewaldeten Höhen und man entdeckt ihn wirklich erst, wenn man fast am Ufer steht. Er ist zudem der See mit den zwei Gesichtern. Am Ostende gibt es eine richtige Promenade, gleich dahinter Häuser und darüber die beiden Königsschlösser. Die anderen Ufer hingegen bestehen aus steilen Waldhängen, wo nur die Wege an die Menschen erinnern.

Dass jedermann diesen See trotzdem so oft zu sehen bekommt, liegt eigentlich an den Kalendern. Das Thema »Neuschwanstein vor dem Alpsee mit den Tannheimer Bergen im Hintergrund« gehört zu den beliebtesten Deutschlandmotiven überhaupt. Trotzdem sind schon viele mit ihrem Fotoapparat hin und her geirrt und haben verzweifelt nach dem Aufnahmestandpunkt gesucht. Der ist nämlich nur für Eingeweihte und zudem für gute Bergsteiger zu erreichen, liegt er doch gegenüber in den äußerst steilen und weglosen Hängen.

Neuschwanstein mit seinem scheinbar mittelalterlichen Aussehen ist eigentlich eine »Schwindel«burg. Sie entstand nämlich erst in der zweiten Hälfte des 19. Jahrhunders nach den Ideen von Ludwig II. und den Plänen des Theatermalers Jank. Es sollte eine Art neuer Wartburg entstehen, nicht zuletzt um Richard Wagner und dessen Oper Tannhäuser zu ehren. Der König konnte nur unter großen Schwierigkeiten seinem Finanzminister die nötigen Gelder für diesen Riesenbau entlocken, und niemand ahnte seinerzeit, dass später eine ganze Region davon profitieren würde. 10 000 Besucher kommen zum Schloss Neuschwanstein, nicht im Jahr, nicht in einem Monat, sondern an einem einzigen »Spitzentag«. Die Burg steht außerdem nicht am Berghang, sie thront vielmehr auf einem abgesprengten Felsvorsprung 170 m über dem Talboden. Dahinter ist die sehenswerte Pöllatschlucht eingeschnitten, die auch den reizvollsten Zugang bietet.

Neben diesem weltberühmten Gebäude wird das zweite Königsschloss, um 1835 auf historischem Boden unmittelbar über dem Alpsee errichtet, recht wenig beachtet. Schloss Hohenschwangau wurde nach den Wünschen von König Maximilian II. von Bayern in einer Kombination von mittelalterlichem und biedermeierlichem Stil erbaut und mit manchem Kunstwerk wie Gemälden von Moritz von Schwind ausgestattet. Zur Abwechslung kann man noch einen verträumten Wald-, Wiesen- und Moorsee besuchen, der auch zum Baden einlädt. Das Gelände zwischen Schloss und See diente einst den hohen Herrschaften zum Promenieren; heute sind nur noch Teile des Parks mit seinen gewaltigen Bäumen zu erkennen.

Neuschwanstein von oben – wäre das nicht eine spannende Alternative? Die große Tegelberg-Seilbahn und ein Wanderweg in dem oft steilen Gelände laden dazu ein. Malerische Felszacken und faszinierende Tiefblicke auf die Seen-Welt des Ostallgäus, später auch auf Neuschwanstein sind die besonderen Akzente dieser »Abwärts-Bergtour«.

Neuschwanstein und Alpsee-Runde: Beim Gymnasium nahe dem großen Parkplatz in Hohenschwangau nach Osten auf schmalem Sträßchen zum Bergfuß und links an ihm entlang bis zur Ausmündung der Pöllat. Auf einem zum Teil an die Felsen »geklebten« Steig durch die sehenswerte Schlucht mit polierten Felsrinnen und mächtigem Blockwerk. Im Hintergrund eines kleinen Bodens dann ein Wasserfall der Pöllat, die in 60 m Höhe von der Marienbrücke überspannt wird. Rechts empor zum Schloss Neuschwanstein. Weiterweg dann links aufwärts, Abstecher zur Marienbrücke, dann zur Wegkreuzung bei der »Jugend«, einem Aussichtspunkt.
Bei der Kreuzung genau gegenüber auf einem Sträßchen weiter, bald jedoch rechts ab auf den Oberen Winterzugweg. Hoch über dem Alpsee quer durch die Wälder mit malerischen Blöcken zum Israelitfelsen und dann auf dem Gnomensteig hinab zum Südwestzipfel des Sees. Auf dem Mini-Boden dort steht das »Marien-Monument«. Auf einem Fußweg am Nordufer des Sees entlang, wo die Hänge steil und felsig werden, ein gutes Stück empor und parallel zur Forststraße nach Osten. Bei deren Verzweigung leicht aufwärts zum Schloss Hohenschwangau (865 m). Kurz wieder zurück, über die Höhen des Perzenkopfs (Alpenrosenweg) in einen Sattel im Wald. Rechts in Kehren hinab zum Südostzipfel des Schwansees (789 m). Am steil abfallenden Südufer entlang, dann auf kleineren und größeren Wegen rund um die Wasserfläche zum Ausfluss des Sees. An diesem Bach entlang zurück in den Ort Hohenschwangau und zum Parkplatz.

Tegelberg – Neuschwanstein

Mit dem Auto von Schwangau oder Hohenschwangau zur Talstation der Tegelbergbahn und mit der Seilbahn zur Bergstation (1720 m) mit schönem Panorama und noch eindrucksvollerem Tiefblick auf die Ostallgäuer Seen. Hinab zum ganz nahen Tegelberghaus (1707 m), um den Bergrücken herum und hinunter bis in einen kleinen Sattel. Hier auf dem linken Pfad querend und absteigend durch die Hänge ein gutes Stück nach Westen in eine Gratlücke. In meist steilem Gelände in vielen Serpentinen – eindrucksvoller Blick von oben auf Neuschwanstein und den Alpsee – weit hinab zur Marienbrücke hoch über der Pöllat. Zum Schloss, kurz davor rechts hinab in das Tal der Pöllat und durch die sehenswerte Schlucht hinaus an den Bergfuß. An der Pöllat entlang, schließlich rechts über die Brücke und zwischen Wiesen zurück zur Talstation.

In der Pöllatschlucht, durch die der reizvollste Zugang zu Schloss Neuschwanstein führt.

31 Von Trauchgau nach Schwangau

Der versteckte, nur wenig bekannte Hegratsriedersee, im Hintergrund Gehrenspitze und Kellenspitze in den Tannheimer Bergen.

Bilderbuchlandschaft Ostallgäu

Erlauben einmal das Wetter, die Jahreszeit, die Kondition, die Begleiter usw. keine größeren Unternehmen, dann wird man in der Bilderbuchlandschaft Ostallgäu auch im Talbereich ausgesprochen lohnende und abwechslungsreiche Ausflüge finden. Zahllose Seen, Weiher und Tümpel, weite Mähwiesen, Moore und Sümpfe, Bachtälchen und lang gestreckte Höhenrücken, berühmte Ferienorte mit Schlössern und Kirchen, Bauerndörfer und Einödhöfe, Menschenmengen und wohltuende Stille, dazu eine besonders markante Bergkulisse – vielfältiger kann eine Region nicht sein! Da macht das Wandern natürlich doppelt Spaß.

Die Auswahl ist reich und bunt. Die bekannten Ferienstationen pflegen ihre Spazier- und Wanderwege und sorgen für eine gute Beschilderung. So kann man – um nur ein Beispiel zu nennen –, ohne in Morast zu geraten, rund um den Hopfensee wandern, obwohl seine Ufer zum Teil feucht und voller Schilf sind. Routen dieser Art findet man in jedem Prospekt der Verkehrsvereine, deshalb soll hier etwas ganz Individuelles vorgestellt werden, Wege, auf denen kein Massenandrang herrscht.

Die regionale Buslinie macht es möglich, dass Start und Ziel unserer Wanderung acht bis zehn Kilometer auseinander liegen. Jeder sollte dabei von Norden nach Süden unterwegs sein, damit der Blick auf die großen Berggipfel immer frei bleibt. Diese vollkommen problemlose Wanderung bietet alles, was die Landschaft des Ostallgäus so interessant macht: Wiesen, Moore, kleine Wälder, einen verträumten See, eine viele Kilometer weite Wasserfläche, schöne Ausblicke usw. Jede Jahreszeit eignet sich und verheißt Reizvolles: etwa eine reiche Flora im Spätfrühling auf den Feuchtwiesen oder im Sommer die Bademöglichkeit im verträumten Hegratsriedersee; nur tiefer Schnee könnte die Ausflügler bremsen.

Die Wegstrecke liegt weitgehend außerhalb der bekannten Routen, ist zudem etwas kompliziert und winkelig – sie wird deshalb hier recht genau beschrieben. Drei Stunden braucht man etwa von Trauchgau nach Schwangau. Wer noch ein wenig mehr Zeit und Kraft investieren will, beginnt bereits in Unterreithen und erlebt so noch eine besondere Überraschung.

Ein Tipp für zwei Tage in Stichpunkten: Von Steingaden (mit romanischer Kirche) zur berühmten Wallfahrtskirche in der Wies, weiter nach Unterreithen und dann auf unserer Route nach Schwangau, um schließlich den Ausflug mit dem Besuch von Hohenschwangau und Neuschwanstein oder von Füssen abzurunden.

Trauchgau – Hegratsried – Schwangau

Mit dem Bus von Schwangau nach Trauchgau. Von der Haltestelle zur Kirche und noch kurz in der Austraße, dann rechts durch die Branntweingasse zum letzten Haus und zwischen den Wiesen gemütlich zum Ort Halblech. Sich an den Bergfuß haltend zur Brücke über den Fluss Halblech. 150 m danach halb links, durch das Gelände eines Hofes und über die Felder nach Buching (805 m). An der Hauptkreuzung mit Ampel rechts abbiegen, 200 m später halb links und immer geradeaus 1 km zum Sportplatz am Rand von Bayerniederhofen. Gleich hinter den Tennisplätzen über die Brücke, bald danach rechts und über Wiesen in 15 Min. zu einem Wäldchen.

Am Waldrand 100 m entlang, dann auf dem ersten Weg rechts kurz durch den Wald und quer über die folgende Weide (Drehkreuz) zu einem quer laufenden Weg. Hier nach links und durch das hügelige Land 1 km nach Süden, dann scharf nach rechts zum Hegratsriedersee (795 m, Bademöglichkeit). Nun immer auf dem Fahrweg meist durch schöne freie Hügellandschaft zur Mühlbergerach und nach Brunnen am Forggensee. Von dort entweder weitgehend am Ufer entlang nach Waltenhofen und von dort in die Ortsmitte von Schwangau oder in der halben Zeit direkt dorthin. Gesamter Weg etwa 3:30 Std.

Niederreithen – Trauchgau

Etwa um 50 Min. verlängert diese Auftakt-Schleife unsere Wanderung. Busfahrt bis Serra/Niederreithen. 100 m längs der B 17 nach Norden, dann links ab und durch ein Wiesentälchen am Schwaighof vorbei zu einem Wegkreuz nach 1,3 km. Hier links ganz kurz hinauf zu einem Marterl und einer Bank mit überraschendem, eindrucksvollem Blick nach Süden zu den großen Bergen. Auf der anderen Seite hinab zum Schwimmbad und links auf dem Teersträßchen nach Trauchgau, wo man gleich nach der Achbrücke auf die Bushaltestelle trifft und damit auf den Beginn unserer Hauptwanderung.

Tourensteckbrief

TALORT: *Schwangau (796 m), stattlicher Ort und bekanntes Ferienziel östlich des Forggensees; zur Gemeinde gehören auch Hohenschwangau und Schloss Neuschwanstein.*

AUSGANGSPUNKT: *Von Schwangau mit dem Bus nach Trauchgau (792 m).*

EINKEHR: *Gasthäuser in Trauchgau, Buching, Brunnen, Waltenhofen (am See) und Schwangau.*

GEHZEIT: *Trauchgau – Schwangau etwa 3:30 Std.*

STEIGUNG: *Auf der gesamten Strecke nur unbedeutende Anstiege.*

ANFORDERUNGEN, CHARAKTER: *Fast durchgehend Feldwege und kleine Straßen (auch für Radfahrer geeignet).*

FÜR KINDER: *Gesamter Weg für den Nachwuchs eher langweilig, am lohnendsten ein Ausflug vom Sportplatz zum Hegratsriedersee mit Badespaß.*

DAS BESONDERE: *Weiträumige Alpenrand-Landschaft mit großer Bergkulisse, verträumter Waldsee, blumenreiche Wiesen.*

32 Drei Tage in den Tannheimern

Tourensteckbrief

TALORT, ZUFAHRT: *Pfronten (882 m), weit verstreutes Ferienzentrum mit dreizehn Ortsteilen, sehenswerte Barockkirche auf kleiner Anhöhe in Pfronten-Berg. Zufahrt von der Allgäu-Autobahn, Ausfahrt Nesselwang. Bahnstrecke von Kempten.*

AUSGANGSPUNKT: *In den südlichsten Teil Pfrontens, nach Steinach (850 m, auch Bahnhof), und zur Talstation der Breitenbergbahn im Osten des Ortes.*

HÜTTEN, EINKEHR: *Auf dem Breitenberg die private Ostlerhütte (1838 m, 75 Schlafplätze, Tel. 08363/424). Am Aggenstein auf Tiroler Seite die Bad Kissinger Hütte, ehemals Pfrontner Hütte (1788 m, DAV, 65 Schlafplätze, Tel. 0663/9257003). Im Reintal Otto Mayr Hütte (1528 m, DAV, 84 Schlafplätze, Tel. 05677/8457), nebenan die private Füssener Hütte (1620 m, 65 Schlafplätze). Gimpelhaus in schönster Lage steil über dem Tannheimertal (1659 m, privat, 240 Schlafplätze, Tel. 05675/8251). Etwas oberhalb die Tannheimer Hütte (1713 m, DAV 22 Schlafplätze, Tel. 0663/56503).*

GEHZEITEN: *Durchquerung für drei Tage, die einzelnen Gehzeiten finden Sie bei den Routenbeschreibungen.*

ANFORDERUNGEN, CHARAKTER: *Bergwege von relativ einfach bis recht anspruchsvoll.*

DAS BESONDERE: *Ungewöhnlich abwechslungsreiche Höhenwege, sehr eindrucksvolle Felsszenerien, zahlreiche Gipfelbesteigungen möglich.*

Höhenwege und Gipfel

Die kleine Berggruppe zwischen Lechtal, Tannheimertal und Pfronten bezeichnet man als Tannheimer Berge oder Tannheimer Gruppe. Obwohl es der Hauptgipfel dort nur auf 2238 m Höhe bringt, können wir hier ungewöhnlich markante und interessante Felsgestalten bewundern. Das Ostallgäuer Seenland verdankt diesem Muster-Gebirge die so malerische und fotogene Bergkulisse. Hier gibt es auf engstem Raum alles von einsamen Waldregionen über verwunschene Almböden mit eindrucksvoller Kulisse, wie etwa die Vilseralpe, Gipfel jeder Art bis hin zu berühmten und beliebten Kletterwänden, die schon in dem Kapitel über die Rote Flüh beschrieben wurden.

Zum landschaftlichen Reichtum passt die perfekte Erschließung für Wanderer und Bergsteiger. An den beiden Enden des Gebirges und in seiner Mitte bringen Bergbahnen und Lifte den Gast mühelos in die Hochregion, sodass mancher durchaus attraktive Berge wie die Läuferspitze, die Gaichtspitze (1986 m) oder der bekannte Aggenstein (1985 m) zu einer Spritztour werden. Ein verzweigtes Wegenetz erschließt nicht nur die Täler und Übergänge, auch die meisten Gipfel lassen sich auf einem angelegten Steig erreichen. Und nicht zuletzt erleichtern fünf Hütten die Touren in der Region.

In manchen Gebirgen sind die Durchquerungen von Hütte zu Hütte ungemein beliebt; bei den Tannheimer Bergen jedoch wissen relativ wenige von der entsprechenden Möglichkeit. Das mag vielleicht daran liegen, dass man hier nur drei Tage unterwegs ist. Dabei verdient diese Durchquerung aus zwei Gründen durchaus fünf Sterne. So sorgt das kleinräumige, so formschöne Gebirge für eine ganz rasche Folge der unterschiedlichsten Bilder und Eindrücke, da kann keine Langeweile aufkommen. Zudem lässt sich der Höhenweg durch zahlreiche Gipfelbesteigungen ungewöhnlich bunt gestalten.

Die einfachste Route Breitenberg – Bad Kissinger Hütte – Füssener Jöchl – Otto Mayr Hütte – Gimpelhaus – Hahnenkamm kann man mit gutem Gewissen bei den Bergwanderungen einordnen; am ehesten ist noch an der Nesselwängler Scharte einige Trittsicherheit notwendig. Doch in diesem Gebirge der steilen und auffallend felsigen Gipfel und Grate stellen andere Wege und Steige einige Ansprüche an die alpine Erfahrung, ja, etwa beim Hauptgipfel, der Kellenspitze, erinnert die Aufstiegsroute eher an eine einfache Kletterei als an eine Bergwanderung.

Begeht man die Tour durch die Tannheimer Berge von Süden nach Norden, dann sind die Tagesetappen recht günstig verteilt. In der umgekehrten Richtung ist das vielleicht nicht ganz so ideal, und trotzdem sollte man sie unbedingt einschlagen. Nur dann erlebt man eine stete Steigerung und hat zudem die eindrucksvollsten Bilder, etwa den Blick auf die Nordwände der großen Gipfel, vor sich, braucht sich also nicht nach ihnen umzudrehen.

1. Etappe: Pfronten – Aggenstein – Bad Kissinger Hütte – Otto Mayr Hütte

Dank der exponierten Lage und seiner wirklich unverwechselbaren, asymmetrischen Form fällt der Aggenstein (1985 m) schon weit aus dem Alpenvorland ins Auge. Er stellt auch beim ersten Abschnitt unserer Tannheimer-Durchquerung eine Art markanten Eckpfeiler dar. Kleinkabinenbahn und Sessellift schaffen zudem die Möglichkeit, diesem interessanten Berg rasch aufs felsige Haupt zu steigen. Das lohnt sich natürlich auch als Tagestour von Pfronten aus.

Als eine Art Wächter ist dem Aggenstein im Norden der Breitenberg (1838 m) vorgelagert, der seinen Namen wirklich verdient. Dieser eineinhalb Kilometer lange Gras-, Latschen und Waldberg bietet eine besondere Attraktion: die private Ostlerhütte, die genau auf dem Gipfel steht. Es gibt keine bessere Gelegenheit, Sonnenaufgang und -untergang im Hochgebirge zu erleben.

Hinter dem Aggenstein versteckt sich eine weitere Hütte in ebenfalls besonders schöner Lage. Auf den Karten und in den Führern wird man sie als Pfrontner Hütte (1788 m) finden, während sie offiziell nun Bad Kissinger Hütte heißt. Derartige Umbenennungen sind reichlich problematisch, ziehen Unsicherheit, Verwechslungen und verzweifeltes Suchen zwangsläufig nach sich. Der Tannheimer Höhenweg bringt den Gast dann weiter zum Füssener Jöchl mit der Bergstation der Gräner Kleinkabinenbahn und mitten ins Herz der Tannheimer Berge. Vor allem die bis zu 800 m hohen Nordabstürze von Gimpel und Kellenspitze (2238 m) schaffen begeisternde Bilder. An ihrem Fuß liegt die Otto-Mayr-Hütte des Alpenvereins.

Die Route dieser Etappe ist relativ weit, aber natürlich kann man, vor allem nach einer längeren Anreise, schon auf den beiden anfangs erwähnten Hütten übernachten. Ist man am Wochenende unterwegs, sichert einem eine rechtzeitige Anmeldung einen Schlafplatz. Schließlich gehören die Tannheimer Berge zu den sehr beliebten Gebieten.

Aggenstein und Bad Kissinger Hütte

Von Pfronten-Steinach mit der Kabinenbahn zur Hochalpe und mit dem Lift auf den Kamm in 1680 m Höhe. Von dort evtl. Abstecher auf den Breitenberg (1838 m, 25 Min. Aufstieg) mit der Ostlerhütte, Aufstieg auf einem großen Weg, den man mit wenig Rücksicht in den Grashang gefräst hat. Dann von der Liftstation kurz hinab in den weiten Wiesensattel und an die steile Nordseite des Aggensteins heran. In vielen kleinen Serpentinen auf dem steinigen Steig über die Steilhänge des Hohen Strichs weit hinauf auf einen Sattel mit überraschendem Blick von Süden. Von hier kann man über die mit Ketten gesicherten Felsen in ein paar Minuten den Aggenstein (1985 m, Trittsicherheit nötig) besteigen.

Anschließend auf breit ausgetretenem Weg schräg durch die sehr steilen Grashänge hinab zur Bad Kissinger Hütte (1788 m, 1:30 Std. ab Bergbahn), die malerisch auf einem Felsvorsprung thront. Sehr schöner Blick auch von dort.

Tannheimer Höhenweg und Otto-Mayr-Hütte

Von der Hütte zu einem nahen Gratsattel. Auf der gleichen Seite bleibend quer durch die teilweise bewaldeten Hänge auf die schönen Böden der Seebenalpe (1620 m) und von dort wieder empor an einigen auffallenden Felsen vorbei auf eine Einsattelung (1910 m) im Südwestgrat der Sefenspitze. Dieser 1948 m hohe Gipfel lässt sich in 10 Min. auf Steigspuren erreichen.

Von der Einsattelung hinab ins Füssener Jöchl (1818 m, gut 2 Std. ab Bad Kissinger Hütte) mit Bahnstation und Restaurant und etwa eben durch die Hänge nach Südosten ins nahe Reintalerjoch (1846 m), wo man die großen Nordwände unmittelbar

Im Gebiet der Tannheimer Hütte mit der Roten Flüh und dem beherrschenden Gimpel

vor sich hat. Drüben erst queren, dann hinab und immer schräg durch die Hänge zur Otto-Mayr-Hütte (1528 m, 45 Min. ab Füssener Jöchl, insgesamt etwa 4:30 Std.).

Große Schlicke

Dies wäre der ideale Aussichtsberg für den Tannheimer Hauptkamm mit den drei großen Gipfeln Gehrenspitze, Kellenspitze, Gimpel. Kurz unter dem Reintalerjoch zweigt ein Steig nach links ab; auf ihm quer durch die teilweise mit Latschen überwucherten Hänge des Hahnenkopfs in die Vilserscharte (1817 m).

Auf der gleichen Gratseite über die Hänge rasch aufwärts in immer freieres Gelände und schließlich genau von Süden auf den breiten Gipfel der Großen Schlicke (2059 m, 1 Std. ab Reintalerjoch). Dann über die Gipfelhänge wieder hinab, bei der ersten Verzweigung links, bei der zweiten rechts und zur Otto-Mayr-Hütte.

2. Etappe: Möglichkeiten zwischen Otto-Mayr-Hütte und Gimpelhaus

Wer die Wahl hat, hat die Qual! Steigt man direkt von der Otto-Mayr-Hütte in die Nesselwängler Scharte mit ihrer lustigen Höhe von 2001 m hinauf, dann ist man nicht nur inmitten einer eindrucksvollen Felslandschaft unterwegs, sondern man könnte auch der Kellenspitze, dem mit Abstand höchsten Berg der Tannheimer Gruppe, einen Besuch abstatten. Der Konjunktiv »könnte« ist hier wirklich angebracht. Was auf den Karten als verlockend rote Linie leuchtet, also einen Steig darstellt, entpuppt sich in Wirklichkeit als jähes, teilweise schrofendurchsetztes Gelände, dem dann sogar eine echte Kletterstelle folgt. Man muss nämlich über einen so genannten Klemmblock in einer Rinne kraxeln. Typisch menschliche Psyche: diese schon etwas schwierigere Felsstelle wird als einfacher empfunden, weil man sich in der Rinne geborgen fühlt, während das Steilgelände davor etwas ausgesetzt war und damit viel unangenehmer auf einen wirkte.

Der Tannheimer Hauptgipfel erhielt seinen Namen von einem Steilkar in der Nordflanke, das in der Form an eine Kelle erinnert. Deshalb ist die Schreibweise Kölle- oder Köllenspitze nicht sinnvoll.

Die Alternative zu dieser Route wäre die Überschreitung der Roten Flüh evtl. mit zusätzlichem Klettersteig am Schartschrofen; diese Möglichkeiten wurden schon im vorangegangenen Kapitel beschrieben. Ein Kompromiss-Vorschlag: Heute die Tour über die Rote Flüh und als Auftakt bei der 3. Etappe eine Besteigung der Kellenspitze.

Nesselwängler Scharte – Gimpelhaus

Von der Otto-Mayr-Hütte hinab auf den Boden des Reintals (1410 m) und gleich gegenüber wieder empor. In dem fast immer sehr steilen Gelände mit einigen felsigen Stellen (Sicherungen) und durch Rin-

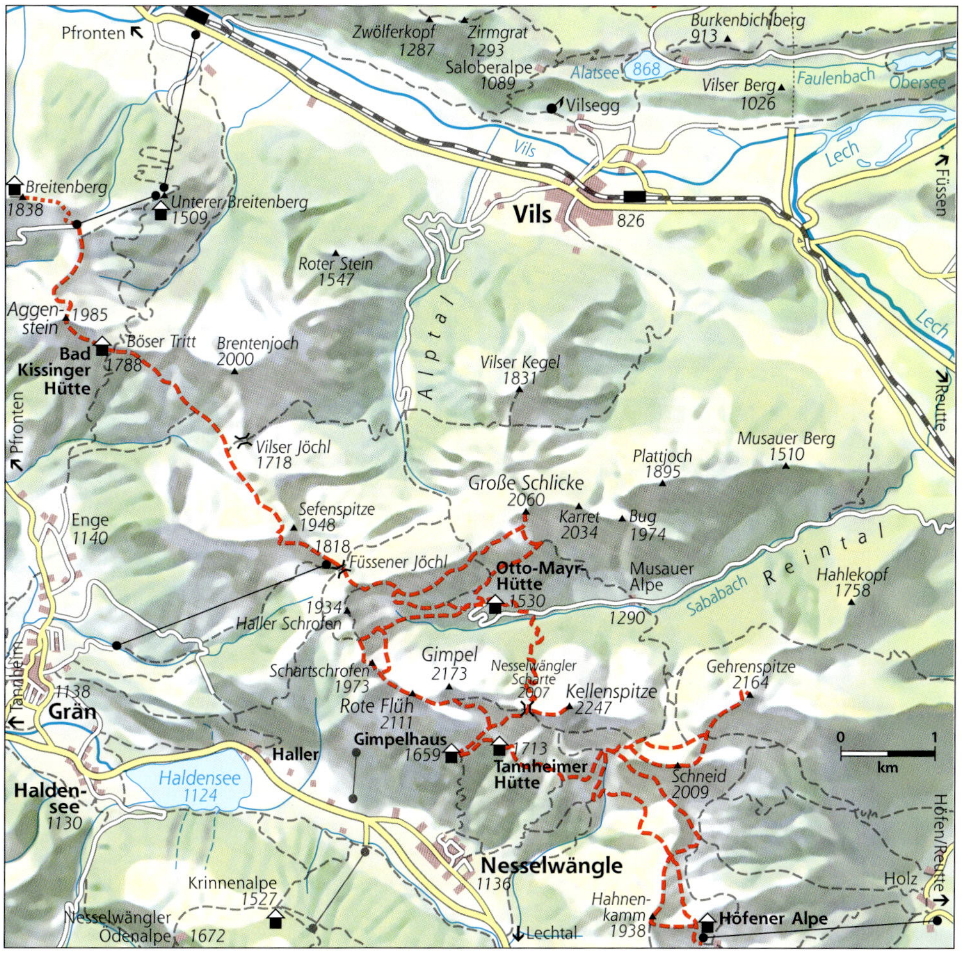

nen auf die weite, grüne Fläche der Nesselwängler Scharte (2001 m, 2 Std., bei Nässe rutschig), dabei eindrucksvoller Blick auf die wilden Felsen des Kellenspitz-Nordgrates mit dem Löwenzahn.

Drüben erst zwischen malerischen Zacken und durch eine Felsgasse, dann rechts schräg über die Halde ins grüne Kar hinab und hinaus zum stattlichen Gimpelhaus (1659 m, 40 Min. ab Scharte) in schönster Lage.

Kellenspitze (2238 m)

Von der Nesselwängler Scharte immer nördlich des Hauptgrates über Gras, dann in steilerem Schrofengelände auf dem bescheidenen Steiglein mit Auf und Ab und über eine etwas ausgesetzte Stelle in die große Westrinne. In ihr aufwärts über eine kleine Felsstufe, weiter zum Oberende der Rinne und nach rechts auf den Gipfel mit Kreuz und Buch (knapp 1 Std. ab Scharte, Trittsicherheit und trockener Fels wichtig).

Über die Rote Flüh

Von der Otto-Mayr-Hütte etwa eben in den hintersten Winkel des Reintals am Fuß der 600 m hohen Gimpel-Nordwand. Bei der Verzweigung entweder gerade hinauf ins Hallergernjoch, auf den Schartschrofen (1968 m) und über den mittelschweren Friedberger Klettersteig hinab in die Gelbe Scharte oder nach links und direkt in die Scharte hinauf.

Gegenüberliegende Seite: Auf dem Höhenweg zwischen Füssener Jöchl und Reintalerjoch, dahinter die Große Schlicke

Dann rechts am Gilmenkopf vorbei und über Gras und Felsstufen mit Sicherungen auf die Rote Flüh (2108 m, 2 Std. ab Hütte, Trittsicherheit notwendig). Nach Nordosten in die Judenscharte und durch das Kar hinab zum Gimpelhaus. Diese Route wird bei Tour 33 genauer beschrieben.

3. Etappe: Gimpelhaus – Hahnenkamm

Schon bergmüde? Dann kann man die Durchquerung mit einer Wanderung hinüber zum Hahnenkamm mit seiner Seilbahn ins Lechtal relativ gemächlich ausklingen lassen, obwohl es noch so manches Auf und Ab gibt. Wegen der vielen Erde können diese Wege zudem bei Nässe recht rutschig werden. Oder noch unternehmungslustig? Dann lässt sich auch dieser Tag recht spannend und abwechslungsreich gestalten.

Eine Art Test für die eigene Trittsicherheit bietet die Überschreitung der Schneid (2009 m) mit ihrem blumenreichen Steilgras. Noch aufregender wäre eine Tour auf die Gehrenspitze (2163 m), den dritten großen Felsberg der Tannheimer. Wie an der Kellenspitze handelt es sich auch hier mehr um eine allerdings einfache Kletterei als um eine Bergwanderung. Zudem muss man in der Gipfelrinne mit ihren geröllbepackten Schrofen Angst vor Steinschlag haben, falls andere über einem unterwegs sind.

Gimpelhaus – Hahnenkamm (direkte Route)

Vom Gimpelhaus auf dem unteren der beiden Bergwege zur nahen Tannheimer Hütte und dann eine knappe Stunde quer durch die oft recht steilen Hänge

Die Otto-Mayr-Hütte im Reintal, im Hintergrund der Schartschrofen

in die Grasmulde unter dem Sabachjoch; oberhalb die markanten Felsen von Kellenspitze und -schrofen. Auf dem rechten, unteren Weg aus der Mulde und anfangs mit Höhenverlust über die Weideflächen, dann querend, teilweise im Wald, hinüber ins Tiefjoch (1717 m). Auf der anderen Gratseite weitere Querung, auf eine Schulter am Hahnenkamm und am sehenswerten Alpenblumengarten vorbei zur Bergstation der Seilbahn (3 Std.).

Gimpelhaus – Hahnenkamm (spannende Gipfelroute)

Vom Gimpelhaus wie beschrieben in die Grasmulde und hinauf ins Sabachjoch (1860 m). Drüben kurz hinab, Querung nach Osten und wieder kurz aufwärts ins Gehrenjoch (1858 m). Erst über Gras empor, dann rechts in sehr steilem, teilweise ausgesetztem Gelände in die sehr bröselige Rinne und durch sie ebenfalls sehr steil in die abschließende Gratlücke. Dann auf der Nordseite über kleine Felsstellen (Kletterei, Schwierigkeitsgrad I) auf den Gipfel der Gehrenspitze (2163 m, knapp 3 Std., die anspruchsvollste Tour in diesem Kapitel).

Zurück ins Gehrenjoch und über den Grasgrat einfach auf die Schneid (2009 m, gut 1 Std. von Gipfel zu Gipfel) und immer weiter über den Grat, der ganz am Schluss messerscharf und ausgesetzt ins Sabachjoch abfällt (Trittsicherheit in diesem Steilgras wichtig). Vom Joch kurz abwärts, dann quer durch die Südwestflanke der Schneid ins Hochjoch (1754 m) und knapp am Ditzl vorbei ins Tiefjoch (1717 m, 1:30 Std. ab Schneid). Nun evtl. noch – immer über die Grate – auf den Hahnenkamm (1938 m, 40 Min.) und von dort zur Bahn hinab. Gehzeit mit allen Gipfeln etwa 6:30 Std. Talfahrt nach Höfen und mit Bus und Bahn zurück nach Pfronten.

Auf dem Gipfel der Kellenspitze, dem Tannheimer Hauptgipfel, mit Blick auf die Gehrenspitze und die Ammergauer Alpen

33 Gimpelhaus und Rote Flüh

Adlerhorst, glatte Felswände, Lieblingsgipfel

Die Rote Flüh mit ihrer Südwand beherrscht das Tannheimertal bei Nesselwängle.

Statt in den Allgäuer Bergen könnte man sich hier auch wie in den Dolomiten vorkommen. Ein sanftes, von Wiesen überzogenes Tal wird in seiner gesamten Breite von einem See gefüllt; dieser Haldensee im östlichsten Tannheimertal ist immerhin eineinhalb Kilometer lang und liegt in einer Höhe von 1124 m. Unmittelbar hinter der Wasserfläche wächst ein sehr eindrucksvoller Felsberg mit auffallend glatten Wänden mächtig in den Himmel. Das ist die Rote Flüh (2108 m), der Gipfel schlechthin in der Region.

Die prächtigen Wände dort oben bestehen aus einem sehr kompakten Gestein, aus Wettersteinkalk, und so wurde die Rote Flüh zum Kletter-Dorado. Es

gibt nicht weniger als drei Dutzend verschiedener Routen, manche davon wird so geschätzt, dass es dort an schönen Wochenenden ein regelrechtes Anstehen gibt. Für Anfänger ist hier allerdings nichts zu holen, da schon der einfachste Durchstieg im IV. Schwierigkeitsgrad liegt. Den »Vornamen« Rot bekam diese Flüh jedoch von einem anderen Gestein, den intensiv gefärbten Juraschichten, die unterhalb der Kletterwände zu Tage treten.

Betrachtet man das Massiv, in dem die Rote Flüh steht, von gegenüber, etwa vom Litnisschrofen, wirkt unser Berg neben seinen übermächtigen Nachbarn wie Gimpel und Kellenspitze (2238 m) gar nicht mehr so imponierend. Wenn er trotzdem berühmter als alle anderen Gipfel in den Tannheimer Bergen ist, dann liegt dies ebenso an der gegen das Tal vorgeschobenen Lage wie an dem Prädikat »Lieblingsberg für jedermann«. Von den Kletterern haben wir ja schon gesprochen, aber auch die Bergwanderer werden in Scharen angezogen. Sie können nicht nur von der Ostseite dort hinaufsteigen, falls sie sich vor einigen mit Sicherungen gebändigten Felsen nicht fürchten, ein – deutlich spannenderer – Steig führt sogar auf der anderen Seite wieder hinab und zwar in die Gelbe Scharte. Dort gibt es dann noch einen besonderen Leckerbissen: den kurzen, steilen, nicht allzu schwierigen Friedberger Klettersteig auf den Schartschrofen (1968 m).

Eine noch größere Zahl von Menschen aber lockt das Gimpelhaus (1659 m) an, das auf halbem Weg zur Roten Flüh liegt. Dort oben gibt es nicht weniger als 240 Schlafplätze, und damit gehört das Haus zu den größten privaten Berghütten überhaupt. Wie ein Adlerhorst thront es mitten in den steilen, felsdurchsetzten Hängen, entsprechende Eindrücke hinterlässt der Tiefblick von der Terrasse ins Tal. Wer nicht ganz ungeschickt ist und einmal eine für ihn ungewöhnliche Atmosphäre erleben will, unternimmt vielleicht einen Abstecher »der anderen Art«: Vom Gimpelhaus zieht ein von den Kletterern ausgetretenes Steiglein erst ein Stück hinauf und dann nach Westen an den Fuß der glatten Wände der Roten Flüh. Dort kann man dann den Steilfels-Tigern bei ihren Vorbereitungen und beim Klettern zuschauen.

In diesem Kapitel werden, wie bei fast allen Touren in diesem Buch, unterschiedlich anspruchsvolle Möglichkeiten geboten. Der typische Hüttenaufstieg führt zum Gimpelhaus, der als Rundtour noch reizvoller wird. Als eine einfache Gipfeltour wird dann die Rote Flüh serviert, die sich jedoch auch zu einem vollen Menü erweitern lässt: Ein zweiter, spannender Steig führt – wie oben schon erwähnt – von diesem Gipfel nach Westen in die Gelbe Scharte und mit Hilfe eines Klettersteigs auf den Schartschrofen. In einem weiten Bogen wandert man dann wieder zurück zum Ausgangspunkt.

Zum Gimpelhaus

Vom Parkplatz auf breitem Weg ein paar Minuten hinauf, bis man auf einen Querweg trifft. Auf ihm flach ein gutes Stück nach Osten bis oberhalb der Häuser. Nun meist im Wald in Serpentinen auf sehr viel begangener Route zum Gimpelhaus (1659 m, 1:30 Std.) in herrlicher Lage.

Rückweg auf der gleichen Route oder folgender Weiterweg: Hinter dem Haus auf dem unteren Steig schräg empor zur kleinen Tannheimer Hütte (1713 m) des Alpenvereins. Immer in den steilen Hängen um einen Geländerücken und quer durch ein Tälchen zum nächsten Rücken mit einer Wegverzweigung. Auf dem unteren Pfad im Wald, durch Schonungen und über freie Wiesen hinab nach Nesselwängle und durch den ganzen Ort zurück zum Parkplatz (bei Nässe ist dieser Abstieg rutschig).

Auf die Rote Flüh

Hinter dem Gimpelhaus auf dem oberen Steig noch zwischen Bäumen, dann in freiem Gelände in ein Hochkar mit imposanter Felsumrahmung (Südwände des Gimpels, 2176 m). Bei der Verzweigung links in das schüsselförmige Kar und auf der rechten Seite empor in die tief eingekerbte Judenscharte. Um eine Felsecke, dann über plattiges Gelände mit Sicherungen aufwärts und über kleine Mulden und Stufen auf den Gipfel.

Überschreitung und Klettersteig

Vom Gipfel der Roten Flüh nach Westen über Gras und ein paar schrofige Stellen abwärts, an einem Felsköpfchen eine mit Eisenklammern gesicherte Stelle, und weiter über einen Rücken hinab. Nun links auf Absätzen am kleinen Gilmenkopf vorbei in die Gelbe Scharte mit ihrem auffallend bröseligen Gestein. Von dort auf dem Friedberger Klettersteig in steilem, gut gesichertem Fels ziemlich gerade empor auf den Schartschrofen (1968 m).

Über die breite Nordabdachung mit ihren Latschen in den folgenden Sattel, das Hallergernjoch. Jetzt links über die steileren Hänge hinab auf freie Weideflächen, über einen Rücken, dann in steilem Wald zur Gessewangalm und weiter abwärts zu einem Wegkreuz. Links zum Gasthaus Adlerhorst und hinab bis zum Waldrand. Nun nicht zu den Häusern von Haller, sondern querend über Wiesen und zwischen Bäumen nach Osten zurück zum Ausgangspunkt.

Tourensteckbrief

TALORT: *Nesselwängle (1136 m), der letzte Ort im Osten des Tannheimertals mit grandioser Bergkulisse; ganz steil über den Häusern die Südwand der Roten Flüh. Im Jahr 2002 ist man am Bau einer Umgehungsstraße.*

AUSGANGSPUNKT: *Über dem westlichen Ortsrand großer Parkplatz (1140 m) speziell für die Besucher des Gimpelhauses.*

HÜTTEN, EINKEHR: *In aussichtsreicher Lage das Gimpelhaus (1659 m), privat, 240 Schlafplätze, Tel. 05675/82 51, sehr beliebtes Ziel. In der Nähe die Tannheimer Hütte (1713 m), DAV, 22 Schlafplätze, Tel. 0663/ 5 65 03. Am Abstieg vom Schartschrofen Ghs. Adlerhorst (1256 m) steil über dem Haldensee.*

GEHZEITEN: *Gimpelhaus knapp 1:30 Std.; von dort auf die Rote Flüh 1:15 Std.*

STEIGUNGEN: *Zum Gimpelhaus 530 Hm, Weiterweg auf die Rote Flüh 440 Hm.*

ANFORDERUNGEN, CHARAKTER: *Bergwege zum Gimpelhaus, an der Roten Flüh schrofige Stelle mit Sicherungen, trotzdem relativ einfach. Bei der Überschreitung der Roten Flüh Trittsicherheit nötig, am Schartschrofen Klettersteig mittlerer Schwierigkeit.*

FÜR KINDER: *Zum Gimpelhaus durchaus möglich, aber nicht sonderlich abwechslungsreich.*

DAS BESONDERE: *Das Gebiet der eindrucksvollen Kletterwände und der faszinierenden Tiefblicke.*

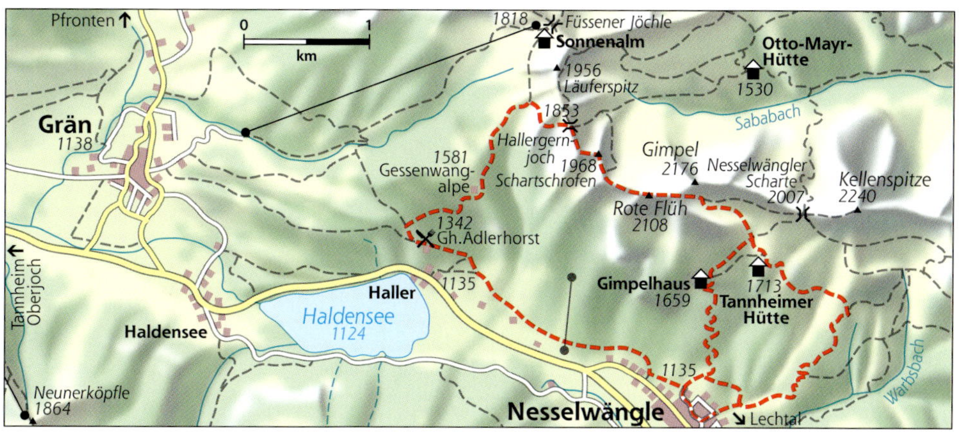

34 Krinnenspitze und Litnisschrofen

Tourensteckbrief

TALORT: *Nesselwängle (1136 m), der letzte Ort im Osten des Tannheimertals mit grandioser Bergkulisse; ganz steil über den Häusern zum Beispiel die Südwand der Roten Flüh. Im Jahr 2002 ist man beim Bau einer Umgehungsstraße.*
AUSGANGSPUNKT: *Im Südwesten von Nesselwängle am gegenüberliegenden Bergfuß die Talstation des Krinnenlifts.*
EINKEHR: *Keine Übernachtungsmöglichkeit, doch eine Art Berggasthaus (Krinnenalpe) nahe der Bergstation und zwei bewirtschaftete Alphütten (Nesselwängler und Gräner Ödenalpe).*
GEHZEITEN: *Lift – Krinnenspitze gut 1:30 Std.; Übergang zum Litnisschrofen ebenfalls 1:30 Std.*
STEIGUNGEN: *Auf die Krinnenspitze 510 Hm, beim Übergang zum Litnisschrofen zusätzlich 370 Hm.*
ANFORDERUNGEN, CHARAKTER: *Die beschriebenen Routen verlaufen auf Bergwegen, doch am Ostgrat der Krinnenspitze und verstärkt am Gipfelaufbau des Litnisschrofen an einigen gesicherten Felsen ist Trittsicherheit nötig.*
BEQUEMER AUSFLUG: *Eine Hütte und zwei Almen, alle mit besonders schönen Ausblicken, laden zu einer Bummeltour ein.*
FÜR KINDER: *Am interessantesten um die Bergstation und das Gasthaus Krinnenalp.*
DAS BESONDERE: *Überschreitung von zwei Gipfeln, stets sehr schönes Panorama, zwei urige Alphütten, reiche Flora.*

Allgäuer Vorposten hoch über dem Lechtal

Diese beiden Zweitausender sind bis zum Gipfel mit Steigen erschlossen, und doch kennen nur einige die Krinnenspitze (2000 m), und zum Litnisschrofen (2068 m) passt die Bezeichnung »Geheimtipp«. Die abgerundete Form ist das Merkmal der Ersteren, ein Berg wie eine Scheibe, der aber doch nach Norden mit hoher, zerklüfteter Schrofenflanke und im Süden mit recht steilen Graspleisen, einem echten Blumenparadies, abfällt. Und der Litnisschrofen gar bildet ein gewaltiges, gut zwei Kilometer breites Massiv mit eindrucksvoller Nordwand und einer Art unberührter Wildnis auf der anderen Bergseite, die mit völlig unzugänglichen Flanken das unberührte Birkental im Norden begleitet. Schon mancher, der vom Ort Haldensee nach Süden ins Strindental geschaut hat, staunte über einen wilden Felsberg im Talhintergrund, der ihm so völlig unbekannt ist – eben unser Litnisschrofen.

Strenge Naturfreunde besteigen auch einen ganz oder teilweise mit Bahnen erschlossenen Berg zu Fuß. Natürlich bietet auch unserer Gipfelpaar zwischen Tannheimer- und Lechtal entsprechende Möglichkeiten. Der Individualist wird dann jedoch bestimmt auf der Südostseite starten, im Weiler Rauth (1140 m), um die dort viel stilleren Wege zu nutzen.

Doch alle anderen fahren von Nesselwängle mit dem Lift zur Bergstation in 1493 m Höhe und überwinden so mühelos die Waldregion. Schon von dort – so steil und unmittelbar über dem Tal – ist der Blick einzigartig: in der Tiefe die große Fläche des Haldensees und unmittelbar gegenüber die Felsmauern in den Tannheimer Bergen, die schönsten und steilsten Kletterwände weit und breit. Eine faszinierende Aussicht bleibt auch auf allen Wegen dort oben ständiger Begleiter. Zum Panorama zählen später auch die so markanten Felsgipfel der Lechtaler Alpen.

Bei der Nesselwängler Ödenalpe, im Hintergrund der Litnisschrofen

In den Bergen über dem Krinnenlift lebt die Freiheit, die Freiheit nämlich, sich seinen Tag und seine Tour ganz individuell zusammenzustellen. Der eine mag schon nach fünf Minuten an einem Gasthaustisch »hängen bleiben«, andere sehen die Überschreitung der beiden Gipfel als strenge Pflichtaufgabe an, zu der auch ein wenig Trittsicherheit gehört. Am Ostgrat der Krinnenspitze gibt es nämlich eine ganz kurze und am Gipfelaufbau des Litnisschrofens eine schon etwas anspruchsvollere Schrofenstelle. Aber man kann der Krinnenspitze mit der außergewöhnlichen Höhe von genau 2000 m auch ohne alle Probleme über die Grashänge der Westseite aufs Haupt steigen. Wieder andere sind in dem üppig begrünten Gelände auf der Suche nach botanischen Raritäten oder wandern schon am Morgen zum Litnisschrofen, um dort Gämsen zu begegnen.

Krinnenspitz-Rundtour

Mit dem Lift zur Bergstation (1493 m). Von dort auf dem »Gamsbocksteig« nach links an Lawinenwällen vorbei und kurzzeitig flach nach Osten. Dann in kleinen Mulden über Gras und zwischen Latschen etwa 200 Hm durch die steile Nordflanke auf eine breite Schulter im Ostrücken der Krinnenspitze; überraschender und sehr eindrucksvoller Blick hinüber in die Lechtaler Alpen. Meist etwas südlich der Gratkante über steiles Gras mit vielen Blumen zur obersten Schneide und über den kurzzeitig schmalen Grat (Sicherung; Blick in die nordseitige Schrofenflanke) auf die weite Gipfelfläche der Krinnenspitze (2000 m, 1:30 Std.), die auch die Bergschafe als Rastplatz schätzen.
Rückweg: Ganz kurz über den Kamm nach Westen, dann auf dem Alpenrosensteig durch eine Grasmulde und über einen Hang hinab auf einen breiten, quer laufenden Weg. Auf ihm nach rechts zur nahen Nesselwängler Ödenalpe (1672 m, Jausenstation), um eine Geländekante, dann durch die freien Weidehänge schräg abwärts zum Berggasthaus Krinnenalpe und zurück zur Bergstation.
Hinweis: Wer nicht ganz schwindelfrei ist, wird den Alpenrosensteig auch für den Aufstieg benutzen, da dort das Gelände keinerlei Schwierigkeiten bereitet.

Krinnenspitze – Litnisschrofen

Von der Krinnenspitze auf dem gebogenen Südgrat 500 m zu einer Schulter hinab. Hier nach rechts, durch die Flanke zu einer Verzweigung und links zur nahen Gräner Ödenalpe (1714 m, Jausenstation). Von dort auf kleinem, aber gutem Steig immer schräg aufwärts über die von Latschenflecken gesprenkelten Grashänge in eine Mulde und auf eine kleine Geländerippe direkt unter den Felsen des Litnisschrofen-Hauptkammes. In einer Rinne mit auffallend bröseligen Gesteinsmaterial empor, dann mit Hilfe einiger Sicherungen über kleine Felsstufen rechts daneben zum Grat und nach rechts zum Gip-

felkreuz auf dem Litnisschrofen (2068 m, 1:30 Std. von Gipfel zu Gipfel).

Beim Rückweg wandert man von der Gräner direkt zur Nesselwängler Ödenalpe und weiter zur Krinnenalpe und der Bergstation des Lifts. Will man den Litnisschrofen direkt von der Bahn aus erreichen, begeht man den Weg zu diesen beiden Alphütten in der umgekehrten Richtung und erreicht so den Gipfelpfad (s. u.; Lift – Litnisschrofen knapp 2 Std.).

Der Alpausflug (für alle, die es gemütlicher haben wollen): Der Weg zu den Almen ist zwar breit, doch steinig und in einem Abschnitt auch relativ steil; so zählt dieser Ausflug trotz seiner kurzen Gehzeiten von 5 bis 50 Min. nicht zu den Spaziergängen. Ganz rasch erreicht man das Berggasthaus Krinnenalpe (1527 m) mit seinem Blick über das Tannheimertal. Von der urigen Nesselwängler Ödenalpe (1672 m, 35 Min. ab Lift) aus ist die Sicht noch freier und es imponieren die Felsen des Litnisschrofen. Von dort aus folgt man noch kurz dem breiten Weg und biegt dann auf den Steig auf der rechten Seite ab. Auf ihm erreicht man schließlich nach insgesamt 50 Min. den Grat mit seiner doppelten Überraschung: Urplötzlich ist der Blick nach Süden frei, zudem schmiegt sich unmittelbar hinter der Kante die Gräner Ödenalpe (1714 m) an den Hang.

Die breite Nordflanke der Krinnenspitze oberhalb der Lift-Bergstation

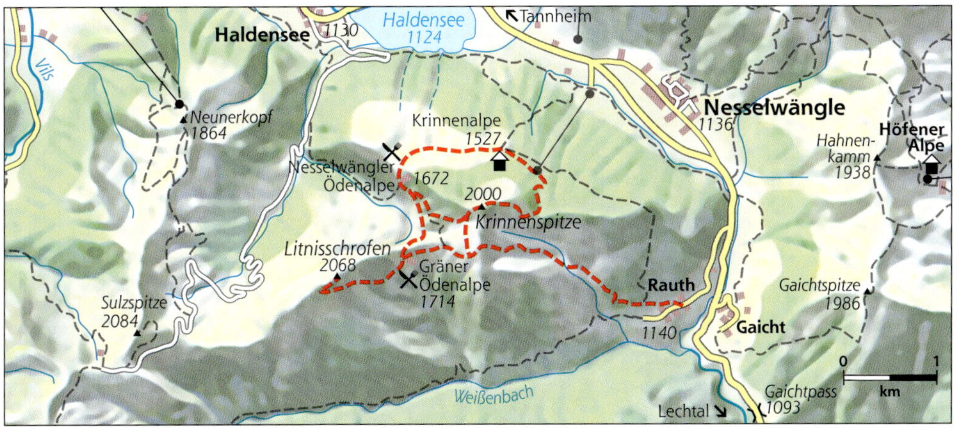

35 Höhenwege zur Landsberger Hütte

Zwischen Neunerköpfl und Landsberger Hütte: Blick auf die Lachenspitze, die sich nicht gegen den Horizont abhebt, und den Hochvogel.

Über drei Scharten und einen Gipfel

Wo die meisten Menschen unterwegs sind, findet man die interessanteste Wanderung und die schönste Landschaft! Nichts klingt logischer und überzeugender als dieser Satz – und dennoch stimmt er in vielen Fällen nicht. Die ausgesprochenen Modetouren entwickeln oft eine Art Eigendynamik, viele wählen sie aus, nur weil man sie gemacht haben muss, obwohl es vielleicht nebenan eine viel spannendere und stillere Route gibt.

Doch der auffallend beliebte Zugang vom Neunerköpfl, an dem man mühelos 700 Hm mit der Bergbahn überwindet, zur Landsberger Hütte verdient – man möchte fast sagen, ausnahmsweise – seine Zustimmung wirklich. Da wird alles geboten, was eine Wanderung in einem Berggelände dieser Art servieren kann. Man ist während der gesamten Zeit in Höhen zwischen 1770 und gut 2000 m unterwegs, fast immer oberhalb der Baumgrenze, und damit bleiben die Ausblicke stets frei und weit. Außerdem kommt man durch vier verschiedene Regionen, das sorgt für reiche Abwechslung.

Das schönste Element aber im Bereich der Landsberger Hütte sind die drei Wasserflächen. Schade, dass man nur eine der beiden Routen beim Zugang begehen kann. Für den Start am Neunerköpfl spricht natürlich die Fahrt mit der Bahn, denn die meisten sparen sich lieber den langen Aufstieg, als am Schluss des Tages gemütlich ins Tal zu schweben. Deshalb wird die Drei-Seen-Wanderung von der Landsberger Hütte beim Rückweg begangen. Dabei sind die Eindrücke viel stärker, wenn man diese Route im Aufstieg kennen lernt, ist sie doch geradezu beispielhaft für die Steigerung von der Talregion zum Hochalpinen, was hier wenigstens kurz beschrieben werden soll. Als erstes lernt man dann den eineinhalb Kilometer langen Vilsalpsee (1165 m) kennen.

Diese weite Wasserfläche, die an beiden Enden in freundliche, von Wiesen bedeckte Schwemmböden übergeht, füllt das Tal fast in der gesamten Breite. Von dort steigt man dann, die »Zivilisation verlassend«, in einem urwüchsigen Gelände mit Wald, Buschwerk und Matten hinauf zum Traualpsee (1645 m), der ganz in Weideflächen gebettet ist. Auf der dritten Stufe schließlich verbirgt sich in einem Kessel die Lache (1775 m) inmitten einer nun wirklich hochalpinen Landschaft mit Latschen und Felsblöcken, sie wird zudem ganz steil und unmittelbar von der Nordwand der Lachenspitze (2126 m) überragt.

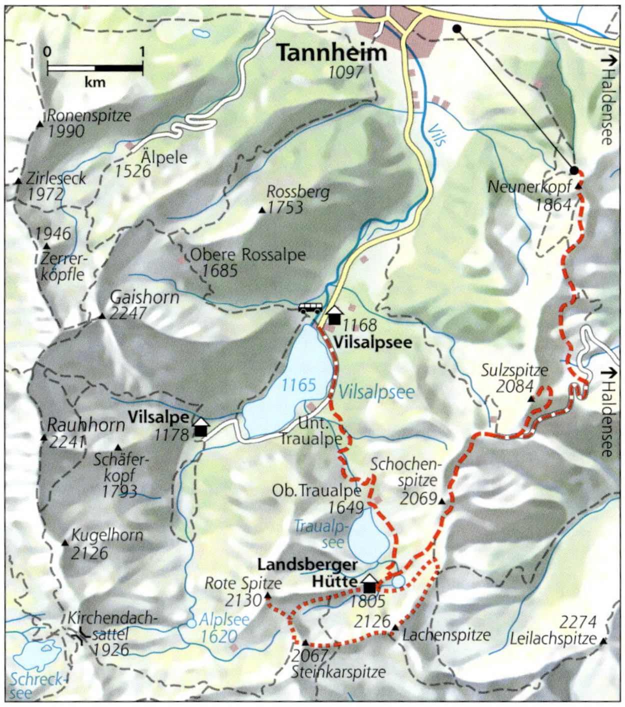

Abstieg von der Landsberger Hütte zum Vilsalpsee

Noch etwas Ungewöhnliches zeichnet das Gebiet der Landsberger Hütte aus: Hier gibt es nicht weniger als sechs mit einem Steig erschlossene Gipfel. An der Schochenspitze (2069 m) kommt man so nahe vorbei, dass man sie – wie es so schön heißt – mühelos »mitnehmen« kann. Der Abstecher von der Gappenfeldscharte auf die Sulzspitze (2085 m) hingegen erfordert eine knappe Stunde. Dieser scheinbar so schroffe Gipfel versteckt auf der Nordostseite schräge Hochflächen, auf denen es üppig grünt und blüht. Manchem macht es vielleicht auch Spaß, in der so schön gelegenen Landsberger Hütte mit immerhin 170 Schlafplätzen zu übernachten, um damit mehr Zeit für weitere Gipfeltouren zu haben.

Der kleinste Berg in der allernächsten Umgebung wäre die Steinkarspitze (2067 m), eine malerische, hellgraue Felsruine, die sich auf Ost- und Nordgrat überschreiten lässt und die eine sehr reizvolle Aussicht mit dem Hochvogel (2592 m) als besonderem Blickfang bietet. Dann gibt es noch die Rote Spitze (2130 m), die Lachenspitze …

Vom Neunerköpfl zur Hütte

Mit dem neuen Lift zur Bergstation (1770 m). Rechts am Neunerköpfl vorbei oder – reizvoller – auf der linken Seite auf breitem Steig über eine felsdurchsetzte Stufe auf das Neunerköpfl (1862 m), nach Süden hinab, bis man wieder auf den querenden Steig trifft. Hinüber zum Kamm, hinab in einen Sattel und an einem Köpfchen vorbei zum nächsten Sattel. Ab dort links und immer durch die gegliederten Weidehänge mit Auf und Ab zur Strindenscharte. Auf einem Fahrweg quer durch die steile Sulzspitz-Südostflanke in die Gappenfeldscharte (1858 m), einen weiten Sattel zwischen Sulz- und Schochenspitze.

Nun wieder auf einem Fußweg nach Süden schräg durch die Hänge in eine kleine Lücke im Ostgrat der Schochenspitze (2069 m), die sich von dort in wenigen Minuten über Gras besteigen lässt. Wiederum schräg durch den Hang, jetzt allerdings abwärts, und durch eine Mulde in das Östliche Lachenjoch. Rechts über den Hang hinab, bei der Verzweigung ebenfalls rechts und um den in einem kleinen Kessel gelegenen Bergsee »Lache«, in dem sich die wilde Nordwand der Lachenspitze (2126 m) spiegelt, zur Landsberger Hütte (1805 m) auf einem Geländerücken mit sehr schönem Blick.

Abstieg zum Vilsalpsee: Von der Landsberger Hütte wieder 200 m zurück bis oberhalb der Lache. Nun nach Norden auf einer Rampe über eine Felsfluh hinab auf die folgenden Weideböden und rechts am immerhin 600 m langen, teilweise aufgestauten Traualpsee (1645 m) entlang. Danach folgt eine weitere, ziemlich hohe Steilstufe mit Geröll, Gras, Buschwerk, über die der steinige Weg in Kehren hinabführt auf einen kleinen Boden. Hier über den Bach und meist im Wald zum Ostufer des Vilsalpsees (1165 m) und weiter zum Gasthaus an seinem Nordende. Mit dem Bus nach Tannheim oder zu Fuß dorthin in etwa 50 Min.

Für Gipfelhungrige

Von der Landsberger Hütte über Matten ins Westliche Lachenjoch und etwas steiler und bei Nässe rutschig auf die Rote Spitze (2130 m, knapp 1 Std.), einen typischen Allgäuer Steilgrasberg. Die Steinkarspitze (2067 m, vom Joch 15 Min.) mit ihrem hellen Felsen am Gipfel gleich vis-à-vis macht einen ganz anderen Eindruck. Man überschreitet sie auf dem Nord- und dem Ostgrat in die Steinkarscharte. Wer es nun noch etwas mühsamer und kitzliger haben will, ersteigt auf steinigen Pfaden der Westseite die Lachenspitze (2126 m, 30 Min. ab Scharte), um steil über die Nordostflanke wieder die Almböden zu erreichen.

Tourensteckbrief

TALORT: *Tannheim (1097 m), stattlicher Hauptort des gleichnamigen Tales an der Ausmündung des Vilsalptales gelegen; Pfarrkirche von 1725.*

AUSGANGSPUNKT: *Liftstation im Nordosten des Ortes an der Umgehungsstraße.*

HÜTTEN, EINKEHR: *Landsberger Hütte (1805 m), DAV, 170 Schlafplätze, Tel. 05675/62 82; zudem Gasthaus am Vilsalpsee.*

GEHZEITEN: *Neunerköpfl – Landsberger Hütte knapp 3 Std., Abstieg zum Vilsalpsee 1:20 Std.*

STEIGUNGEN: *Höhenweg zur Hütte alles zusammen etwa 300 Hm.*

ANFORDERUNGEN, CHARAKTER: *Bergwege ohne Probleme, doch zu Zeiten nass und rutschig.*

ZUSÄTZLICHE GIPFEL: *Bei der Höhenwanderung lässt sich mit 50 Min. Aufwand die Sulzspitze (2085 m) besteigen, über der Hütte gibt es vier weitere Gipfel wie die Steinkarspitze (2068 m, 50 Min.).*

FÜR KINDER: *Höhenweg für Kinder zu weit und zu wenig abwechslungsreich; lohnender ein Lift-Ausflug ins Gebiet des Neunerköpfls oder ein einstündiger Aufstieg vom Vilsalpsee zum Traualpsee.*

DAS BESONDERE: *Auf dem Höhenweg ständig allerschönste Ausblicke, drei Bergseen, zudem die Möglichkeit, sechs Gipfel zu besteigen.*

36 Auf und über das Geißhorn

Tourensteckbrief

TALORT, ZUFAHRT: *Tannheim (1097 m), stattlicher Hauptort des gleichnamigen Tales an der Ausmündung des Vilsalptales gelegen; Pfarrkirche von 1725. Schnellste Zufahrt über das Oberjoch.*

AUSGANGSPUNKT: *Vilsalpsee (1165 m, Gasthaus), 4 km von Tannheim, bis 10 Uhr mit Pkw. erreichbar, dann mit Bus.*

HÜTTEN, EINKEHR: *Unterwegs keine Möglichkeit, Gasthaus am See und an der Vilsalpe.*

GEHZEITEN: *Vilsalpsee – Geißhorn gut 3 Std., von Tannheim über Geißeck gut 4 Std.*

STEIGUNGEN: *Vilsalpsee – Geißhorn 1090 Hm, Tannheim – Geißeck – Geißhorn 1200 Hm.*

ANFORDERUNG, CHARAKTER: *Ausschließlich Bergwege, auf den Nordseiten steil und steinig, dort Trittsicherheit wichtig.*

ZUSÄTZLICHER GIPFEL: *Evtl. Aufstieg auf das Rauhhorn in 40 Min.*

FÜR KINDER: *Gipfeltouren sehr, sehr weit.*

DAS BESONDERE: *Ein großer Berg (oder zwei) auf spannenden Routen, hindernislose Ausblicke, Rundtour und Gipfelkombination bieten sich an.*

Der Hauptgipfel über dem Vilsalpsee

Fünf Tiere stehen besonders häufig Pate für Berg- und Flurnamen. So findet man zahllose Beispiele vom Schafberg über die Schafalpenköpfe bis zum Schafsiedel, häufig sind die Hirschberge; in den Allgäuer Alpen gibt es zudem nicht weniger als fünfzehn Bezeichnungen in Verbindung mit dem Ross, wobei der Große Rosszahn, immerhin der 2356 m hohe Hauptgipfel der gleichnamigen Berggruppe, einen recht drastischen Vergleich bringt. Besonders häufig sind natürlich auch die Verbindungen mit dem Wort Gams, wie die Bezeichnung Gamsbollar, die wohl nur ein echter Allgäuer versteht. Das fünfte Vieh ist schließlich der Namengeber für unser heutiges Ziel, das auf vielen Karten als Gaisberg notiert wird. Dabei handelt es sich hier ganz simpel um eine Ziege, eine Geiß, aber nicht um eine Gais – das gibt es nicht einmal in der neuen deutschen Rechtschreibung (da hat sich nur die Gemse in eine Gämse verwandelt). Also bleiben wir beim korrekten Deutsch und schreiben Geißhorn.

Im Bergkranz um den Vilsalpsee ragt dieser Gipfel mit seinen 2247 m nicht nur am höchsten auf, als gewaltige Felspyramide mit bis zu 500 m hohen Schrofenflanken und -graten bildet er auch die mit Abstand markanteste Gestalt dort. Diese Dreiecksform ist unverwechselbar, und doch kennen die meisten den Gipfel nicht wieder, wenn sie ihn von Norden oder Süden zu sehen bekommen; von dort hat er nämlich die Gestalt eines Trapezes mit einem 500 m langen, fast geraden Gipfelgrat – auch das ist wieder unverwechselbar.

Drei Steige auf den Gipfel und nicht weniger als sechs Zugangswege erschließen das Geißhorn. Qual der Wahl! Man könnte auf der bayerischen Seite im Ostrachtal, und zwar in Hinterstein, starten. Bequemer, weil dort der Ausgangspunkt bis zu 300 m höher liegt, lässt sich unser Ziel aus dem Tannheimertal, exakt vom Vilsalpsee (1165 m) aus, erreichen. Wenig Wald und viel freies Gelände geben diesen Anstiegen einen besonderen Reiz, dazu kommt die Spannung am Gipfelaufbau bei den beiden nordseitigen Routen. Hier ist man zwar den so wilden Abbrüchen und Wänden der Ostseite entkommen, trotzdem ist das Gelände steil und steinig und erfordert schon ein wenig alpines Können. Der Unsichere wird deshalb eher die Route über die Vordere Schafwanne und die Südflanke versuchen (die im Abstieg beschrieben wird); zwar schießen auch dort die Hänge jäh in die Tiefe, doch der Steig ist hier besser, und das vorherrschende Gras wirkt freundlicher als Geröll und Fels.

Bietet schon die kürzeste Route viel Abwechslung und Spannung, so gibt es dennoch zwei Steigerungen. Bei einem Zugang von Tannheim durchs Älpeletal und einem Aufstieg über den abwechslungsreichen Nordgrat des Geißecks ergibt sich eine wirklich großzügige Rundtour. Diese lässt sich zudem mit dem zweiten großen Gipfel des Kammes, dem Rauhhorn (2241 m), kombinieren. Wir haben diesen mit Felszacken dekorierten Berg bei der Tour 4 zum Schrecksee schon vorgestellt. Mit knapp eineinhalb zusätzlichen Gehstunden kann man ihn erklettern und sogar überschreiten.

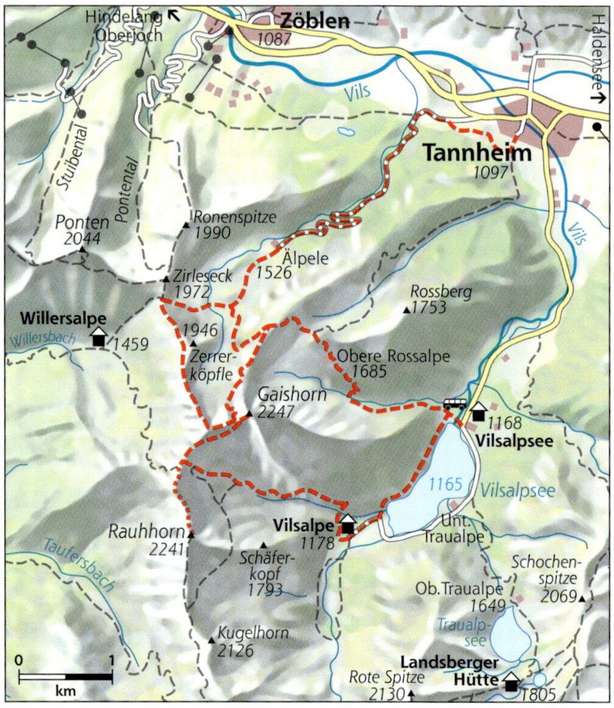

Die kürzeste Route

Beim Gasthaus auf der Brücke über den Abfluss des Vilsalpsees und sofort gerade über die Matten zum Waldrand hinauf. Jetzt nach rechts in einen Tobel und gegenüber durch Wald empor auf die weiten, welligen Flächen der Oberen Roßalpe. Über sie zum Sattel (1855 m) am Schnurschrofen, eine grasüberzogene, fast ebene Hochfläche.

Auf und rechts neben dem bald ganz scharfen Grat auf das Massiv zu, dann nach rechts in die sehr steile Nordflanke. Auf dem recht rutschigen Steig in Kehren über Geröll und ein paar Schrofen steil zum Kamm und nach links auf den Gipfel des Geißhorns (2247 m, gut 3 Std., Trittsicherheit erforderlich) mit großem Kreuz. Abstiegsmöglichkeit siehe nächster Abschnitt.

Die abwechslungsreichste Rundtour

Vom Parkplatz im Westen von Tannheim an den Häusern von Wiesle vorbei bis vor dem Älpelebach. Bei der Verzweigung der Fahrwege links empor und in zwei Minuten zu einer weiteren Abzweigung. Nun entweder stets auf dem Alpsträßchen oder rechts davon auf dem kleineren, alten Weg meist über schöne Lichtungen, schließlich wieder gemeinsam zur Hütte auf dem Älpele (1526 m) am Rand weiter Weideflächen.

Von dort in dem unübersichtlichen Gelände nach Südwesten zu einer Wegverzweigung. Rechts über die Böden, dann schräg über einen Hang in den tiefsten Sattel (1882 m) im Grenzkamm. Nach Süden an der Gratkante entlang aufwärts, dann rechts der Schneide auf Weideflächen am unbedeutenden Zererköpfl (1946 m; kann man in wenigen Minuten besteigen) vorbei zum Beginn des Felsgrates. Steil über Gras, Geröll und einige Felsen auf das Geißeck (2212 m, ein Kamin mit Drahtseil). Immer auf der sehr aussichtsreichen Schneide mit ein wenig Auf und Ab auf das Geißhorn (2247 m, gut 4 Std., Trittsicherheit wichtig).

Über den allerersten Gratteil wieder hinab, dann in der Südflanke schräg abwärts in den Sattel der Vorderen Schafwanne (2057 m; von hier auf das Rauhhorn 40 Min., siehe auch Tour 4).

Nach Osten in die Vordere Schafwanne hinab und dann auf dem immer deutlichen Steig fast stets in freiem Gelände durch die Grasmulden tiefer, schließlich nach rechts zum Berggasthaus Vilsalpe (1178 m). Von dort fast eben hinaus zum Vilsalpsee und auf breitem Weg am Westufer entlang zu Gasthaus und Haltestelle. Mit dem Bus zurück nach Tannheim.

Das Geißhorn beherrscht weite Teile des Tannheimertals. Das Foto zeigt links neben diesem markanten Gipfel noch Rauhhorn und Kugelhorn.

37 Vom Wannenjoch zum Ponten

Tourensteckbrief

TALORT, ZUFAHRT: *Schattwald (1080 m), Ferienort im westlichen Teil des Tannheimertals. Zufahrt von Oberjoch auf breiter Straße.*
AUSGANGSPUNKT: *Südlich der Häuser von Schattwald am Bergfuß die Talstation des Wannenjoch-Lifts, großer Parkplatz.*
EINKEHR: *Einzige Möglichkeit evtl. Zipfelsalpe.*
GEHZEITEN: *Lift – Wannenjoch 1 Std., Lift – Bschießer gut 1:30 Std., Weiterweg zum Ponten 45 Min., Abstieg 1:45 Std.*
STEIGUNGEN: *Zum Wannenjoch 340 Hm, zum Bschießer 530 Hm, zum Ponten zusätzlich 150 Hm.*
ANFORDERUNGEN, CHARAKTER: *Bergwege, zu Wannenjoch und Bschießer keine Probleme, bei den Übergängen zu Iseler bzw. Ponten Trittsicherheit in teilweise schrofigem Gelände nötig.*
ZUSÄTZLICHER GIPFEL: *Ronenspitz (1990 m), Aufstieg 30 Min.*
FÜR KINDER: *Am interessantesten vom Oberjoch mit neuer Sesselbahn und dann zu Fuß auf den Iseler.*
DAS BESONDERE: *Drei-Gipfel-Tour in sehr aussichtsreichem Gelände, bizarre Felsformationen am Ponten.*

Drei- oder Vier-Gipfel-Tour

Die drei Gipfel, die das Tannheimertal gegen Südwesten abschließen, haben eine gemeinsame Eigenschaft – sie zeigen abgerundete Formen. Gleichzeitig aber bieten sie eine deutliche Steigerung, nicht nur bei der Höhe, sondern auch in ihrem Aussehen. Die obere Ostflanke des Wannenjochs (1907 m) ist ganz von Gras und Latschen überzogen. Wer diesen Gipfel von Oberjoch aus betrachtet, wird ihn aus zwei Gründen nicht wieder erkennen. Bei den Allgäuern gibt es nämlich kein Wannenjoch, sie bezeichnen den gleichen Berg als Kühgundkopf. Außerdem zeigt er hier ein ungleich imposanteres Aussehen. Zusammen mit dem Iseler, den viele wegen der Bergbahn kennen und als Aussichtspunkt schätzen, bildet er ein zwei Kilometer breites Massiv mit steiler, stark felsdurchsetzter und von Geröllrunsen zerfurchter Nordflanke.

Der zweite Gipfel unseres Trios trägt den eigenartigen Namen Bschießer, auf älteren Karten auch Bscheißer. Ähnliche Bezeichnungen tauchen an den verschiedensten Stellen in den Alpen auf. Sehr bröselige Steilhänge und -rinnen, durch die viel Steinschlag, Geschiebe, Muren usw. herabkommen, belegen die Einheimischen gern mit so deftigen Worten. Der sehr bröselige Fels, das besondere Merkmal des Bschießers, könnte diesem Berg »gefährlich« werden: Er ist nämlich laut letzter Vermessung genau 2000 m hoch, wird er allzu sehr abgetragen werden.

Die schönste und mächtigste Gestalt aber ist der Ponten (2044 m). Wie drüben am Bschießer baut auch hier das gleiche Gestein, der Hauptdolomit, den Gipfel auf, ist aber dominierender und die Verwitterung hat sehr auffallende Formen geschaffen. So krönen den langen Nordgrat eine Vielzahl von Felszacken, und sogar richtig grotesk wirken die Felsmännchen und -pilze, an denen man bei der Überschreitung vorbeikommt. Sie wachsen in allen erdenklichen Formen aus dem Geröll heraus.

Talort für unsere Tour ist Schattwald, der am tiefsten gelegene Ort des Tannheimertals. Er müsste heute eigentlich Sonnenwiese heißen, denn der Wald ist dort völlig verschwunden und sonnige Wiesen überziehen den Talboden, in dem der Ort sich ausbreitet. Im Norden des Dorfes verschwindet die Vils, der Fluss unseres Hochtals, ebenso unauffällig Richtung Pfronten, wie er vorher von Tannheim bis hier geflossen war.

Wie gewöhnlich werden wir Ihnen kleinere und größere Touren anbieten, die jedoch alle mit einer Liftfahrt bis in 1570 m Höhe beginnen und Ihnen damit jeweils einen guten Teil des Aufstiegs abnehmen. Nur so ist unsere Drei-Gipfel-Tour ohne besondere Anstrengung zu meistern, ja, Starke könnten gut noch einen vierten Berg, den Ronenspitz (1990 m), »anhängen«.

Kleine Runde am Wannenjoch

Von der Bergstation des Dreiersessellifts (1570 m) auf einem Steig immer schräg nach links durch die meist freien Hänge, bis man nach einer Geländekante zu einer Verzweigung kommt. Hier rechts und wieder schräg durch die Hänge erst zwischen Latschen, dann in fast freiem Gelände zur Kühgundspitze (1856 m) mit Kreuz. Auf und neben dem Grat sehr aussichtsreich zum höchsten Punkt des Wannenjochs (1907 m, 1 Std.). Zurück zur Verzweigung, von dort nach Süden hinab in den breiten Sattel der ehemaligen Oberen Stuibenalpe (1613 m) und hier auf sumpfigen Boden nach links zur Geländekante. Über eine Stufe ins schüsselförmige Tal und hinaus zur Unteren Stuibenalpe. Links des Stuibenbachs auf

Der Iseler ist ein recht beliebtes Ziel über dem Oberjoch.

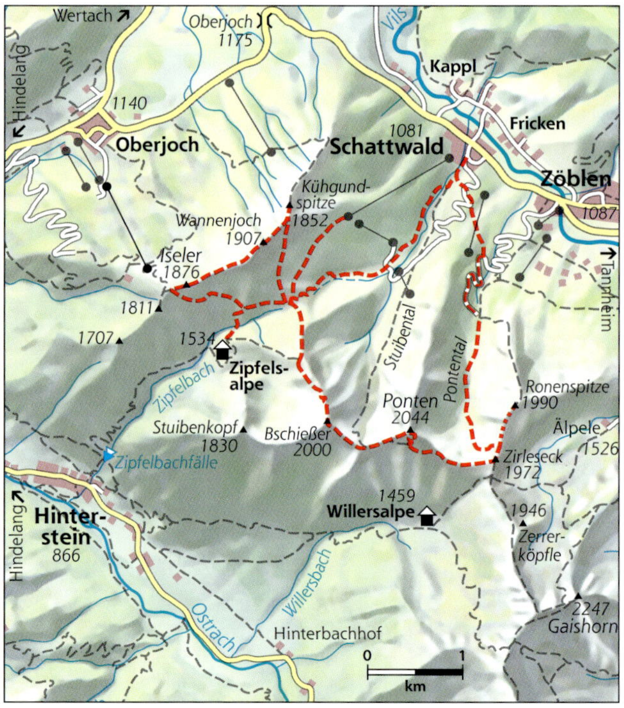

Über den Wiesenflächen bei Zöblen ragt der Ponten mit seinem felsigen Nordgrat auf.

altem Ziehweg, dann auf einer Straße talaus und nach links zurück zur Talstation.

Wannenjoch – Iseler – Zipfelsalpe

Wie oben beschrieben auf das Wannenjoch (Kühgundkopf, 1907 m). Von dort aus immer dem Grat folgend auf Gras, über ein paar Felsen und zwischen Latschen in den tiefsten Sattel (1810 m), dann links der Kante steil auf Schrofen und über Geröll auf den stark besuchten Iseler (1876 m, 1:30 Std., etwas Trittsicherheit nötig) mit großem Kreuz. Schöner Blick hinab ins Ostrachtal.

Vom Iseler ein paar Minuten über den Grat weiter nach Westen, dann links abbiegen und immer schräg abwärts durch die steilen, meist freien Südhänge zu einer Verzweigung. Hier gerade hinunter zum Bach und noch ein Stückchen hinüber zur urigen Zipfelsalpe (1534 m), einer Galtalpe, in der man eine Brotzeit usw. bekommt. Auf dem gleichen Weg wieder zurück zu einem nahen Geländeeck und nun am schnellsten einfach auf den Weideflächen sanft aufwärts in den Sattel der ehemaligen Oberen Stuibenalpe (1613 m) und zurück ins Tal wie oben.

Wannenjoch – Bschießer – Ponten

Wie anfangs beschrieben zur Wegverzweigung am Wannenjoch. Nun entweder Abstecher auf diesen Gipfel (45 Min. Aufstieg) oder gleich hinab in den Sattel der ehemaligen Oberen Stuibenalpe (1613 m). Gegenüber auf den noch sanften, teilweise nassen Weidehängen aufwärts, bis sich der Nordgrat deutlich ausprägt. Nun viel steiler kurz zwischen Latschen, dann auf Gras und Geröll in Kehren über die typische Abdachung zum Kreuz auf dem Bschießer (2000 m, gut 1:30 Std. vom Lift ohne Wannenjoch).

Über den nun plötzlich ganz schmalen Grat nach Süden in die erste Lücke, in der ostseitigen Steilflanke in kleinen Kehren hinab und durch einen felsigen Hang hinüber zum Grat mit Blick zu auffallenden Felsen in der Südflanke. An der Schneide entlang, dann wieder kräftig auswärts über Gras und feinen Schutt auf den zerrissenen Gipfel des Ponten (2044 m, 40 Min. ab Bschießer). Weites Panorama!

Vom Ponten über die Südflanke zwischen pilzartigen Felstürmen hinab, dann links zum Grat und mit kurzem Gegenanstieg auf das Zirleseck, das keinen richtigen Gipfel bildet. Über dessen Grasschneide erst nach Osten, dann nach Norden in einen nahen Sattel. Links hinab auf erdigem Steig in einen kleinen Trümmerkessel und immer am Hang entlang, dann über Böden und durch Gassen im Pontental hinaus zu einem Fahrweg. Hier nach links, auch bei den folgenden Verzweigungen wieder links, um zur Talstation des Liftes zurückzukehren.

Vom Sattel am Zirleseck kann man in 30 Min. auf interessanter, leicht felsiger Route den Ronenspitz (1990 m) besteigen.

Folgende Doppelseite: Blick von Süden auf die Hornbachkette, in der Urbeleskarspitze und Bretterspitze dominieren.

Lechtal und Bregenzerwald

In unserem vierten und letzten Kapitel sind wir ausschließlich im Österreichischen unterwegs, in Tirol und Vorarlberg – und trotzdem in den Allgäuer Alpen. Fast die Hälfte unseres Gebirges liegt nicht in Bayern, sondern im Nachbarland. Hier ragen sogar die Gipfel besonders hoch auf, ist die Bergwelt sehr urwüchsig und wild, wenig erschlossen und zum Teil ausgesprochen einsam.
Das Lechtal bildet die Ost- und Südostgrenze der Allgäuer Alpen, trennt sie von den noch um eine ganze Stufe mächtigeren und eindrucksvolleren Lechtaler Alpen. Aus dem Lechtal zieht dann die Südgrenze der Allgäuer Alpen hinauf zum 1676 m hohen Hochtannberg(pass). Vom Pass geht es hinab in den Bregenzerwald im Westen der Allgäuer Alpen. Dieses Tal ist eigenartig unübersichtlich, steckt dadurch voller Überraschungen und durchläuft zudem alle Stufen von eindrucksvollster Hochregion mit tief eingeschnittenen Tälern und hohen Felsgipfeln bis zu einer Art Mittelgebirge an der Grenze zu Bayern.

38 Vis-à-vis des Hochvogels

Tourensteckbrief

TALORT, ZUFAHRT: *Hinterhornbach (1101 m), Bergdorf in einem Seitenast des Lechtals, umgeben von eindrucksvollsten Felsgipfeln. Gute Zufahrtsstraße von Stanzach über Vorderhornbach. Kein Bus.*

AUSGANGSPUNKT: *Von der Kirche 1 km talein bis vor die Jochbachbrücke (1139 m, kleiner Parkplatz).*

HÜTTEN, EINKEHR: *Keine Möglichkeit unterwegs; Gasthäuser in Hinterhornbach.*

GEHZEITEN: *Auf den Kanzberg 2:30 Std., von dort auf die Jochspitze 1 Std.*

STEIGUNGEN: *Zum Kanzberg 870 Hm, auf die Jochspitze insgesamt 1150 Hm.*

ANFORDERUNGEN, CHARAKTER: *Zum Kanzberg nur kleine Bergwege, doch keine Probleme; bei der Steilstufe an der Jochspitze etwas Trittsicherheit empfehlenswert.*

FÜR KINDER: *Beide Gipfel viel zu weit und einförmig, doch ein Ausflug ins Jochbachtal durchaus reizvoll.*

DAS BESONDERE: *Ein Aussichtsberg der Extraklasse vor allem für die wenig bekannte Hornbachkette, zudem ein Hochtal, das man als Inbegriff des Urwüchsigen bezeichnen kann.*

Kanzberg, Jochspitze und Hornbachjoch

Schaut man von der Kirche in Hinterhornbach nach Westen, dann fällt einem zwischen den hohen Gipfeln in der Mitte ein breites Massiv ins Auge, das wie ein riesiger Keil mit jähen Hängen wirkt. Dieser Bergstock, der aus dem Tal einen so steilen Eindruck vermittelt, läuft nach oben in einen erstaunlich sanften und weiträumigen Rücken aus, der teilweise von Latschen gesprenkelt ist, zwischen denen jedoch die Matten vorherrschen. Die Keilform beruht außerdem keineswegs auf einem Zufall. In Hinterhornbach münden die beiden Quelläste des Tales, das Jochbach- und das innere Hornbachtal, ineinander. Die entsprechenden Eiszeitgletscher »hobelten« also von beiden Seiten an unserem schmalen Kamm und schufen damit ebenso die schroffen, glatten Abhänge wie die auffallende Form.

Nicht Kranzberg, wie schlampige Plagiatoren schreiben, sondern Kanzberg (2009 m) heißt dieses Massiv zwischen den beiden Tälern. Wenn man weiß, dass die Einheimischen unter Kanz einen Pferderücken verstehen, wird der Name völlig logisch, ist der oberste Rücken des Berges doch in ganz auffallender Weise abgerundet. Diese Lage zwischen den Tälern stempelt den Kanzberg zu etwas Einmaligem! Auf der einen Seite steht ganz nahe der Hochvogel (2592 m) mit seiner 600 m hohen Westwand vor dem Betrachter, auf der anderen gibt es eine Art Starparade: Alle Hauptgipfel der Hornbachkette von der Schwellenspitze bis zum Großen Krottenkopf (2656 m) sind hier, einer neben dem anderen, ordentlich aufgereiht. Das ist eine außergewöhnlich imposante Bergkette, und trotzdem gibt es wohl kaum einen Alpinisten, der diese zwei Dutzend Gipfel ohne die Hilfe einer Karte bestimmen könnte. Dieser Ausblick bildet also wahrlich einen guten Grund, um einmal den kaum bekannten Kanzberg zu besuchen, zumal ein Steig bis zum höchsten Punkt führt.

Die Bauernwiesen von Hinterhornbach zeichnen sich durch eine außergewöhnliche Blütenpracht aus, wie man sie bedauerlicherweise selbst in den Bergen kaum noch zu sehen bekommt (Wiesenbocksbart, Storchschnabel u.a.).

Der Massiv des Kanzberges erstreckt sich noch weiter nach Westen und schließt in der Jochspitze (2232 m) an den Allgäuer Hauptkamm an. Auf diesem Gipfel öffnet sich wieder eine ganz neue Welt, dann urplötzlich ist der Blick nach Westen frei. Unmittelbar gegenüber wächst die Höfats (2258 m) mit ihren erstaunlich glatten und steilen Hängen auf. Imposant ist auch das Massiv im Norden, die so genannten Wilden (2379 m), wo sich die einzelnen Gipfel hintereinander schieben. Beim späteren Abstieg ins Jochbachtal präsentieren sich dann die beiden südlichsten Zacken dieses Massivs, die Höllhörner (2145 m), besonders »keck« und sie werden ihrem Namen wahrlich gerecht.

Am Nordfuß der Jochspitze ist das Hornbachjoch (2020 m) eingeschnitten; diese tiefste Scharte im Kamm bildete einst auch einen Übergang von einiger Bedeutung. Wer etwa von Oberstdorf ins untere Lechtal musste, nahm den Acht- bis Zehn-Stunden-Marsch über das Joch gern in Kauf, war er doch so immer noch schneller als »außen herum«.

Beim Abstieg durchs Jochbachtal kam er dann – und kommen wir bei unserer heutigen Rundtour – in eine rechte Urlandschaft. Dank der riesigen Steilhänge herrschen hier nämlich im Winter und Frühjahr uneingeschränkt die Lawinen. Für etwas zusätzliche Verwirrung sorgen zudem die Namen. Vom Hornbachjoch steigt man nämlich nicht zum Hornbach, sondern zum Jochbach ab und wandert dann ziemlich weit an ihm entlang ins Hornbachtal hinaus.

Apropos Hornbachtal. Wissen Sie, wie man dieses Tal findet? Es ist ein Seitenast des Lechtals, das bei Vorderhornbach, also in der Nähe von Stanzach, ausmündet. Das einzige Dorf im Inneren des Tales, Hinterhornbach (1101 m), war einst der Inbegriff der Weltabgeschiedenheit. In diesem ausgeprägten V-Tal gibt es auch im Ortsbereich nahezu keine größeren Böden, und die großen Felsgipfel wie Hochvogel und Zwölferspitze ragen sehr direkt und steil in den Himmel. Eine imposante Kulisse!

Von Hinterhornbach auf den Kanzberg

Vom kleinen Parkplatz über die Jochbachbrücke, die eine sehenswerte Klamm überspannt, und auf dem Fahrweg zu den obersten Höfen. Von dort zwischen üppig blühenden Wiesen zum nahen Graskamm, dem Unterende des beschriebenen Keils. Nach rechts in den Wald, bei der Verzweigung auf dem oberen Steig zwischen hohem Buschwerk und einzelnen Bäumen bergauf. Dann wieder mehr nach rechts, wo man einmal unter, einmal über einer ganz auffallenden, schwarzen, senkrechten Wandfluh entlang wandert. Später zwischen Latschen und dann in immer freierem Gelände auf den erstaunlich weiträumigen Rücken und auf die höchste Kuppe des Kanzberges (2009 m, 2:30 Std.).

Über die Jochspitze und durchs Jochbachtal

Vom Kanzberg auf dem breiten, meist mit Gras überzogenen Kamm nach Westen über zwei Köpfe in eine

Scharte (2016 m) und an den felsigen, auffallend vorspringenden Steilaufschwung des Grates. Links in den steilen Grashängen um die Felsen und wieder hinauf auf den nun abermals bequemen Grat. Über Gras und Geröll zum Gipfelkreuz auf der Jochspitze (2232 m, 1 Std.).

Von der Jochspitze über den Ostgrat wieder hinab zu einer Schulter, dann links durch die Flanke schräg abwärts ins Hornbachjoch (2020 m) am Fuß des Südlichen Höllhorns. Nach Osten über die teilweise steilen Hänge hinab und in vielen Serpentinen zum obersten Boden des Jochbachtals mit seinen himmelhohen Steilhängen und Wänden, die im Frühjahr für entsprechend gewaltige Lawinen sorgen. Hier auf die andere Bachseite, einen Kilometer später wieder zurück auf die linke Seite und zu den schönen grünen Boden mit den Jochbachhütten, die heute als Ferienhäuschen dienen. Über die breite Schuttfläche, die aus dem Weittal kommt, und zu einer Wegverzweigung bald danach. Man kann nun auf beiden Talseiten in etwa der gleichen Zeit zum Ausgangspunkt zurückkehren.

Der Hochvogel über Hinterhornbach

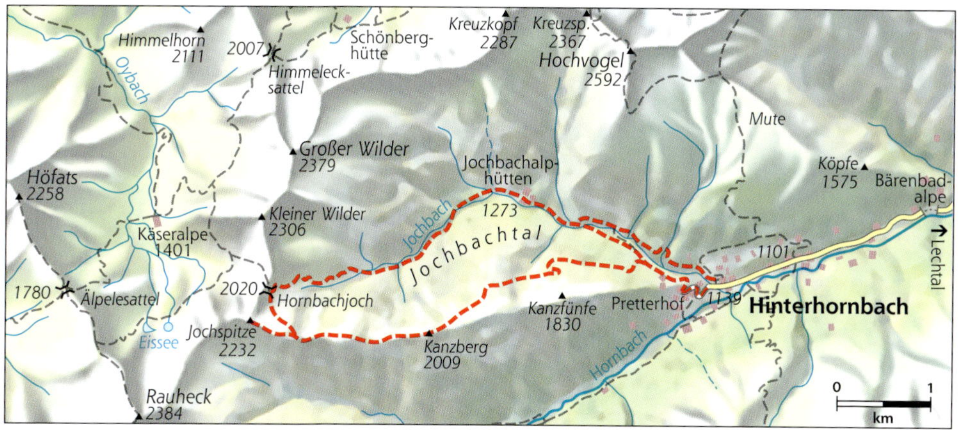

39 Bretterspitze, Enzensperger Ostweg

Tourensteckbrief

TALORT, ZUFAHRT: *Hinterhornbach (1101 m), Bergdorf in einem Seitenast des Lechtals mit eindrucksvollster Felsgipfel-Kulisse. Gute Zufahrtsstraße von Stanzach über Vorderhornbach. Kein Bus.*

AUSGANGSPUNKT: *Von der Kirche 700 m talein und über die Brücke zum Mini-Parkplatz für das Kaufbeurer Haus (1110 m).*

HÜTTEN: *Kaufbeurer Haus (2005 m), 50 Lager, evtl. am Wochenende bewirtet, sonst nur mit AV-Schlüssel zugänglich. Hermann-von-Barth-Hütte (2129 m), DAV, 53 Schlafplätze, Tel. 05634/66 71).*

GEHZEITEN: *Zum Kaufbeurer Haus 2:30 Std., von dort auf die Bretterspitze 1:45 Std. Von Hinterhornbach zur Barth-Hütte knapp 5 Std.*

STEIGUNGEN: *Zum Haus 900 Hm, von dort auf die Bretterspitze 600 Hm. Von Hinterhornbach zur Schöneggerscharte 1120 Hm.*

ANFORDERUNGEN, CHARAKTER: *Zum Haus Bergwege ohne Probleme, zur Bretterspitze Trittsicherheit notwendig, Schnee bis in den Frühsommer.*

FÜR KINDER: *ungeeignet.*

DAS BESONDERE: *Sehr stille, gleichzeitig grandiose Felslandschaft, Alpenvereinshütte für Selbstversorger.*

Stille Touren in der Hornbachkette

Hier ist alles anders! Das trifft sogar für das Kaufbeurer Haus zu, das im Urbeleskar in 2005 m Höhe liegt. Diese Hütte des Alpenvereins ist nämlich nicht wie ein Berggasthaus bewirtschaftet. Allenfalls am Wochenende findet man dort oben einen Hüttenwart, sonst braucht man einen so genannten AV-Schlüssel (man bekommt ihn bei seiner Alpenvereinssektion oder auch in Hinterhornbach), um die Tür aufzusperren; und natürlich muss man seinen Proviant selbst hinauftragen. Lohn für die etwas größere Mühe beim Schleppen ist dann ein echter Hüttenabend, wie er sonst schon fast in Vergessenheit geraten ist.

Die Lage des Kaufbeurer Hauses inmitten saftig grüner Almmatten ist außergewöhnlich schön. Nach Norden ist der Blick frei, dort zeigt sich als elegant geformter Dreikant der Hochvogel (2592 m), während auf den drei anderen Seiten Felswände das Kar einrahmen. Mächtig ragt im Süden die Urbeleskarspitze mit ihren zerklüfteten Wänden aus besonders brüchigem Hauptdolomit auf, um die sich einige Geschichten ranken. Mit 2632 m ist die Urbeleskarspitze der fünfthöchste Gipfel der Allgäuer Alpen. Man erzählt sich, einst sei sie sogar der absolute Hauptgipfel gewesen, bei einem leichten Erdbeben sei dann allerdings der höchste Gipfel als riesiger Felssturz in die Tiefe gedonnert, die Blockmassen im Wasserfallkar würden dies beweisen.

Auch bei der Ersteigungsgeschichte gibt es einige Fragezeichen – ein Jäger, ein Hirte, ein Doktor, jeder wollte als erster dort oben gestanden haben. Hermann von Barth fand allerdings 1869 keinerlei Zeichen einer früheren Besteigung. Er war sichtbar beeindruckt von diesem Berg, und so schrieb er »… düster und abweisend ist der erste Eindruck, düs-

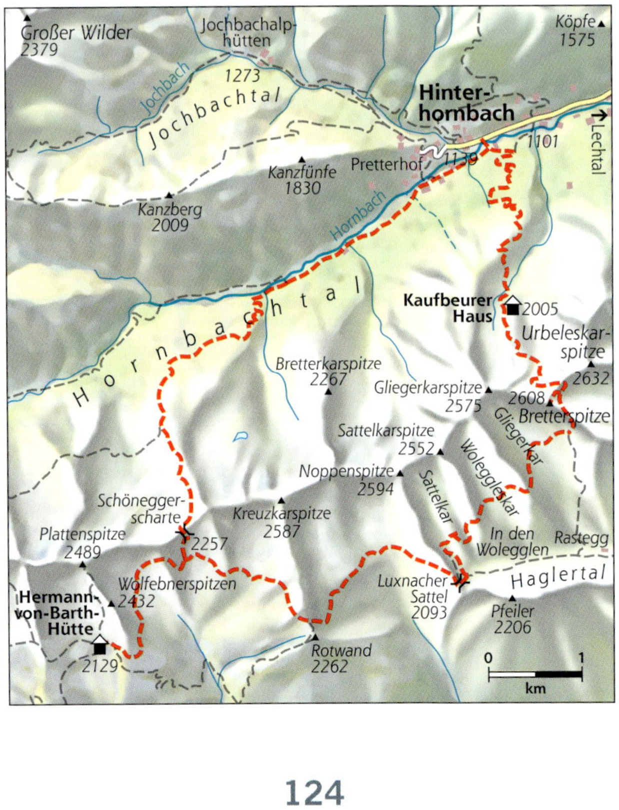

Gewaltig ragt die Urbeleskarspitze über dem gleichnamigen Kar auf; das ist kein Ziel für den Bergwanderer (Kletterei bis II).

Ausgangspunkt zu den Touren dieses Kapitels ist Hinterhornbach, das sich in einem Seitenast des Lechtals verbirgt; im Hintergrund die Rosskarspitzen.

ter bleibt er, von welcher Seite man sich auch dem stolzen Gipfel nähert.«

Heute steigt man durch die 350 m hohe Nordwestflanke dort hinauf in einem mehr unangenehmen als wirklich anspruchsvollen Gelände (einige Kletterstellen im II. Schwierigkeitsgrad), es gibt sogar Markierungen, um sich in dem Fels-Wirrwarr zurecht zu finden. Wir wollen trotzdem lieber dem Nachbarberg unsere Aufmerksamkeit schenken. Er heißt Bretterspitze, ist immerhin auch 2608 m hoch und wirkt trotzdem, von der Hütte aus gesehen, neben der Urbeleskarspitze wie ein Hündchen zu Füßen seines übermächtigen Herren. Das liegt aber lediglich daran, dass dieser Gipfel zuhinterst im Kar aufragt, also nach Süden vorspringt – und damit zur besonderen Aussichtsloge für die so markanten Lechtaler Alpen wird.

Ein Steig führt von der Hütte bis auf den Gipfel, auf dem es zwar viel Geröll und ein paar Schrofen, aber kaum Schwierigkeiten gibt. Erst am Gipfelgrat braucht man einige Male die Hände, um über kleine, harmlose Felsstellen zu turnen. Und noch eine Eigenschaft der Bretterspitze: Man wird meistens allein auf dem Gipfel sitzen und das weite Panorama in aller Ruhe bewundern können. Noch eindrucksvoller aber sind die ganz nahen, rostroten, teilweise senkrechten Westabstürze der Urbeleskarspitze, geradezu ein Schulbeispiel für zerborstenen Fels.

Für den Neugierigen, der noch etwas viel Eindrucksvolleres in einer außergewöhnlich ursprünglichen Landschaft erleben will, wird hier zusätzlich eine Zwei-Tages-Rundtour von Hinterhornbach zur Barth-Hütte und zurück auf dem Enzensperger Ostweg angeboten. Die näheren Eindrücke werden in den einzelnen Abschnitten beschrieben.

Zum Kaufbeurer Haus

Vom Mini-Parkplatz (1110 m) zu Fuß hinauf zum Waldrand und immer auf dem Weg, den man nicht verfehlen kann, in vielen Kehren zum Karköpfl an der oberen Waldgrenze; trotz der Bäume immer wieder weite Ausblicke. Schräg durch einen Hang hinein ins Tal, dann über grüne Böden und Hänge zum Kaufbeurer Haus (2005 m, 2:30 Std.).

Die Bretterspitze (2608 m)

Vom Kaufbeurer Haus über schöne Mattenflächen sanft aufwärts ins geröllgefüllte Urbeleskar und um die Felsen der Gliegerkarspitze herum in den innersten Karwinkel, wo sich lange der Schnee hält. Nun von rechts nach links über eine steinige Stufe auf die obere Abdachung und auf den Nordostgrat schon ein gutes Stück oberhalb der Schwärzerscharte. In kurzweiliger Turnerei über den Grat mit seinem festen Fels zum Kreuz und weiter auf den noch etwas höheren Gipfel, 1:45 Std. Aufstieg.

Die Zwei-Tages-Rundtour
1. Etappe: Schöneggerscharte – Barth-Hütte

In Tour 40 wird der Charakter der Hornbachkette beschrieben. Nach Norden fällt der Kamm der großen Felsberge fast überall in hohen Wänden ab, unter denen sich dann kleinere und größere Kare ausbreiten, die fast ohne Ausnahme ziemlich steil abfallen und nur in einigen Fällen einen richtigen Boden bilden wie etwa das Kreuzkar mit dem gleichnamigen See. Von dort geht es dann wieder in äußerst steilem, oft felsdurchsetztem Gelände hinab ins innere Hornbachtal, einem unbesiedelten, von gewaltigen Lawinenhängen himmelhoch eingefassten V-Tal. Diese untere Stufe ist zudem dicht von Wald, Buschwerk oder Latschen überwuchert.

Nun mag sich jeder selbst ausmalen, wie eindrucksvoll ein Gang durch diese urweltliche Landschaft ist – und das auf einem kleinen Pfad, auf dem man nur selten einem Menschen, eher schon ein paar Gemsen, begegnet. Unser außergewöhnlicher Zugang zur Hermann-von-Barth-Hütte führt aus dem innersten Hornbachtal an der Faulen Wand vorbei durch die beschriebene Urwelt weit, weit empor in die Schöneggerscharte (2257 m), wo man urplötzlich aus dem Herb-Nordseitigen in die Sonnenwelt des nach Süden geöffneten Balschtekars kommt.

Über die Schöneggerscharte

Vom kleinen Parkplatz (1140 m) zu Fuß auf dem Fahrweg immer links über dem Hornbach knapp 3 km talein zur Brücke in 1156 m Höhe. Nun auf einem Steig abzweigen, noch kurz in Talnähe am Einschnitt des Faule-Wand-Grabens (mit Wasserfall) vorbei, dann im sehr steilen Gelände in Kehren bergauf zu einer freien Schulter an der Faulen Wand. Jetzt schräg aufwärts nach Westen, später mehr und mehr nach Süden umbiegend durch die oft von Buschwerk überwucherten Steilhänge des Schreierkopfs bis an den Rand des Schöneggerkars.

Gleich weiter hinauf in den Hängen mit ihren Geröllfeldern unter der felsig-brüchigen Balschtespitze und schließlich schräg rechts in die Schöneggerscharte (2257 m, gut 4 Std.). Drüben kurz hinab zum quer laufenden Enzensperger Weg. Nach rechts durch das Balschte-Westkar und rund um die auffallenden Felsszenerien der Wolfebnerspitzen (2432 m) zur Barth-Hütte (2129 m, 45 Min.).

2. Etappe: Enzensperger Ostweg

Nach dem Professor, Bergsteiger und Spezialisten für den östlichen Teil der Hornbachkette, Ernst Enzensperger, wurde der Höhenweg von der Barth-Hütte zum Kaufbeurer Haus benannt. Diese Route quert nicht weniger als fünf südseitige Kare, meist ist man dabei auf den Matten der Karböden unterwegs. Erst im letzten Abschnitt ändert sich das Gelände schlagartig. In den Südwänden von Bretter- und Urbeleskarspitze ist der Fels nicht nur brüchig, sondern regelrecht zerborsten, manchmal sind ganze Felspartien in Bewegung. So schlängelt sich der Steig zwischen Grießschartl und dem Bretterspitz-Ostgrat durch ein regelrechtes Chaos – sehr eindrucksvoll, aber nicht ganz ungefährlich.

Krönung des Tages wäre die Besteigung der Bretterspitze (2608 m, 25 Min.), wenn dazu die Kondition noch reicht. Man darf nämlich nicht vergessen, dass der Abstieg nach Hinterhornbach – falls man nicht im Kaufbeurer Haus (Selbstversorgerhütte; unter der Woche nur mit AV-Schlüssel zugänglich) übernachtet – über etwa 1400 Hm führt!

Enzensperger Ostweg

Zurück ins Balschtekar und durch dessen weite Osthälfte, schließlich durch die steilen Söllerkopf-Hänge in den Balschtesattel (2226 m). Drüben über die Halde hinab, dann quer über die Böden des Noppenkars und hinaus zum Grat knapp über dem Luxnachersattel. Es folgen drei weitere, kleine Kare, die von auffallenden Felsrippen getrennt werden, um die man jeweils außer herum quert; so kommt man an den Südfuß der Bretterspitze.

In geröllreichem Gelände hinauf ins Grießschartl, dann schräg durch die Südflanke, eine chaotisch-eindrucksvolle Platten- und Felstrümmer-Landschaft, zum Ostgrat der Bretterspitze in 2480 m Höhe (etwa 4 Std.) schon oberhalb der Schwärzerscharte. Abstieg zum Kaufbeurer Haus und nach Hinterhornbach siehe oben.

40 Barth-Hütte und/oder Rotwand

Tourensteckbrief

TALORT: *Elbigenalp (1039 m), der zentrale Ort des Lechtals, Heimat einiger bekannter Persönlichkeiten wie dem Landschaftsmaler Joseph Anton Koch oder der Anna Stainer-Knittel, dem Vorbild für die in Büchern und Filmen verewigte Geier-Wally.*

AUSGANGSPUNKT: *Start mitten im Ort.*

HÜTTE: *Hermann-von-Barth-Hütte (2129 m), DAV, 53 Schlafplätze, Tel. 05634/66 71.*

GEHZEITEN: *3 Std. Aufstieg zur Barth-Hütte, von dort in 1 Std. auf die Östliche Plattenspitze. Reichlich 3 Std. auf die Rotwand.*

STEIGUNGEN: *Zur Hütte 1100 Hm, von dort auf die Plattenspitze 360 Hm; auf die Rotwand 1220 Hm.*

ANFORDERUNGEN, CHARAKTER: *Forststraße, dann typische Bergwege zur Hütte, ohne Probleme. Auf die Rotwand ganz kleine, teilweise steile Steige, Erfahrung unerlässlich.*

ZUSÄTZLICHER GIPFEL: *Östliche Plattenspitze (2486 m).*

FÜR KINDER: *Zu weit, im unteren Teil wegen Forststraße und Hochwald für diese auch wenig attraktiv.*

DAS BESONDERE: *Ungewöhnlich schöne Ausblicke und sehr markante, wilde Felswände über der Hütte.*

Fels- und Blumenreviere in der Hornbachkette

Die Alpen sind schön ordentlich und ganz offiziell in einzelne Berggruppen aufgeteilt, wobei die entsprechenden Bezeichnungen nicht immer mit den geografischen Gegebenheiten übereinstimmen. So liegt der höchste Kamm der Allgäuer Alpen mit den eindrucksvollsten Felsgipfeln, die Hornbachkette, ganz auf Tiroler Boden, das Allgäu hat keinen Anteil daran. Das zieht noch ein anderes Phänomen nach sich: Die großen Gipfel, die man von Norden aus erreichen kann, wie die Mädelegabel oder der Hochvogel, sind berühmt und beliebt, während auf der Tiroler Südseite mancher gewaltige Felsberg, etwa die Marchspitze (2609 m) fast ein Einsiedlerdasein führt.

Die Hornbachkette bildet einen etwa 15 km langen, ordentlich von Westen nach Osten ausgerichteten Kamm. Er trägt etwa zwanzig große Gipfel, ohne Ausnahme recht eindrucksvolle Felsgestalten, die oft, selbst auf den einfachsten Routen, ziemlich schwierig zu besteigen sind. Sie zeigen auch in anderer Beziehung gewisse Ähnlichkeiten: So stürzen sie fast alle nach Norden in hohen, zerborstenen Wänden ab, während den Kamm auf der Südseite ein großes Kar nach dem anderen begleitet, die ganz auffallende, felsige Seitengrate trennen.

In einem dieser Südkare steht in 2129 m Höhe eine Alpenvereinshütte, ein noch richtig gemütlicher Bergsteiger-Stützpunkt. Er trägt den etwas umständlichen Namen Hermann-von-Barth-Hütte, wird aber meist nur als Barth-Hütte bezeichnet. Hier sind die erwähnten Seitengrate besonders mächtig ausgebildet, werfen sogar eigene Gipfel auf, die Hermannskarspitze (2472 m) und die Wolfebnerspitzen (2432 m) unmittelbar über dem Stützpunkt. Senkrecht stehende Schichttafeln schaffen malerische Felsszenerien und

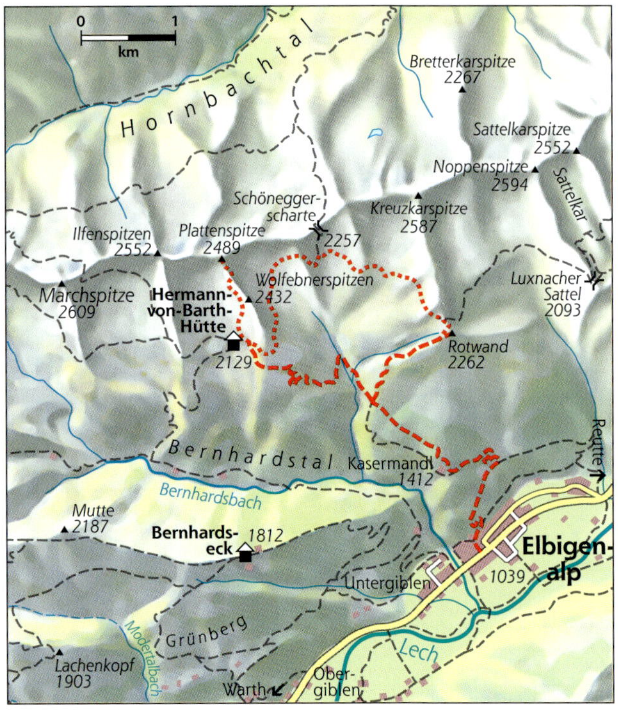

Im Kar auf der rechten Seite ganz klein die Barth-Hütte, darüber die Wolfebnerspitzen und rechts im Hintergrund die Kreuzkarspitze.

wild gezackte Grate, und das sonst so brüchig-bröselige Gestein Hauptdolomit ist hier erstaunlich fest und lockt damit sogar die Kletterer an. Der Gast, der von Elbigenalp zur Hütte hinaufsteigt, bekommt also eine besonders wilde Felslandschaft zu sehen und hat evtl. die Möglichkeit, den Kletterern zuzuschauen.

Hermann von Barth (1845–1876, gestorben in Angola!), Freiherr aus Oberbayern, Geologe und Bergsteiger, ist der Namengeber für unsere Hütte. Um das Jahr 1870 war er im hohen Teil der Allgäuer Alpen sehr erfolgreich unterwegs. Weniger die Zahl seiner Erstbegehungen, mehr sein Charakter und seine Eigenarten unterschieden ihn von anderen Pionieren dieser Epoche. Er war seiner Zeit voraus, verschmähte weitgehend die Hilfe von Führern, verließ sich lieber auf die eigenen Erfahrungen, ja, er war ein eingefleischter Alleingänger. Dreier- oder gar Viererrouten in bröseligem, ausgesetztem Fels mit grob genagelten Schuhen und Alpenstange, und das ohne jede Sicherung – welcher Kletterer von heute würde sich so an die Barthschen Routen wagen? Der Freiherr beschrieb seine Touren im begeisterten Überschwang jener Zeit, nicht ohne sich selbst ins rechte Licht zu rücken. »Vorurteile brechend und Hindernisse besiegend, ein kühner und unwiderstehlicher Beherrscher der Gebirge«, so stufte er sich selbst ein, bezeichnete sich als »eisenharter Mann« und als »Kämpe voll unbeugsamen Trotzes und kühnster Todesverachtung«.

Eine Wanderung von Elbigenalp zur Barth-Hütte bekommt ihren besonderen Reiz durch die stete Steigerung. Das Tal versinkt immer mehr in der Tiefe, der Blick wird freier und freier, stets neue, interessante, hohe Felsgipfel tauchen drüben in den Lechtaler Alpen auf, und auch die direkte Umgebung zeigt zunehmend bizarrere Formen. Man steuert ja direkt auf die schon erwähnten Wolfebnerspitzen zu, bevor man dann schräg nach links abbiegend die Hütte erreicht.

Viele Gäste sind mit dieser Hüttentour vollauf zufrieden. So steigen nur wenige auf dem kleinen Pfad am östlichen Rand des Wolfebnerkars, fast unmittelbar am Fuß der steilen Felswände, noch ein gutes Stück hinauf, um einem der großen Gipfel im Hauptkamm einen Besuch abzustatten. Schräg aufeinander getürmte Platten im Karhintergrund lassen keinen Zweifel aufkommen, welchen Felszacken die Bezeichnung Plattenspitzen zukommt. Das Steiglein schlängelt sich geschickt zur Östlichen Plattenspitze (2486 m) hinauf, es gibt auch ein paar Sicherungen bei dieser Route.

Wer stille, individuelle Touren bevorzugt, zudem einige alpine Erfahrung mitbringt, findet in der Rotwand ein Ziel nach seinem ganz persönlichen Geschmack. Nur selten trifft man dort andere Bergsteiger, um so häufiger sind die »Begegnungen« mit seltenen Blumen. Die Rotwand selbst ist als schmaler, quer laufender Grat, dem eigentlichen Massiv im Süden vorgebaut und deshalb ein Berg mit herrlichen Tiefblicken. In einem »Schuss« fallen die Steilhänge 1200 m tief ins Lechtal ab, eine riesige Lawinenbahn. Der oberste Grat ist schmal und leicht felsig, so braucht man dort trotz des Steigleins einige Trittsicherheit. Wer in der Barth-Hütte übernachtet, kann auch von dort aus die Rotwand erreichen. Die Wanderung durch das so weiträumige und von Felsgipfeln überragte Balschtekar bieten ein schönes Erlebnis, und saftig grüne Matten laden zum Rasten, Träumen, Schauen ein.

Zur Hermann-von-Barth-Hütte

In Elbigenalp rechts (östlich) neben dem Bernhardsbach zum obersten Haus und auf der Forststraße schräg rechts aufwärts zu einer freien Fläche mit Wildfütterung und schönem Ausblick. Zwei kurze Serpentinen, dann links wieder in den Hochwald und etwa 10 Min. empor zur etwas unauffälligen Abzweigung des Fußwegs. Auch hier meist im Wald und meist schräg nach links weiter, bis man ein zweites und ein drittes Mal auf die Forststraße trifft. Über sie und fast eben über kleine Böden, dann hinein ins obere Balschtetal. Auf der anderen Seite wieder schräg aus dem Tal in eine kleine Mulde. Über steile Latschenhänge und Gras in Kehren empor, schließlich nach links zur Hütte (2129 m, gut 3 Std. Aufstieg) in schönster Aussichtslage.

Östliche Plattenspitze

Von der Hütte gerade nach Norden im Kar empor Richtung Wolfebnerspitzen an den Felsfuß. Dann immer an den Wänden entlang, bis man rechts über eine Geröllhalde die Wolfebnerscharte (2368 m) erreichen kann. Im steinigen Gelände zu den Platten und auf den östlichen Gipfel (2486 m, 1 Std., Sicherungen).

Von Elbigenalp auf die Rotwand

Auf dem Weg Richtung Barth-Hütte bis zur dritten Forststraße. Auf den kleinen Böden noch etwa 250 m weiter zur schlecht gekennzeichneten Abzweigung des Rotwand-Anstieg (altes Schild an einer Fichte). Auf undeutlichem Pfad zum sichtbaren Waldrand hinauf und an ihm entlang nach links. Jetzt auf dem etwas besseren Pfad im Steilgelände mit Gras, teilweise auch mit Buschwerk in vielen kleinen Kehren zum Grat mit zwei Hütten (1817 m). Links um einen Latschenkopf, dann auf dem zweigeteilten Rücken bis unter den felsigen Gipfel. Teils rechts neben, teils auf dem Schrofengrat mit leichter Kletterei (I) zum Kreuz auf der Rotwand (2262 m, reichlich 3 Std.). Zurück auf der gleichen Route.

Von der Hütte zur Rotwand

Von der Barth-Hütte auf einem querenden Steig im Süden und Osten um die Wolfebnerspitzen in den Westteil des Balschtekars. Nach einer auffallenden Geländerippe Wegverzweigung; evtl. Abstecher von 30 Min. in die Schöneggerscharte (2257 m) mit Blick nach Norden. Dann durch den weiträumigen Ostteil des Kars mit schönen Mattenböden und schräg hinauf in den Balschtesattel (2226 m) neben der Rotwand. Auf der gleichen Seite bleibend auf schlechtem Steig nach rechts hinaus zum Grat und wie oben beschrieben auf die Rotwand (2262 m, 1:45 Std. ab der Hütte).

Gegenüberliegende Seite: Beim Aufstieg zur Rotwand; Blick quer über das Lechtal in die Lechtaler Alpen.

41 Jöchlspitze, Großer Krottenkopf

Tourensteckbrief

TALORT, ZUFAHRT: *Bach (1066 m), stattlicher Ort im Lechtal, mühelose Zufahrt von Reutte, auch Busverkehr.*
AUSGANGSPUNKT: *Gleich im Norden der Lechbrücke nach Westen abzweigen und hinauf zur Talstation des Lifts in 1220 m Höhe.*
EINKEHR: *Bei der Bergstation ein Restaurant, auf dem Bernhardseck ein Berggasthaus; bei der Krottenkopftour keine Einkehr!*
GEHZEITEN: *Zur Jöchlspitze knapp 1:30 Std., Bernhardseck-Rundtour insgesamt 4:30 Std., Aufstieg zum Krottenkopf 4 Std., Abstieg von dort nach Holzgau knapp 2:30 Std.*
STEIGUNG: *Zur Jöchlspitze 460 Hm, Rundtour – Bernhardseck insgesamt 550 Hm, zum Krottenkopf 1100 Hm.*
ANFORDERUNG, CHARAKTER: *Breite, erdige Bergwege auf die Jöchlspitze, teilweise steil bei der Rundtour; Aufstieg zum Krottenkopf mit schrofigen Stellen, alpine Erfahrung trotz des Steiges nötig.*
FÜR KINDER: *Zur Jöchlspitze möglich, doch eher etwas langweilig.*
DAS BESONDERE: *Blumenparadies an der Jöchlspitze und herrlicher Rundblick; spannende Hochgebirgstour zum Großen Krottenkopf.*

Blumenberg und Allgäuer Hauptgipfel

Es sind die so genannten Fleckenmergel, die weitgehend die Berge nördlich des Lechtals zwischen Häselgehr und Holzgau bestimmen. Dieses Gestein verwittert leicht und gibt zudem einen idealen Boden für eine sehr üppige Vegetation. Als im Mittelalter die Menschen aus dem Tal vordrangen, es Stück für Stück besiedelten, waren sie in dieser rauen Bergwelt weitgehend auf die Viehzucht angewiesen. Immer weiter wurden die Bergwälder gerodet, um so viele Mähwiesen und Weideflächen wie nur irgend möglich zu gewinnen. So verwandelte man zum Beispiel den äußerst steilen Waldgipfel nordwestlich über Häselgehr in eine fast reine Graslandschaft, die dann den passenden Namen Heuberg erhielt. Bis zu 1200 m sind diese auffallend glatten Steilgrashänge hoch, einst ein riesiges, kirchdachsteiles Feld für die Mahd, heute vor allem wegen der Lawinen gefürchtet. Die anfangs erwähnten Fleckenmergel schaffen das Gelände, das sich dafür am besten eignet.

Auch oberhalb von Bach und Holzgau fällt ein makellos grüner Berg ins Auge. Das ist die Jöchlspitze (2226 m). An ihr findet man den einzigen Sessellift des zentralen Lechtals. So lässt sich dieser gegen das Tal vorgeschobene Gipfel relativ rasch erreichen und man hat unterwegs alle Muße, die üppige Flora zu bestaunen. So wachsen hier zum Beispiel besonders große Exemplare der Schwefelgelben Anemone. Außerdem könnte das Panorama nicht eindrucksvoller sein mit den Tiefblicken ins Lechtal und der langen Parade besonders wilder und gewaltiger Felsgipfel drüben in den Lechtaler Alpen. Vor allem die Freispitze (2884 m) fällt als kantiges Kastell ins Auge.

Dieser hohe Ausgangspunkt verlockt auch zu größeren Touren. Ganz im Bereich der Grasberge bleibt eine Rundwanderung zur Mutte und zum Bern-

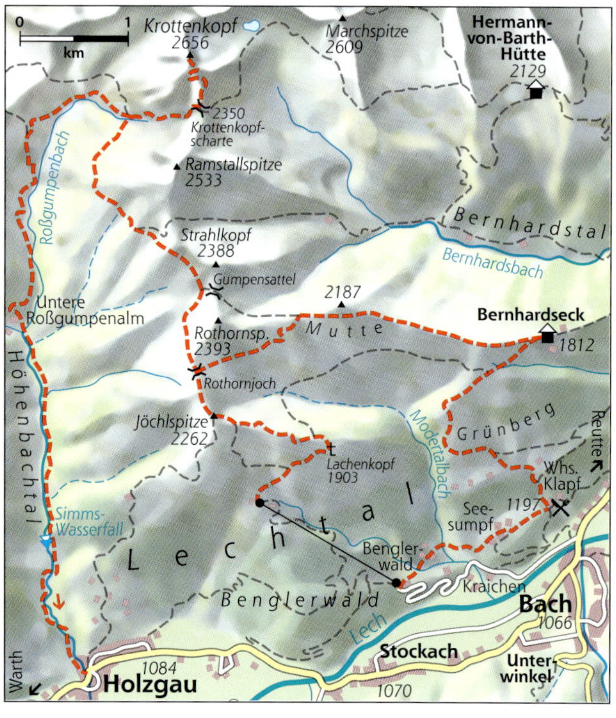

Auf dem Weg von der Bergstation des Lifts zur Jöchlspitze, in der Tiefe das Lechtal, im Hintergrund Valluga und Kuglaspitze der Lechtaler Alpen.

41 Jöchlspitze, Großer Krottenkopf

hardseck, wo auf dem höchsten Kamm ein Berggasthaus (1812 m) thront mit einem ebenfalls sehr reizvollen Blick. Gleich vis-à-vis des Bernhardstals ragen zum Beispiel die aus senkrecht gestellten Schichttafeln aufgebauten Wolfebnerspitzen (2432 m) in den Himmel, die auch die Kletterer schätzen. Und gleich darunter, auf der Karschwelle, erkennt man die Hermann-von-Barth-Hütte, unser Ziel in Kapitel 40.

An der Jöchlspitze kann man auch eine ganz außergewöhnliche Tour beginnen. Großer Krottenkopf (2656 m) heißt der Hauptgipfel der gesamten Allgäuer Alpen. Kurioserweise herrscht gerade in diesem so berühmten und stark besuchten Gebirge eine erstaunliche Unsicherheit darüber, welchem Berg der Titel eines Häuptlings zusteht. Das ist nicht die Mädelegabel, nicht der Hochvogel und schon gar nicht die Trettachspitze, der dazu 64 m an Höhe fehlen. Einem »eingefleischten« Allgäuer mag es zudem nicht so recht in den Schädel dringen, dass dieses Prädikat ausgerechnet einem Berg zukommt, der ganz auf Tiroler Boden liegt.

Der Krottenkopf gehört zu den markanten Gestalten in unserem Gebirge. Vor allem von Westen zeigt er ein unverwechselbares Aussehen mit seinem abgerundeten Katzenkopf und der 400 m hohen Wand. Aber auch dieser Berg hat – zum Glück für die Bergwanderer – seine »schwache« Seite. So kann jeder Geschickte von der Krottenkopfscharte dort hinaufturnen, er muss dabei nur mit dem Geröll kämpfen. Ein großartiger Höhenweg führt von der Jöchlspitze zum Krottenkopf, dem dann allerdings der lang gezogene Abstieg durchs Höhenbachtal (oder auch durchs Bernhardstal) folgt.

Jöchlspitze

Fahrt mit dem Lift zur Bergstation (1768 m, Restaurant) in sehr schöner Lage. Von dort auf einem breit ausgetretenen, teilweise erdigen und teilweise steilen Weg über üppige Bergwiesen immer schräg empor bis auf den Kamm (1940 m) beim Lachenkopf im Ostgrat der Jöchlspitze. Nun im Bereich dieses erst sehr breiten Rückens weiter aufwärts, dann in den Hängen der Südseite, schließlich über den nun ausgeprägten Grat zum Kreuz auf der Jöchlspitze (2226 m, knapp 1:30 Std.). Beim Rückweg evtl. auf dem kleineren Steiglein in den Südhängen direkter zum Lift hinab.

Rundtour Bernhardseck

Vom Gipfel der Jöchlspitze über den kurzzeitig schmalen Nordgrat ins Rothornjoch (2150 m). Von

Die Jöchlspitze, rechts der Nordgrat, im Hintergrund die Holzgauer Wetterspitze, einer der ganz großen Gipfel der Lechtaler Alpen.

Der Große Krottenkopf, der Hauptgipfel der gesamten Allgäuer Alpen; der einzige unschwierige Aufstieg führt über den Grat von rechts.

dort nach rechts und durch die steile Flanke (oberhalb ganz auffallend rote Felsen, deshalb Rothorn) nach Osten und dann über eine Stufe zum Ostrücken des Rothorns (2140 m). Auf dem Grasgrat nach rechts, unter der Mutte hindurch und weiter zum Bernhardseck mit dem gleichnamigen Berggasthaus (1812 m) in schönster Lage.

Im spitzen Winkel nach rechts zu einer Geländeschulter. Von dort erst auf dem Rücken, dann über Hänge, schließlich kurzzeitig im Wald weit und teilweise steil hinab zum Gasthaus Klapf. Auf einem Fahrweg zu den Häusern von Seesumpf und hinüber nach Benglerwald mit der Talstation des Liftes. Insgesamt mindestens 4:30 Std.

Großer Krottenkopf und Höhenbachtal

Wie oben ins Rothornjoch, dann immer quer durch die manchmal steilen Westhänge von Rothorn, Strahlkopf und Ramstallspitze 2 km weit nach Norden, bis man auf die schönen Böden nordwestlich der Ramstallspitze kommt und dort auf ein Wegkreuz trifft. Nach Osten in das eindrucksvolle, von hohen, zerborstenen Wänden überragte, aber geröllreiche Kar unter dem Krottenkopf und über eine Schuttstufe in die Krottenkopfscharte (2350 m). Über Geröll, Schrofen und Platten anfangs noch auf einem Pfad, dann mehr auf Steigspuren – fast immer in der Flanke links des Grates – auf den überragenden Gipfel des Großen Krottenkopfs (2656 m, mindestens 4 Std. ab Lift).

Beim Abstieg zurück zum Wegkreuz auf den erwähnten Böden und auf dem unteren, manchmal undeutlichen Pfad ins Roßgumpental, wo man immer rechts des Baches bleibt, und dann über eine Stufe hinab ins Höhenbachtal. Auf dem holprigen Forstweg relativ bequem durch das scharf eingeschnittene V-Tal nach Süden und am künstlich angelegten Simmsfall und an malerischen Fels-Schichttafeln vorbei nach Holzgau (1114 m). Mit Bus und Taxi zurück zum Ausgangspunkt

42 Biberkopf und Rappenseehütte

Tourensteckbrief

TALORT, ZUFAHRT: *Lechleiten (1539 m, Gasthof), Bergdorf auf den freien Hängen in allerschönster Lage. Abzweigung der Zufahrtsstraße von der Lechtal-Strecke zwischen Steeg und Warth.*
AUSGANGSPUNKT: *Parkplatz östlich der Häuser.*
HÜTTEN, EINKEHR: *Beim Aufstieg keine Möglichkeit, nur Gasthaus in Lechleiten. Bei der Rundtour die Rappenseehütte (2091 m), DAV, 342 Schlafplätze.*
GEHZEITEN: *Lechleiten – Biberkopf 3 Std., Lechleiten – Rappenseehütte gut 3 Std., von dort auf den Biberkopf 2:30 Std.*
STEIGUNG: *Lechleiten – Biberkopf 1060 Hm; Lechleiten – Rappenseehütte 600 Hm, von dort auf den Biberkopf 600 Hm.*
ANFORDERUNG, CHARAKTER: *Bergwege, am felsigen Gipfelaufbau Trittsicherheit nötig (kleine Felsstellen, Sicherungen).*
ZUSÄTZLICHER GIPFEL: *Hochrappenkopf (2424 m), evtl. Hohes Licht (2651 m).*
DAS BESONDERE: *Ungewöhnlich abwechslungsreicher Anstieg mit stets freien Ausblicken auf einen sehr eleganten Berg; oder auch spannende Rundtour.*

Rundtour am südlichsten Berg Deutschlands

Der 2599 m hohe Biberkopf gehört zu den schönsten Bergen der Allgäuer Alpen – in jeder Beziehung. Als feine Spitze über steilen Wänden mit auffallend senkrechten Schichttafeln zeigt er sich dem Besucher des Bergbauernortes Kaisers drüben in den Lechtaler Alpen. Von Südwesten gesehen, etwa von Warth, präsentiert er sich als eleganter, plattengepanzerter Felsgipfel, der völlig allein in den Himmel ragt. Damit ist er so recht das Wahrzeichen dieser Region. Bei dem Anblick des Berges könnte man auf Oberrätkalk tippen, diesen herrlichen Kletterfels, wie wir ihn aus dem benachbarten Lechquellengebirge kennen (Roggalspitze). In Wirklichkeit besteht aber auch der Biberkopf, wie alle großen Berge der Allgäuer Alpen, aus Hauptdolomit.

Zu unserem Ziel gehört noch ein ganz besonderes Attribut: Es handelt sich um den südlichsten Berg Deutschlands. Bis vor kurzem galt der Biberkopf gar als der südlichste Punkt des Landes überhaupt, doch diesen Superlativ hat ihm inzwischen der Grenzstein 147 am Haldenwangereck abgenommen; ganze 25 m soll er südlicher liegen. Die Form des Berges legt den Vergleich mit einem Biberschwanz nahe – so könnte der Name entstanden sein. In Wirklichkeit ist dieser wohl eher von den Biberalpen »aufgewandert«, wie das entsprechende Fachwort heißt; allerdings scheint es auch nicht sonderlich glaubhaft, dass es dort oben einst eine Biberkolonie gab.

Jeder Trittsichere wird seinen Spaß bei einem Aufstieg von Lechleiten zum Biberkopf haben, obwohl ihn beim Anblick dieses plattengeschmückten Berges wohl einige Zweifel packen werden. Das sieht doch reichlich anspruchsvoll aus! Aber wie so oft schlängelt sich auch hier das Steiglein geschickt um die schwierigeren Stellen, man muss nur hin und wieder mit den Händen zupacken, und wird es allzu steil, dann helfen Drahtseile und eine Leiter. Die gesamte Route ist fast waldfrei, und so begleiten den Gipfelstürmer stets die schönsten Ausblicke. Auch für reiche Abwechslung ist gesorgt. Man wandert über Mähwiesen, zwischen gewaltigen Felsblöcken, über blumenreiche Matten, über eine steile Lawinenhalde …

Leider verschwinden selbst im Lechtal allmählich die malerischen, alten Häuser.

Dass der Biberkopf auch eine Rundtour vom Feinsten – mit Besuch der Rappenseehütte – bietet, wissen nur wenige. Verteilt man das Unternehmen auf zwei Tage, sollte man von Lechleiten über die Biberalpen und den Mutzentobel, diesen scharfen Einschnitt im beinahe schwarzen, fast zu Erde verwitternden Mergeln, zur Hütte hinaufsteigen. Ganz Starke besuchen vielleicht am Nachmittag noch das Hohe Licht (2651 m, siehe auch Seite 58, 83). Am nächsten Morgen geht es dann weiter bergauf und zwar am Rappensee vorbei in eine erste Scharte. Bei einem Seitensprung wird man als Zusatzaufgabe dem Hochrappenkopf (2424 m) aufs Haupt steigen. Von dort oben schaut das heutige Ziel, unser Biberkopf, recht imposant aus: Gezackte Grate ziehen zum Kreuz hinauf, und nach Norden fällt eine düstere 400-m-Flanke ab, die offensichtlich dick mit Geröll bepackt ist. Man mag es kaum glauben, dass gerade dort unsere Route hinaufführt.

Lechleiten – Biberkopf

In Lechleiten von der Kapelle hinauf zu den Wiesen mit ihren vielen Blumen und schräg rechts weiter aufwärts. Dann durch eine Rinne und über eine Rippe zwischen Latschen zu einer Aussichtskanzel. Zwischen mächtigen Blöcken und durch ein grasbewachsenes Tälchen in einen kleinen Kessel, für dessen Verkarstung der hier vorherrschende Plattenkalk sorgt. Über die folgende, sehr steile Grashalde in Kehren hinauf zum Westgrat, wo das Grasgelände bald in Fels übergeht. Südseitig um einen ersten Grataufschwung, dann auf und neben der insgesamt 300 m hohen Schneide zum Kreuz auf dem Biberkopf (2599 m, gut 3 Std.), wobei man immer wieder kleine Felsstellen überwindet, teilweise in leichter Kletterei (I), teilweise mit Sicherungen (Drahtseile, eine Leiter).

Lechleiten – Rappenseehütte

Vom Parkplatz in Lechleiten auf der Straße wieder zurück um den letzten Bergrücken, bis rechts der Weg zu den Biberalpen abzweigt. In üppig bewachsenem Gelände auf einer Rampe unter der Hundskopf-Felsfluh zu den Lechleitner Alphütten in einem Grastälchen. Über feuchte Böden mit Tümpeln, dann mehr nach rechts und hinauf zur Geländekante über der Schlosswand (1876 m, Grenze). Etwa eben zum kleinen Hüttchen auf der Oberen Biberalpe und auf den welligen Böden zum Mutzentobel, der sehr

scharf in das dunkle, mergelig-schiefrige Gelände eingefressen ist.

Auf dem etwas abschüssigen Steig (Drahtseil, bei Nässe unangenehm) durch den Tobel. Erst quer durch die Hänge, dann ab dem kleinen Boden der Seehütte wieder aufwärts zur Rappenseehütte (2091 m, reichlich 3 Std.).

Hütte – Biberkopf

In einem Bogen über dem Rappensee vorbei und dann meist auf Geröll in den Sattel (2324 m) zwischen Hochrappen- und Rappenseekopf. Evtl. Abstecher von 15 Min. über einen Pfad auf den Hochrappenkopf (2424 m). Dann südlich unter diesem hindurch in eine erste Scharte und links um einen Gratkopf in die nächste Lücke (2319 m). Von ihr auf gutem Steig im Steilgelände nach Westen hinab zum Oberrand des Kares und nach links zur Biberkopf-Nordflanke. Über Geröll und bröselige Schrofen erst kräftig aufwärts, dann mehr nach rechts auf Geröllbändern zum Westgrat und damit zu dem Aufstieg, der von Lechleiten herauf kommt (siehe oben).

Blick von den Biberalpen auf Linkerskopf und Hochgundspitze

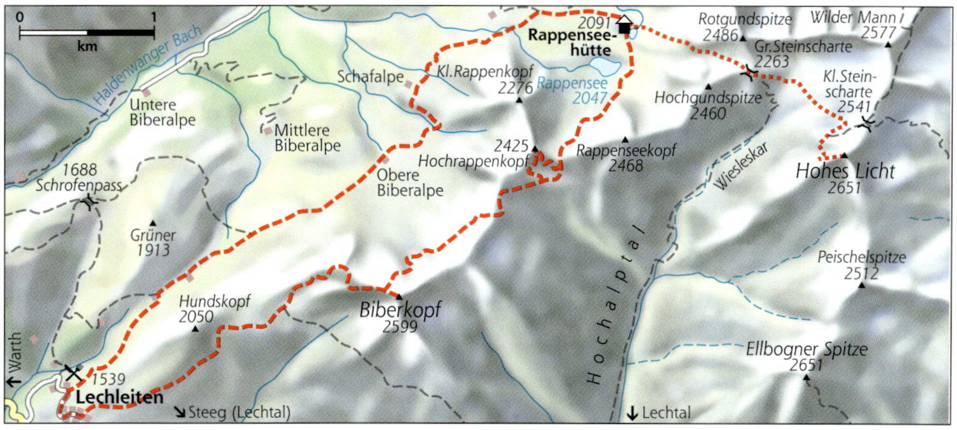

43 Widderstein oder Höferberg

Der Wächter über dem Hochtannberg

Selten steht ein Berg so völlig allein wie der Widderstein (2533 m). So wurde er nicht nur zum Wahrzeichen des inneren Kleinwalsertals, das dieses urgewaltige Kastell völlig beherrscht, es dominiert auch über dem Hochtannberg, dem 1676 m hohen Straßenpass zwischen dem Lechtal und dem Bregenzerwald. Auf allen Seiten stürzt der Gipfel mit zerklüfteten Wänden aus Hauptdolomit ab, die auf der Westseite mehr als 600 m Höhe erreichen. Was kaum einer weiß: Am Nordostfuß der Wände ragt, durch eine tiefe Scharte getrennt, noch der Kleine Widderstein (2236 m) auf, der neben seinem großen Bruder kaum ins Auge

fällt. Dabei sorgen die senkrecht aufgerichteten Felsschichten für ein sehr markantes und wildes Aussehen, und es ist gar nicht einfach, über die Schneide des Kleinen Widdersteins zu klettern.

Aus der Ferne wirkt der Widderstein völlig unnahbar. Trotzdem führt ein Steiglein zum Kreuz hinauf. In die meist steile Südwand ist nämlich eine Art Schrofentrichter eingelagert, als hätte ein Riese seinen Daumenabdruck hinterlassen. Ohne Trittsicherheit und alpine Erfahrung sollte man dort allerdings trotzdem nicht unterwegs sein. Das bescheidene Steiglein führt zwischenzeitlich durch Schrofen, wo man immer wieder einmal mit den Händen zupacken muss. Zudem gefährden manchmal Ungeschickte oder Unvorsichtige die Nachkommenden durch Steinschlag. Also alles andere als ein alpiner Spaziergang!

Obwohl der Widderstein gar so auffallend über dem Kleinwalsertal steht, wird er doch vor allem von Süden aus bestiegen. Das hat einen sehr plausiblen Grund: Die Aufstiegszeit verkürzt sich dank des hohen Ausgangspunkts und des so direkten Anstiegs auf die Hälfte. Hochtannberg hat man die weite Passlandschaft im Süden unseres Berges getauft. Der heutige Gast mag kaum glauben, dass es dort oben einst eine richtige Bauernsiedlung unter der Bezeichnung Hochkrumbach gab. Sie ist nach dem gleichnamigen Bach benannt, der in zahllosen Windungen durch das hochgelegene Moor fließt. In der »Blütezeit« um 1800 gab es auf diesem weiten, sehr den Stürmen ausgesetzten Hochland immerhin vierzehn Höfe mit 75 Bewohnern. Der obere Widdersteinhof stand in 1760 m Höhe und dürfte das höchstgelegene Bauernhaus in den gesamten Nördlichen Kalkalpen gewesen sein.

Das Kirchlein am Simmel erhielt seine heutige Gestalt um das Jahr 1700. In der zweiten Hälfte des 19. Jahrhunderts begann dann jedoch eine rasche Entsiedelung dieser Passlandschaft, und so findet man heute dort oben nur noch ein ganzjährig bewohntes Haus, den Gasthof Adler. Es waren außerdem, wie überall in der Region, die Walser, die hier ab 1300 in der einst absoluten Wildnis, die zudem zu den schneereichsten Gebieten zählt, dieses scheinbar so freundliche Bauernland schufen.

Da wir schon bei der Historie sind, noch zwei erstaunliche Tatsachen: Unser Berg erscheint als »widerostein« in einer Urkunde des Kaisers Heinrich IV. und zwar im Jahr 1059! Außerdem erstieg Pfarrer Sebastian Bickel aus Schröcken anno 1669 bereits den Widderstein, wie wir aus einer Notiz des Pfarrers in seinem Tagebuch wissen. Es handelt sich damit um eine der ältesten bekannten Gipfeltouren.

Dem Aufmerksamen werden die krassen Unterschiede beim Gipfelaufbau von Widderstein und Höferberg ins Auge fallen: hier schon ab 2000 m Höhe scheinbar nur nackter Fels, dort auch in den steilsten Flanken üppiges Grün. Augenfälliger können die Auswirkungen durch die verschiedenen Gesteinsarten nicht sein! Lias-Fleckenmergel schaffen den Boden für eine außergewöhnlich reiche Vegetation und den passenden Blumenschmuck. Wer etwas Kondition mitbringt, kann also hier bei einem einzigen Unternehmen die gegensätzlichsten Eindrücke sammeln.

Vom Hochtannberg auf den Widderstein

Wegbeginn knapp östlich des Passes nahe dem Gasthaus Adler (1656 m). Nach Norden über die von Rinnen zerfurchten Grashänge ziemlich gerade empor bis auf Höhe der bewirtschafteten Widdersteinhütte. Geradeaus weiter hinauf, kurzzeitig etwas nach links, dann schräg links aufwärts zur Ausmündung der Südschlucht. In ihr und daneben weiter empor, dann im großen Schrofentrichter auf markierten Steigspuren über Geröll und viele kleine Felsstufen weit hinauf. Schließlich nach links zum Südwestgrat und auf bzw. südlich daneben zum alles überragenden Gipfel des Widdersteins (2533 m, 2:30 Std., Trittsicherheit wichtig).

Höferberg und Widderstein

Wegbeginn wie beim Widderstein, jedoch links des Bachtälchens. Dort anfangs zwischen einigen Büschen, dann auf üppig blühenden Wiesen über den breiten Rücken weit empor bis auf den Ostgipfel des Höferbergs (2069 m), wo sich der Grat plötzlich zusammenschnürt. Auf der noch recht langen Grasschneide mit etwas Auf und Ab, teilweise auch ein wenig ausgesetzt, hinüber zum Hauptgipfel des Höferbergs (2131 m, 1:15 Std.) mit interessantem Blick hinab auf Schröcken und hinüber zur Braunarlgruppe. Neuerdings erscheint auf den Karten auch die Bezeichnung Höferspitze, was sich dann jedoch nur auf den Hauptgipfel bezieht.

Über den Grat wieder zum Ostgipfel zurück und noch ein Stückchen tiefer, dann links ab und in den nahen Hochalppass (1938 m). Von dort am besten gerade über die Matten nach Norden empor, bis man wieder auf einen Steig trifft. Auf ihm nach rechts über die begrünte Kuppe des Seekopfs (2039 m) in den folgenden Sattel mit Wegverzweigung – links etwas tiefer der Hochalpsee, über dem gewaltig die Widderstein-Westwand aufragt. Auf dem oberen Steig zur Ausmündung der Südschlucht und weiter auf den Widderstein (2533 m, 2:30 Std. ab Höferberg) wie zuvor beschrieben.

Tourensteckbrief

TALORT: *Schröcken (1269 m), weit verstreuter Ort im innersten Bregenzerwald mit eindrucksvoller Bergkulisse. Bergstraße von Schoppernau aus.*

AUSGANGSPUNKT: *Gasthaus Adler (1656 m) knapp östlich des Hochtannbergpasses. Zufahrt auf neuer Straße von Schröcken (oder aus dem Lechtal über Warth).*

HÜTTE: *Am Südostfuß des Widdersteins in sehr schöner Lage die Widdersteinhütte (2009 m, privat, 25 Schlafplätze, 1 Std.).*

GEHZEITEN: *Hochtannberg – Widderstein 2:30 Std., auf den Höferberg 1:15 Std.*

STEIGUNGEN: *Auf den Widderstein 880 Hm, zum Höferberg 500 Hm.*

ANFORDERUNG, CHARAKTER: *Am Widderstein steiles, leicht felsdurchsetztes Gelände, am Höferberg schmaler Grasgrat, in beiden Fällen Trittsicherheit wichtig.*

FÜR KINDER: *Zur Widdersteinhütte gut möglich, aber nicht besonders abwechslungsreich.*

DAS BESONDERE: *Einer der auffallendsten Berg der Allgäuer Alpen, beim Aufstieg stets hindernislose Ausblicke, am Höferberg außergewöhnlicher Blumenreichtum.*

Gegenüberliegende Seite: Widderstein von Süden mit der Aufstiegsmulde. Unten: Felsenaurikel.

44 Über Schönenbach-Vorsäß

Tourensteckbrief

TALORT: *Bizau (681 m), in einem Seitental des mittleren Bregenzerwaldes gelegen, eindrucksvolle Bergkulisse.*
AUSGANGSPUNKT: *Von Bizau auf einer Mautstraße 8 km zum Parkplatz kurz vor Schönenbach-Vorsäß (1025 m).*
EINKEHR: *Nur in Schönenbach.*
GEHZEITEN: *Sienspitze 1:30 Std., Schneckenloch 1:15 Std., Diedamskopf-Rundtour insgesamt 5 Std.*
STEIGUNG: *Zur Sienspitze 560 Hm, zum Schneckenloch 270 Hm, Diedamskopf-Rundtour ca. 500 Hm.*
ANFORDERUNGEN, CHARAKTER: *Kleine, undeutliche Wege zur Sienspitze, Trampelspur zum Schneckenloch; Bergwege, teilweise im Steilgelände, und Alpsträßchen bei der Rundtour.*
FÜR KINDER: *Ausflug zum Schneckenloch kurzweilig und zudem etwas Ungewöhnliches.*
DAS BESONDERE: *Weltabgeschiedenes Hochtal mit eindrucksvoller Bergkulisse, urgewaltige Höhle, Wasserfälle und malerisch ausgewaschene Bachbetten.*

Drei Möglichkeiten im Niemandsland

Keine andere Region, die in diesem Buch behandelt wird, liegt derartig abseits und »hinterm Berg« wie Schönenbach-Vorsäß. Haben Sie diesen Namen je gehört? Schon der Bregenzerwald selbst zeigt einen so winkeligen Talverlauf, dass ein Gebietsfremder ganz verwirrt sein kann. Und doch gibt es in seinem »Hinterhof« noch ein Tal mit einem weiten, ebenen Wiesenboden, das scheinbar aus dem Nirgendwo kommt und auch dorthin wieder verschwindet. Das Flüsschen dort heißt Subersach und gehört zu den eigenartigsten Wasserläufen in den Alpen. Es fließt zwar nahe an Sibratsgfäll, Hittisau und Lingenau vorbei, um schließlich in die Bregenzerach zu münden, bleibt dabei aber stets in einer derart tiefen Schlucht, dass nicht ein einziges Haus an seinem Ufer steht.

Auf dem erwähnten Wiesenboden liegt das Sommerdörfchen Schönenbach-Vorsäß (1025 m), das man von Bizau aus durch ein ganz enges Waldtal und über einen unbedeutenden, 1050 m hohen Pass erreicht. Außer den Gasthäusern und der Kapelle gehören noch zwei Dutzend kleinster Höfe zu dem eng zusammengedrängten Dörfchen. Prächtige Bergwälder und von Felsfluhen dekorierte Gipfel schließen diese Welt rundum ein. Vorsäß nennt man kleine Berggüter, die von den Bauern im Vorsommer und Herbst bezogen wurden als Zwischenstufe zwischen Talhof und Alpe. Sie entsprechen den Maisäß-Höfen weiter im Süden Vorarlbergs.

Drei Möglichkeiten möchte ich Ihnen hier anbieten, die unterschiedlicher nicht sein könnten. Im Kamm des Hinteregger ragt die fast unbekannte Sienspitze (1600 m) auf, von Schönenbach aus gesehen ein unscheinbarer Berg, der jedoch nach Norden mit senkrechter Wand abbricht. Er bietet eine Spritztour für Individualisten. Ein ungleich größeres Unternehmen besteht aus der Bahnfahrt von Schoppernau zum Diedamskopf, einem Abstieg durch stilles, oft noch richtig urwüchsiges Bergland nach Schönenbach und einem Rückweg über Alpen und durch eine besonders reizvolle Bergbauernlandschaft.

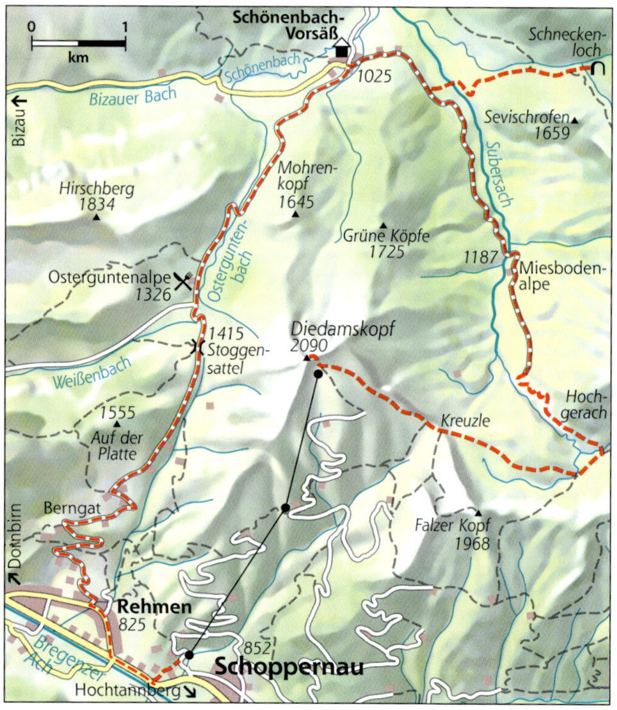

Und dann lockt noch das Schneckenloch! Können Sie sich vorstellen, dass dieses Loch in Wirklichkeit ein Riesenmaul zeigt? Es handelt sich hier um die größte Höhle Vorarlbergs mit einem Portal – man staune – von 40 m Breite und 12 m Höhe! Es geht von dort relativ sanft in die Unterwelt hinein, sodass jeder mit guten, zuverlässigen Lampen ein Stück ins Innere vordringen kann – ein ungewöhnliches Erlebnis. Wir sind hier am Westrand des größten Karstgebietes der Region, des Gottesackers, und einst mündete in dem Maul ein großer Höhlenbach aus. Inzwischen ist das Niveau des Höhlensystems gesunken, und so wurde das Schneckenloch wasserfrei.

Der Aufmerksame entdeckt am Nordende des Portals den Beginn eines undeutlichen Steigleins, das in dem steilen Gelände unter den schönen, hellen Felswänden nach Norden zu einem nahen Wasserfall führt und zu einer Art Felstreppen-Bachbett, das im ersten Moment wie gemauert wirkt. Bei starkem Wasserandrang findet man zudem einige Quellen im Boden, aber auch in der Wand; hier scheint der Fels durchlöchert zu sein wie ein Schweizerkäse.

Die Sienspitze (1600 m)

Nach Verlassen des engen Waldtals führt das von Bizau kommende Sträßchen über eine Kuppe (1050 m); dort zweigt der Fahrweg zur Kretzbodenalpe ab. Zu Fuß zu dieser Almhütte. Von dort auf altem Alpweg kurz durch Wald, sonst über freie Flächen zur Unteren Hintereggalpe. Nach rechts zu einem Kreuz und in einem weiten Bogen über die Matten und eine Stufe zur Oberen Hintereggalpe, die durch eine kleine Mulde von dem Sattel »Hinteregg« (1447 m) getrennt ist. Noch vor der Mulde nach Osten auf einem Pfad immer südlich unterhalb des Grates zum Kreuz auf der Sienspitze (1:30 Std.). Vom Westeck des kurzen Gipfelgrates eindrucksvoller Blick in die senkrechten Nordwände.

Diedamskopf – Schönenbach – Stoggensattel – Schoppernau

Von Schoppernau mit der Kabinenbahn in 2020 m Höhe und von dort auf einem Promenadeweg in 15 Min. auf den Diedamskopf (2090 m). Dieser letzte Vorposten der Allgäuer Alpen gegen den Bregenzerwald ragt gewaltig über seine Umgebung empor. Die geologische »Verwandtschaft« mit dem Hohen Ifen sorgt auch für Parallelen im Aussehen: Der Berg wirkt wie ein Pult mit sanften Hängen im Südosten und teilweise wilden, stark gebankten und üppig bewachsenen Abbrüchen in den anderen Richtungen.

Nach dem Besuch des Gipfels auf breitem Weg über die Abdachung nach Südosten in den tiefsten Sattel, kurz empor zum Kreuzle mit steilen Abbrüchen nach Norden, dann auf den weiten Wiesenböden nach Osten zur Wegverzweigung. Links abbiegend zur Geländekante und in vielen Kehren über die sehr steilen Buschwerk-Hänge hinab – links Wasserfälle der Subersach, rechts die bis zu 500 m hohen Abbrüche der Fellifluh. Dann auf den breiten Alpwegen noch etwa 4 km talaus nach Schönenbach (1025 m, knapp 2:30 Std).

Gleich von den Häusern weg auf einem alten Weg schräg nach Südwesten empor zu einem breiten Alpfahrweg und auf ihm meist in freiem Gelände durch das Osterguntental zur gleichnamigen Alpe (1326 m) und weiter in den Stoggensattel (1415 m) unter der jähen Westflanke des Diedamskopfes. Rechts des Baches hinab zu den herrlich gelegenen Wiesen von Berbigen und Berngat und weiterer Abstieg nach Rehmen (825 m, 2:30 Std. ab Schönenbach). 1,5 km zurück zur Talstation.

Zum Schneckenloch

Vom Parkplatz zwischen den Häusern hindurch und auf dem Fahrweg über eine kleine Höhe (bei der Verzweigung links) zur Brücke über die Subersach. In einer Schleife empor, über der Iferwiesalpe vorbei nach Osten bis vor die Laublisbachbrücke. Geradeaus weiter auf dem Wanderweg (Richtung Gottesackerplateau) zwischen Buschwerk zum Beginn des Hochwalds. Bei der Verzweigung links ganz kurz hinab, über den südlichen Laublisbach und kurz danach über den besonders malerisch ausgewaschenen Schneckenlochbach. Ein paar Meter über Fels, dann auf der Trampelspur noch ein gutes Stück im Wald empor zum Höhlen-Portal (1:15 Std.).

Bei Schönenbach-Vorsäß, das sich in einem Seitental des Bregenzerwaldes versteckt, mit Blick auf den Hirschberg.

Register

Impressum

Titelfoto: Gerstruben-Alm (Bildagentur Huber/R. Schmid)
Umschlagrückseite: Im Aufstieg zum Siplingerkopf
Seite 2/3: Haldensee und Gaichtspitze, Tannheimer Tal

Eine Produktion des Bruckmann-Teams, München
Lektorat: Dr. Renate Dernedde
Herstellung: Thomas Fischer
Layout und Satz: BUCHFLINK Rüdiger Wagner, Nördlingen

Alle Abbildungen von Dieter Seibert

Kartografie: Christian Rolle, Umweltkartografie und Geoinformationstechnik, 83607 Holzkirchen

Alle Angaben dieses Werkes wurden vom Autor sorgfältig recherchiert und auf den aktuellen Stand gebracht sowie vom Verlag auf Stimmigkeit geprüft. Für die Richtigkeit der Angaben kann jedoch keine Haftung übernommen werden. Für Hinweise und Anregungen sind wir jederzeit dankbar. Bitte richten Sie diese an den Bruckmann Verlag, Lektorat, Postfach 80 02 40, 81602 München, E-Mail lektorat@bruckmann.de.

Gedruckt auf chlorfrei gebleichtem Papier

Die Deutsche Bibliothek – CIP Einheitsaufnahme

Ein Titeldatensatz für diese Publikation ist bei
Der Deutschen Bibliothek erhältlich.

GESAMTVERZEICHNIS GRATIS:
Bruckmann Verlag GmbH, 81664 München

INTERNET: www.bruckmann.de, www.bergsteiger.de: Touren, Bergwetter, Aktuelles, alpine Links

Printed in Germany by Passavia
ISBN 3-7654-3809-X